PSICOLOGIA
DO COTIDIANO

A162p Abreu, Cristiano Nabuco de.
      Psicologia do cotidiano : como vivemos, pensamos e
nos relacionamos hoje / Cristiano Nabuco de Abreu. – Porto
Alegre : Artmed, 2016.
      328 p. : il. ; 21 cm.

      ISBN 978-85-8271-338-9

      1. Psicologia. 2. Psicologia do comportamento. I. Título.

CDU 159.9.019.4

Catalogação na publicação: Poliana Sanchez de Araujo – CRB 10/2094

Cristiano Nabuco de Abreu

PSICOLOGIA DO COTIDIANO

Como vivemos, pensamos
e nos relacionamos hoje

2016

© Artmed Editora Ltda., 2016

Gerente editorial: Letícia Bispo de Lima
Colaboraram nesta edição:
Coordenadora editorial: Cláudia Bittencourt
Capa: Maurício Pamplona
Preparação do original: André Luís Lima
Leitura final: Grasielly Hanke Angeli
Projeto gráfico e editoração: TIPOS – design editorial e fotografia

Reservados todos os direitos de publicação à
ARTMED EDITORA LTDA., uma empresa do GRUPO A EDUCAÇÃO S.A.
Av. Jerônimo de Ornelas, 670 – Santana
90040-340 – Porto Alegre – RS
Fone: (51) 3027-7000   Fax: (51) 3027-7070

SÃO PAULO
Rua Doutor Cesário Mota Jr., 63 – Vila Buarque
01221-020 – São Paulo – SP
Fone: (11) 3221-9033

SAC 0800 703-3444 – www.grupoa.com.br

É proibida a duplicação ou reprodução deste volume, no todo ou em parte, sob quaisquer
formas ou por quaisquer meios (eletrônico, mecânico, gravação, fotocópia, distribuição
na Web e outros), sem permissão expressa da Editora.

IMPRESSO NO BRASIL
PRINTED IN BRAZIL

AUTOR

Cristiano Nabuco de Abreu é psicólogo e atua na prática clínica há mais de 30 anos, tendo realizado mais de 50 mil atendimentos em psicoterapia. É supervisor e professor na formação de outros psicoterapeutas. Fez aprimoramento em Psicoterapia Focada nas Emoções pela York University, Toronto, Canadá; mestrado em Psicologia pela Pontifícia Universidade Católica de São Paulo; doutorado em Psicologia Clínica pela Universidade do Minho, Portugal; e pós-doutorado pelo Departamento de Psiquiatria do Hospital das Clínicas da Faculdade de Medicina da Universidade de São Paulo.

Atualmente, é coordenador do Grupo de Dependência Tecnológica do Programa dos Transtornos do Impulso (PRO-AMITI), do Instituto de Psiquiatria da Faculdade de Medicina da Universidade de São Paulo; diretor do Perseus (tratamento por) Realidade Virtual/SP; e diretor do Núcleo de Psicoterapia Cognitiva de São Paulo. Foi presidente da Sociedade Brasileira de Terapias Cognitivas.

Publicou nove livros sobre psicologia e saúde mental, bem como dezenas de artigos científicos, e colaborou com algumas centenas de entrevistas junto à mídia.

APRESENTAÇÃO

Consistente. Inovador. Generoso. Esses são os três predicados principais do autor deste livro e que tornam sua leitura um presente ao leitor.

Cristiano Nabuco de Abreu tem um currículo sólido e diferenciado, estudou Psicologia e se aprimorou em especializações no Canadá, doutorado em Portugal, além dos mestrados e pós-doutorados na Universidade de São Paulo. Sempre optou pelo novo, sendo um dos maiores responsáveis pela socialização entre nós da abordagem cognitivo-comportamental, hoje amplamente reconhecida por sua eficácia.

Conquistando espaço entre alguns dos principais psiquiatras do País, criou, no Instituto de Psiquiatria da USP, uma linha de pesquisa e um programa de atendimento inédito para os transtornos dos impulsos, organizando tratamentos para a dependência de internet e de celulares. Atualmente, é um dos nomes mundiais na pesquisa sobre doenças ligadas ao uso de tecnologia, com livros publicados em chinês e inglês, além do nosso português. Também é pioneiro na terapia baseada em realidade virtual, que tem ajudado muitas pessoas a superar seus medos de viajar de avião.

Todo esse conhecimento e energia na pesquisa por soluções para o sofrimento psíquico são baseados em uma generosidade ímpar: além da busca diária por técnicas que possam melhorar a qualidade de vida das pessoas que procuram atendimento em sua clínica privada e nos ambulatórios da USP, Cristiano faz questão de socializar da forma mais ampla possível esses recursos e fazer chegar ao maior número possível de pessoas informações úteis para compreender e lidar com conflitos do dia a dia, que, se mal manejados, podem causar sofrimento e até graves problemas psicológicos. Por isso começou a escrever. Primeiro, livros, sempre com linguagem clara e a simplicidade dos sábios. Depois, assumiu o desafio de desenvolver o *blog* de Ciências e Saúde do UOL. Nesse espaço virtual, tem atingido milhares de pessoas com suas reflexões instigantes e achados de pesquisa atuais sobre as mais diversas situações. Novamente: conteúdo consistente, inovador e generoso, como quem o produz.

Neste livro, o autor reúne uma seleção desses textos, revisitados e organizados de forma a oferecer ao leitor uma fonte prática, gostosa de ler e realmente útil de conhecimentos científicos que podem ajudar em muito a entender e lidar melhor com situações como: comprar muito, amar de forma doentia, ser hiperativo, lidar com redes sociais, buscar sentido é felicidade, depender do celular, buscar o corpo perfeito e o par ideal, para citar alguns de "solução fácil". Trata-se de um ato de imensa generosidade que deveria ser inspirador para todos os grandes cientistas, pesquisadores, doutores e professores. Pode parecer controverso, mas todos esses grandes mestres tendem a ficar ensimesmados, trocando informações entre seus pares e gerando muito pouca referência "consumível". Órfãs de orientações qualificadas, as pessoas buscam livros de autoajuda, revistas não científicas, o "Dr. Google" e outras fontes pouco confiáveis, se não bem triadas. Eis a enorme contribuição desta obra: sua simplicidade. O leitor aqui encontra conhecimento de ponta em linguagem coloquial.

A mim, como psicóloga de formação e editora de livros de saúde mental por paixão, resta dizer OBRIGADA, Dr. CRISTIANO. Seu convite para que eu escrevesse esta Apresentação é, mais uma vez, uma demonstração dos adjetivos citados anteriormente:

Generosidade – de prestigiar uma colega, parceira e amiga de longa data.

Inovação – em indicar a editora para essa função: nunca havia escrito a apresentação de um livro publicado pelos selos do Grupo A, mesmo já tendo estado à frente da publicação de mais de três mil títulos.

Consistência – ouso dizer que, após minha surpresa inicial, achei que sua escolha é bastante acertada. Tenho conhecimento na área Psi e experiência suficiente em publicações científicas e profissionais para afirmar que esta é uma grande contribuição à melhoria da qualidade de vida de muitos leitores.

Boa leitura!

Adriane Kiperman
Psicóloga. Mestre em Psicologia Clínica
Diretora Editorial do Grupo A Educação

PREFÁCIO

Escrever a respeito do comportamento humano hoje, devo confessar, não é das tarefas mais fáceis. Ter uma boa opinião sobre o que se considera, ou não, adequado para cada pessoa é algo muito mais complexo do que se imagina, pois o mundo e a realidade mudaram mais rapidamente do que nossa capacidade de compreendê-los.

Nesse contexto, é natural ficarmos confusos a respeito das coisas mais simples do cotidiano.

Para se ter uma ideia da complexidade, uma das perguntas mais comuns nas buscas na internet é: "Por que ele(a) me deixou?".

É incrível como muitas pessoas esperam que questões importantíssimas de suas vidas sejam respondidas por plataformas (ou algoritmos) de busca. Obviamente, isso gera um enorme impacto na maneira como pensamos e nos comportamos.

Dessa forma, os textos aqui reunidos, escritos originalmente para um *blog*, têm como objetivo abordar questões com as quais nos deparamos todos os dias e para as quais, muitas vezes, não há resposta.

Tratados de forma simples e de fácil compreensão, temas vitais de nosso dia a dia são discutidos com o intuito de gerar uma reflexão mais profunda, que nos ajude a manter, em tempos tão polêmicos, nossa autoestima e, sobretudo, nosso equilíbrio psicológico.

Cristiano Nabuco de Abreu

SUMÁRIO

1   Você realmente precisa comprar tudo isso? 15
2   Você é uma pessoa *multitarefa*? 17
3   Redes sociais podem arruinar seu relacionamento 19
4   Quando amar virou uma doença 23
5   Geração *millennials* 25
6   O que é resiliência? (E por que ela é importante) 28
7   O que é essa tal felicidade? 33
8   Você consegue ficar uma hora por dia longe da tecnologia? 38
9   Roupas "tamanho zero": por que as pessoas procuram um corpo irreal? 41
10 Aspectos psicológicos das manifestações de rua 45
11 Estudo associa o uso excessivo de redes sociais ao narcisismo 48
12 Você é viciado em calorias? 51
13 A importância de ter um sonho 55
14 O uso da internet como fuga da realidade 59
15 Escrever pode curar feridas físicas 62
16 Pessoas que se arriscam demais: um problema moderno? 65
17 A vida moderna está nos consumindo? 69
18 O preço de uma ambição 73
19 Como anda sua conta bancária? Saiba que dívidas altas podem afetar sua saúde 77
20 Muito tempo em frente à televisão diminui habilidades sociais e cognitivas em crianças 79
21 Homens se sentem mal quando as mulheres ganham mais que eles 81

22 Afinal, *videogames* aumentam a violência entre os adolescentes? 84

23 Mania de deixar tudo para depois? Entenda o mecanismo da procrastinação 87

24 O padrão de sono é afetado por aparelhos eletrônicos no quarto 90

25 Comprar aumenta o sentimento de solidão 93

26 Vício em cafeína: uma nova doença do século XXI 96

27 O sono ajuda na "limpeza" do cérebro 99

28 O sucesso profissional está ligado à positividade 101

29 Cibercondria: a hipocondria da era digital 104

30 Como anda seu relacionamento? 107

31 Três horas de terapia podem proteger adolescentes de transtornos mentais 111

32 Durma menos, engorde mais 113

33 Bons relacionamentos tornam as mulheres mais satisfeitas com seu peso 116

34 O medo de ficar só nos faz buscar qualquer relação 118

35 Relações humanas nos fazem felizes, não o consumo 121

36 Você está dependente de seu telefone celular? 124

37 Preocupe-se menos e proteja-se contra problemas de saúde mental 127

38 Tem um problema? Uma boa noite de sono é a melhor maneira de resolvê-lo 131

39 Um beijo nunca é apenas um beijo 134

40 A química da paixão 137

41 Como é sua personalidade eletrônica? 140

42 Mudar frequentemente de escola piora a saúde mental de adolescentes 143

43 A difícil tarefa de dar limites aos filhos 145

44 Trabalho e família: uma combinação delicada 149

45 Quatro em cada 10 crianças sentem-se inseguras com seus pais 152

46 Quem é mais vulnerável à rejeição social? 155

47 Afinal, quem faz suas escolhas? 159

48 Bullying sofrido na infância ainda é evidente após 40 anos 162
49 Tecnologia e novas formas de *I-solamento* 164
50 Síndrome do coração partido: a morte por amor 166
51 Como a terapia cognitiva pode mudar seu cérebro 169
52 Saúde mental: relacionamentos amorosos afetam a personalidade 172
53 Quando o amor se torna um problema 176
54 Pais que realizam tarefas domésticas criam filhas mais ambiciosas 180
55 Tecnologia em sala de aula: computador ligado, concentração desligada 183
56 Entendendo nossas emoções: do passado ao presente 187
57 Quando o apego e o afeto não caminham juntos 191
58 Por que eu quero que meus filhos falhem? 195
59 Você tem FOMO, o medo de estar perdendo algo importante o tempo todo? 198
60 Filhas tornam o casal mais suscetível à separação 201
61 A psicologia da maquiagem 203
62 A construção da imagem corporal 206
63 *Breaking point*: entendendo a crise psicológica 210
64 Por que as pessoas mais engraçadas são, muitas vezes, as mais tristes? 214
65 Por que a depressão está entre nós? 216
66 Alterações climáticas provocam impactos psicológicos 220
67 Compreendendo a rejeição pessoal 223
68 O efeito Tinder nos relacionamentos 227
69 Autocobranças: como andam as suas? 231
70 Psicologia da liderança: por que um líder se corrompe? 234
71 A solidão e suas consequências 237
72 Baixa autoestima: alguns estudos 241
73 A tecnologia e nossos filhos: uma relação bem delicada 245
74 Se você come exageradamente, seria bom ler este texto 248
75 Cicatrizes de tinta: a psicologia por trás das tatuagens 251
76 Oito sinais de que a depressão pode estar por perto 255

SUMÁRIO

77 A psicologia das *selfies*: autoexpressão ou sinal de problema? 260
78 Celulares, filhos e sua saúde: o que você deveria saber, mas desconhece 264
79 A interferência da tecnologia sobre os cônjuges: um estudo 269
80 *Pets* e nossa saúde 272
81 O dano emocional da infidelidade 275
82 Comida e culpa: uma relação bem delicada 278
83 Consequências psicológicas da corrupção 282
84 Cérebro: quanto mais aprendemos, menos sabemos 286
85 Rejeição: o que você deveria saber 289
86 Duas armadilhas mentais que impedem o bem-estar 293
87 Culpa: nossa incessante companheira 297
88 Uma questão de tempo: o paradoxo da vida 300
89 O efeito da exposição à violência na televisão 304
90 Diferenciando raiva de agressividade 308
91 Por que buscar uma psicoterapia? 312
92 A mentira 317
93 O lado positivo dos pesadelos 322
94 Você está no controle do seu destino? 325

1
VOCÊ REALMENTE PRECISA COMPRAR TUDO ISSO?

Quem nunca passou pela experiência de comprar por impulso e depois ter de lidar com um tremendo arrependimento? É quase impossível achar quem nunca tenha cometido esse deslize, mas há um grupo de pessoas para o qual esse comportamento se tornou um verdadeiro pesadelo. Hoje, são contabilizados mais de 18 milhões de americanos que sofrem com esse problema (não há estatísticas brasileiras).

Atingindo cerca de 3% da população, a compra compulsiva, ou *oniomania*, pode levar famílias e suas contas bancárias à total devastação.

Talvez seja muito difícil lidar com o apelo do comércio para garantir que seus produtos sejam vendidos: folhetos, cartazes em *shoppings*, *e-mails*, televisão – sem falar nos canais de compras. Viramos uma sociedade em que comprar é sinônimo de recreação. Estamos sempre "dando uma olhada" nas vitrines. Em alguns casos, porém, esse comportamento se torna incontrolável. E você? Como lida com isso?

COMPRANDO DESCONTROLADAMENTE

Alguém só é considerado um comprador compulsivo quando é incapaz de controlar o desejo de comprar e seus gastos se tornam excessivos.

Antes de cometer o ato sobre o qual não tem controle, é comum que o consumidor compulsivo apresente grande euforia ou excitação. Já durante a compra, experimenta sensações de prazer e muita gratificação. Após, pode sentir alívio e, em vários casos, muita culpa ou remorso.

Quando, por algum motivo, são impedidas de comprar, essas pessoas costumam relatar sensações de angústia, frustração e irritabilidade.

O comprador compulsivo consome pelo prazer de consumir, não pela real necessidade do objeto, e adquire mais produtos relacionados à aparência – roupas da moda, sapatos, joias e relógios – do que outros tipos.

Podemos traçar um paralelo entre a compulsão por compras e as dependências químicas. Em ambos os casos, há perda de controle, e o paciente se expõe a situações danosas para si e para os outros.

SE VOCÊ RESPONDER "SIM" A MAIS DE QUATRO QUESTÕES, É BOM PROCURAR AJUDA

1. Você tem preocupação excessiva com compras?
2. Muitas vezes, acaba perdendo o controle e comprando mais do que deveria ou poderia?
3. Já tentou e não conseguiu reduzir ou controlar as compras?
4. Você percebe se faz compras como forma de aliviar a angústia, a tristeza ou qualquer outra emoção negativa?
5. Mente para encobrir o descontrole e as quantias que gastou?
6. Tem problemas financeiros causados por compras?

Ah, ia esquecendo: se você percebeu que já perdeu o controle, peça orientação a um profissional. Em uma realidade em que somos constantemente afetados pelas coisas, comprar se tornou uma forma eficaz de anestesiar nossos sentimentos ruins.

Não requer muito esforço encontrar alguém que compra compulsivamente para criar alguma perspectiva diária em sua vida. É evidente que, nesses casos, não estamos falando de perda de controle, como a oniomania, mas de pura falta de sentido para a vida. Assim, fique atento e verifique se *não tem* controle sobre as compras ou se *escolhe* não controlá-las.

2
VOCÊ É UMA PESSOA MULTITAREFA?

A necessidade de conciliar trabalho e outros afazeres tem aumentado de maneira expressiva. Todos parecem ter de ser hábeis em fazer tudo ao mesmo tempo e agora. Não é por acaso, portanto, que um artigo sobre multitarefa (ou *multitask*, em inglês) foi publicado recentemente na revista *Time*. Bem, se você ainda não sabe, multitarefa é a habilidade de realizar várias coisas ao mesmo tempo. Provavelmente você já faz isso sem saber.

Em um estudo de 2009, Clifford Nass, pesquisador de Stanford, desafiou 262 estudantes universitários a completar experimentos que envolviam três coisas: realizar atividades, filtrar informações irrelevantes e usar a memória de trabalho. A expectativa era mostrar o quanto fazer várias coisas ao mesmo tempo poderia ser produtivo, entretanto, o resultado foi totalmente o oposto. As pessoas multitarefa foram péssimas nas três tarefas avaliadas.

Vários estudos indicam que realizar várias atividades ao mesmo tempo é contraprodutivo. O que de fato ocorre quando realizamos uma série de coisas simultaneamente é que nosso cérebro coloca atenção em apenas uma atividade de cada vez e, quando necessário, muda o foco do interesse, saltando de uma coisa para outra. Assim, ir e vir de modo contínuo faz com que nossas operações mentais se alternem excessivamente, criando um resultado altamente negativo. E você, como conduz suas tarefas? Foca em apenas uma de cada vez ou realiza várias ao mesmo tempo? Saiba que os indivíduos multitarefa, se comparados aos que se dedicam a apenas uma atividade, frequentemente apresentam resultados inferiores, pois reduzem sua capacidade de compreensão e precisão de respostas.

Portanto, da próxima vez que for realizar algum trabalho, ler um livro ou fazer qualquer coisa que exija sua atenção e sua concentração, fique atento e siga as dicas a seguir. Seu cérebro agradece!

Organize-se: liste o que precisa fazer por prioridades (curto, médio e longo prazos)

Concentre-se: tenha foco e elimine tudo o que pode lhe distrair (p. ex., coloque seu celular no "silencioso" ou peça para não ser interrompido, desabilite suas redes sociais, que ficam avisando quando alguém postou algo, e não leia *e-mails*)

Realize: estabeleça um período de trabalho (p. ex., 20 ou 30min) e não o interrompa de forma alguma. Após esse período, você poderá tomar seu café, ir ao banheiro, responder a mensagens, etc.

Perceba: esteja atento aos seus sentimentos, ou seja, desenvolva uma atitude que lhe traga "felicidade" na realização da tarefa em questão

Desenvolva habilidades: se não consegue "curtir" o que faz, provavelmente lhe faltam habilidades específicas. Assim, não fique constrangido em pedir ajuda, independentemente de sua idade, cargo ou experiência

3

REDES SOCIAIS PODEM ARRUINAR SEU RELACIONAMENTO

Pois é, talvez você pense que seja exagero, mas é exatamente o que vem acontecendo em várias partes do mundo.

De acordo com um artigo publicado no *The Wall Street Journal* sobre a experiência de advogados especializados em divórcio nos Estados Unidos, 80% dos casos recentes são decorrentes de problemas que começaram *on--line*, incluindo troca de *e-mails*, mensagens de texto e contatos frequentes via Facebook. Outra fonte aponta que, na França, apenas para citar outro exemplo, 50% dos casos tiveram origem nas redes sociais.

Especialistas afirmam que, ao reencontrarmos velhas paixões (muitas delas provavelmente da adolescência), antigas fantasias voltam à tona com força total. Carregadas de afetos e experiências não vividas, podem facilmente balançar nossas cabeças, sobretudo quando nossa vida afetiva não está lá muito boa. Dessa forma, muitas pessoas caem na tentação e (re)iniciam um relacionamento dos "velhos tempos". O resultado? Muitas acabam se apegando de verdade, colocando em risco as relações atuais.

Outro ponto importante a considerar é que, na internet, a velocidade das coisas é diferente. Muitos pesquisadores afirmam que os usuários podem tirar vantagem do fato de a comunicação nesse meio ser editável, permitindo alterar o que foi escrito antes de enviar a mensagem, luxo que não temos na comunicação face a face.

A vantagem, se comparada à comunicação tradicional, é que o usuário não tem de se preocupar com o rosto, o corpo, a voz e assim por diante, dando às pessoas mais tempo e atenção para a mensagem em si. Dessa forma, os internautas podem gerenciar as impressões transmitidas, criando um modelo mais atraente de si mesmos. Por isso, as pessoas encontradas na *web* são tão mais "apaixonantes" do que na vida real.

QUANDO HÁ INTERESSE

Nas situações de contato social, ao escolhermos alguém, dependemos de informações que são colhidas durante uma interação. Ou seja, em tempo real, nosso cérebro processa dados de nossos pretendentes – como saúde, peso, altura e idade – que são combinados com informações mais sutis exibidas pela pessoa em questão, como tom de voz, grau de sensibilidade e inteligência, humor, etc. Assim, em nosso processo de avaliação, cruzamos rapidamente mensagens decorrentes das duas fontes de informação (concreta e sensorial), obtendo um veredito sobre o outro (i. e., se a pessoa é ou não aprazível).

Vamos lembrar que esse processo de avaliações instantâneas sempre cumpriu um papel importantíssimo para nossos antepassados, pois, na ausência de opiniões mais detalhadas (que levam mais tempo), as pistas sensoriais eram utilizadas para avaliar rapidamente se alguém seria confiável ou não para integrar o bando e assegurar a proteção.

Os contatos na vida real nos dias atuais seguem ainda as mesmas regras: quando conhecemos alguém, avaliamos visualmente, sentimos o que sua voz nos passa de informação, etc., ou seja, sínteses de interpretação vão sendo feitas. Entretanto, quando o contato ocorre no espaço virtual, cria-se um problema. Por mais que consigamos as primeiras informações por meio de uma foto (idade, vestimenta, localização), ficamos totalmente privados das pistas intuitivas e sensoriais, pois, ao não estar fisicamente com o outro, nossas impressões ficam repletas de espaços não preenchidos, que seriam de suma importância para guiar nossa avaliação.

Ocorre então que, sem perceber, começamos um processo de preenchimento das informações "faltantes" no outro e, assim, nossas idealizações entram em ação, dando contorno à imagem inacabada. Na tentativa de concluir nossa apreciação, nosso desejo pessoal de construir um objeto de afeto e carinho é acionado.

Nesse sentido, a informação está, em última instância, inconclusa e totalmente aberta à interpretação da mente humana, sendo costurada por nossos sonhos, carências, expectativas e, por que não dizer, por nossa capacidade de fantasiar e projetar a pessoa ideal.

Resumo da ópera: os amores virtuais tornam-se os verdadeiros depositários das ambições afetivas não experimentadas. Por isso é que se tornam tão sedutores, arrebatadores e hipnotizantes.

Até posso ser acusado de exagero, entretanto, continuo a dizer que esse processo se dá mesmo que você nunca o tenha percebido. Por acaso você nunca foi tentado a dar uma olhada naquele amor adolescente "apenas para saber como a pessoa está hoje"? Pois bem, obviamente estamos falando de algo muito menor. Todavia, nossos sonhos estão sempre lá, silenciosos e aquietados, mas prontos para serem estimulados.

Veja que, no caso de mantermos relações estáveis com um cônjuge nos dias de hoje, tais memórias pouca interferência exercem sobre nós. No entanto, se estivermos experimentando relações incompletas e frustrantes (como as relações falidas), tais embalagens de expectativas ganharão força renovada.

CONCLUSÃO

Desde cedo somos estimulados a sonhar por meio das histórias infantis providas de desfecho afortunado, princesas que despertam do sono profundo, o bem que prevalece sobre o mal e assim por diante, de forma que os finais felizes sempre exerceram uma poderosa influência (e fascínio) na formação de nossa psicologia pessoal.

Assim, ainda que hoje tenhamos atingido a maturidade, a tendência a viajar no mundo fantasioso executa plenamente seu poder sobre nós, e, dessa forma, a internet consegue, de maneira talentosa, abrir a caixa de Pandora emocional de cada um.

Sorte de quem é adulto (emocionalmente falando) e percebe que muitas fantasias talvez nunca devam ser vividas no mundo real, pois são apenas e nada mais que criações infantis. Contudo, para aqueles que não fazem essa distinção, a vida virtual se torna o espaço ideal para que os amores do século XXI sejam experimentados sem receios e inibições, comprometendo, muitas vezes de maneira profunda, os relacionamentos estáveis.

4
QUANDO AMAR VIROU UMA DOENÇA

Quem nunca sofreu por amor? É fato que todos nós, sem exceção, já perdemos algumas noites de sono pensando em alguém. Se você for uma pessoa sortuda, talvez esse tipo de sofrimento tenha sido mais passageiro. Mas, amores à parte, sabemos que nossos afetos mudam de proporção e de qualidade com o passar do tempo, pois refletem diferentes estágios de nosso amadurecimento.

Entretanto, existem pessoas nas quais esse processo de ligação afetiva não corre de forma tão tranquila. Ou seja, há quem apresente mais dificuldades, se assim podemos dizer, de experimentar fases equilibradas. Certamente, enlouquecer de amor faz parte da vida de todos, mas ficar preso a um jeito "mais intenso" de gostar pode não ser tão adequado assim.

Não é tão raro vermos pessoas que sofrem demasiadamente com sua maneira de amar, mantendo-se em relacionamentos dolorosos e destrutivos por longos períodos, sem conseguir se desligar do(a) amado(a).

Obviamente, não existe maneira certa ou errada de amar, pois isso é variável de indivíduo para indivíduo, mas sofrer em excesso pode ser sinal de que algo não vai tão bem assim.

Quando o comportamento sentimental se torna excessivo e a pessoa se vê obrigada a manter atenção no(a) parceiro(a) mais do que consideraria razoável, deixando de lado outras atividades e pessoas que antes valorizava – como amigos, filhos, família –, ela pode estar, na verdade, com um problema que se chama *amor patológico*.

Casos de amor patológico podem ocorrer como uma dificuldade isolada tanto em homens quanto em mulheres, mas, sobretudo, naqueles que têm baixa autoestima e intensos sentimentos de raiva, acompanhados de relatos de abandono e rejeição.

Vale lembrar que há características do amor patológico que se assemelham muito às da dependência de álcool e outras drogas e que precisam ser avaliadas cuidadosamente.

DICAS PARA VERIFICAR SE SEU AMOR ESTÁ FORA DE CONTROLE

1. Você apresenta sinais ou sintomas de abstinência (dores e/ou tensão musculares, insônia, taquicardia, etc.) na ausência do(a) companheiro(a)? E quando o(a) parceiro(a) procura por você ou dá sinal de interesse, esses sintomas desaparecem?
2. Você se ocupa do(a) parceiro(a) e de seus interesses mais do que ele(a) gostaria?
3. Suas atitudes para diminuir esse controle sobre o(a) outro(a) são malsucedidas?
4. Você gasta muito tempo pensando no(a) parceiro(a) ou controlando suas atividades (Onde está? O que está fazendo? Com quem estaria?)?
5. Você sente que acaba abandonando suas atividades de interesse, antes valorizadas, e que isso acaba por prejudicá-lo?

Entenda que sentir dor por amor em certos momentos da vida é completamente natural. Entretanto, somente quando não fazemos nada em relação a essa dor é que ela pode se transformar em sofrimento. Ou seja, fique atento e perceba se suas relações afetivas são positivas ou se seu jeito de amar o faz sofrer.

Não deixe que seu afeto vire uma doença!

5
GERAÇÃO MILLENNIALS

É fato que o acesso à tecnologia tem produzido efeitos em todos os segmentos de nossa vida. Dizem alguns pesquisadores que a quantidade de informações que irá trafegar pela internet nos próximos anos será maior do que toda aquela já acumulada na história da humanidade. Essa avalanche de informações traz consigo inevitavelmente uma série de consequências.

Em algumas publicações da mídia, aborda-se a geração denominada *millennials*, jovens que nasceram entre 1980 e 2000, que são, na verdade, uma evolução das gerações *baby boomers* e X, pois tiveram, desde seu nascimento, algum tipo de contato com a tecnologia e a mídia virtual (por isso, também são chamados de nativos digitais). Apenas nos Estados Unidos, são cerca de 80 milhões de pessoas. No Brasil, de acordo com o Censo 2010, do Instituto Brasileiro de Geografia e Estatística (IBGE), são quase 60 milhões de jovens adultos.

Os artigos descrevem várias características dessa nova geração, como, por exemplo, ser mais *preguiçosa*, se comparada às gerações anteriores. Ou seja, menos ativa na busca de seus objetivos. Afirmam isso porque esses jovens acreditam que obterão sucesso profissional muito mais cedo na vida e sem muito esforço. Acreditam, inclusive, que "deveriam" ser promovidos a cada dois anos, independentemente de seu desempenho profissional. Segundo afirmam os especialistas ouvidos por uma reportagem, os *millennials* são também mais *alienados*, pois demonstram menos engajamento social, já que lhes falta maior consciência coletiva. O fato de permanecerem o tempo todo conectados compromete sua capacidade de aprender coisas novas e, com isso, de desenvolver um melhor processo de reflexão. Além disso, não esboçam níveis mínimos de conhecimento social, passado ou atual.

Outra característica: a exposição pessoal seria um dos pontos centrais para essa geração. O hábito de se fotografar, por exemplo, e de postar informações a todo o momento a respeito de onde se encontram, com quem estão, o que estão fazendo, o que estão vestindo, etc., teria, segundo alguns autores, contribuído para a criação de uma *geração de narcisistas*. Para sustentar tal tese, um artigo da *Time* menciona, inclusive, que, segundo o National Institutes of Health (NIH) dos Estados Unidos, a frequência do transtorno da personalidade narcisista é hoje três vezes maior entre jovens com 20 anos de idade do que nas pessoas das gerações com 65 anos ou mais.

Nesse sentido, se considerarmos que a internet encoraja um modelo mais horizontal de comunicação, exposição e trocas, é possível que os *millennials* tenham vivenciado uma profunda imersão junto a pessoas de interesses e afinidades semelhantes. Esses sujeitos vivem em um ambiente altamente personalizado, que reflete cada vez mais os valores pessoais ou grupais de cada internauta.

Assim, é bem fácil perceber que as informações que fogem desse modelo customizado são naturalmente filtradas ou bloqueadas. O indivíduo dificilmente será perturbado por coisas que não lhe agradam, pois entra apenas em *sites* que chamam sua atenção, assina RSS *feeds* de temas que lhe interessam e participa de grupos que discutem coisas para as quais dá importância; ou seja, participa daquilo que o estimula e se esquiva daquilo que não o satisfaz. Essa geração corre, então, o risco de se tornar fechada em seu próprio universo de valores, com pouca consciência e visão de mundo, pois vive uma realidade altamente personalizada.

Devo lembrar que a *maturidade* de uma pessoa, grupo ou sociedade se forma, em grande parte, por meio das relações verticais – com pessoas de idades e formações diversas – e dos modelos a que é exposta pelo contato com pessoas mais velhas, como pais, professores, tios, empregadores, líderes, etc. O desconforto com o que não é familiar tem a capacidade de nos expor e induzir a pensar de maneira diferente, ou seja, o crescimento apenas pode ocorrer quando nossas convicções são colocadas à prova. E os *millennials?* Provavelmente estão sendo poupados disso.

Leitor, vou lhe dizer, então, o que tem sido abundantemente discutido, pois existem duas grandes linhas que procuram explicar o futuro dessa geração.

Na visão otimista, afirma-se que nunca houve tanto acesso a informação como se tem hoje. Assim, a geração *millennials* tem à sua disposição o que nenhuma outra teve. Se bem aproveitado, nossos jovens poderão capitanear uma das maiores mudanças sociais em séculos. Don Tapscott, autor de *A hora da geração digital,* afirma que, pela primeira vez na história, os jovens são as autoridades de algo realmente importante, pois *podem* modificar praticamente todos os aspectos de nossa sociedade, da sala de aula aos corredores do Congresso.

Entretanto, a visão mais pessimista diz que essa geração ameaça as gerações futuras, pois a informação *não está* necessariamente se transformando em conhecimento. Mark Bauerlein, autor da obra *The Dumbest Generation* (*A geração mais idiota*), afirma que essa geração vive um dos maiores estágios de alienação, de horizontes limitados e com um nível de incompetência jamais visto anteriormente. E conclui afirmando: "os jovens do século XXI não serão a 'próxima grande geração'".

Enfim, quem arrisca um palpite? Seria bom pensar no assunto!

6
O QUE É RESILIÊNCIA?
(E POR QUE ELA É IMPORTANTE)

O termo *resiliência* refere-se – em seu significado original, na física – ao nível de resistência que um material pode apresentar a pressões e sua capacidade de retornar ao estado original sem danos ou ruptura. A psicologia pegou emprestada essa palavra, criando o termo *resiliência psicológica*, a fim de indicar como as pessoas respondem às frustrações diárias, em todos os níveis, e sua capacidade de recuperação emocional. Falando de maneira bem simples, quanto mais resiliente você for, mais bem preparado estará para lidar com as adversidades da vida.

Embora exista certa controvérsia a respeito dos indicadores de uma boa resiliência, não se acredita que ela seja resultante de um traço de caráter ou de personalidade. Na verdade, a melhor definição da palavra seria: o resultado de um processo de aprendizagens de vida. Portanto, você, assim como eu, está apto a desenvolvê-la.

O TREINAMENTO COMEÇA DESDE CEDO

Desde a infância, pessoas que ativamente se esquivam das dificuldades ou que são isoladas dos problemas cotidianos (como fazem alguns pais para "poupar" a criança) deixam de treinar suas habilidades de resiliência. Dessa forma, quando crescem, tais indivíduos não conseguem apresentar repertórios adequados de enfrentamento aos problemas e perdem a habilidade de atravessar situações de crise de maneira construtiva. Sua falta de habilidade faz com que reajam em excesso (aumentando o tamanho das adversidades) ou, no polo oposto, respondam de maneira passiva (permanecendo anestesiados ante os dilemas, perpetuando-os).

Um dos princípios mais importantes nesse aprendizado diz respeito ao que chamamos de capacidade de enfrentamento. Explico: todas as situações adversas por que passamos podem ser compreendidas de duas formas. A primeira diz respeito a uma interpretação mais negativa dos fatos, quando entendemos as coisas ruins que nos acontecem como estando fora de nosso raio de ação, de modo que não temos a menor responsabilidade a respeito de sua ocorrência. Nessa posição, como não temos controle em relação ao acontecido, não exibimos nenhuma atitude de mudança. Assim, assumimos uma postura de *vítima* das circunstâncias da vida. A segunda possibilidade diz respeito a uma interpretação mais ativa dos fatos. Dessa forma, podemos assumir que parte dos problemas e das dificuldades que vivemos diz respeito única e exclusivamente à nossa maneira de agir no mundo e, portanto, entendemos ter alguma responsabilidade sobre os fatos.

Assim, quando nos vemos como parte integrante do problema e daquilo que acontece à nossa volta, recuperamos a possibilidade de mudar as coisas que não nos fazem bem. Exatamente nesse ponto, encontra-se um dos maiores dilemas humanos. Embora muitas pessoas desejem ativamente mudar as situações de sua vida, dificilmente querem modificar a si mesmas. Mudar, então, é apenas um desejo.

Nesse sentido, mudar nossa atitude mental ante as adversidades é uma das primeiras lições para construir uma boa resiliência psicológica, pois nos possibilita uma postura mais *ativa*: a de nos tornarmos responsáveis pelo que acontece à nossa volta. Um bom exemplo desse posicionamento pode ser compreendido por meio de um antigo ditado: "Não importa o que fizeram conosco, mas sim o que *fazemos* com aquilo que fizeram de nós".

E você, leitor, em qual posição mais se situa? A de vítima ou a de responsável por sua vida? Se optar por entender sua realidade de maneira mais ativa e, principalmente, sob seu controle, é provável que sua resiliência seja aumentada expressivamente. Pode não ser muito usual, mas tente praticar esse pensamento.

BUSCANDO UM SENTIDO

Um segundo ponto que aumenta de forma significativa nossa resiliência é o desenvolvimento de um projeto pessoal de vida. Conhecemos pessoas que vivem apenas contando com o dia de hoje e, assim, passam pela vida de maneira quase inconsciente, alheias a tudo e a todos. Uma importante lição deve ser aprendida sobre isso.

Há uma história que merece ser contada aqui: a do psicólogo existencialista Viktor Frankl. Prisioneiro dos campos de concentração, ele teve a oportunidade de observar as mais diversas reações dos prisioneiros às atrocidades cometidas pelos nazistas. Em seus relatos, descreve que muitas pessoas em certo ponto não mais conseguiam tolerar o sofrimento e, assim, deliberadamente desistiam de viver. Faziam isso se jogando contra as cercas eletrificadas, deixando de se alimentar ou se atirando contra os militares e seus cachorros. Em suas notas, descreveu que aquelas pessoas que mais suportavam a dor de uma prisão (e sobreviveram) eram as que desenvolviam um *sentido de vida*, como guardar comida para um prisioneiro mais fragilizado ou mobilizar-se para conseguir medicações para algum outro mais necessitado. Tais ações, segundo ele, traziam de volta a dignidade humana e abasteciam as pessoas com força e determinismo pessoal.

"O sucesso, como a felicidade, não pode ser perseguido; ele deve acontecer e só tem lugar como efeito colateral de uma dedicação pessoal a uma causa maior", diz Frankl. Dessa forma, cotidianamente, temos de desenvolver projetos que tragam sentido a nossa existência, pois isso nos torna mais resilientes às adversidades da vida. Quando temos um projeto maior para nos apoiar, entendemos que os problemas são apenas obstáculos a superar, pois perseguimos algo muito maior.

E você, leitor, tem algum projeto pessoal maior de vida? O que *realmente* espera de sua existência? Veja que não vale desejar ficar rico, pois sabemos que isso por si só não traz dignidade a ninguém. Um projeto maior é uma causa que lhe traz sentido. Algo que o faça sair da cama todos os dias e, de quebra, poderá trazer-lhe mais resiliência.

ENTENDENDO EMOÇÕES

Finalmente, o tripé da resiliência se apoia na capacidade de *compreender o que sentimos*. Pode parecer algo mais simples, entretanto, não é o que ocorre. Em geral, vivemos sem entrar em contato com nossas sensações subjetivas, e isso pode nos confundir bastante. Estar atento aos nossos sentimentos é uma das maneiras mais simples de desenvolver nossa capacidade de enfrentamento emocional. Entenda que estar em contato com nossas emoções nos torna mais ágeis na busca daquilo que efetivamente nos faz bem, bem como na evitação de situações que nos fazem mal. Isso é o que se chama inteligência emocional.

Em função de não estarmos habituados a nos conectar conosco, estamos sempre procurando aliviar nossos sentimentos ruins com atitudes externas, como comprar quando não nos sentimos bem, comer quando estamos ansiosos, etc., ou seja, agimos de maneira esquiva, na qual nos protegemos de nossos próprios sentimentos desconfortáveis. O ponto central é perceber nosso estado subjetivo para então poder mudá-lo.

Caso você esteja achando minha proposta difícil, vou lhe ajudar. Usarei uma antiga crônica de Clarice Lispector que tem como título "Se eu fosse eu". Diz ela: "Quando a procura de um papel se torna inútil, pergunto-me: se eu fosse eu, em que lugar eu o guardaria?". E complementa: "Quando eu acho o objeto perdido, fico tão absorvida com a pergunta 'se eu fosse eu', que eu começo a pensar, diria melhor, sentir". E indaga: "leitor, se você fosse você mesmo, quem você seria e onde estaria?". Conclui dizendo: "É como se a mentira fosse lentamente movida do lugar onde se acomodara e temos então contato com a experiência real da vida".

Portanto, *sabemos* o que nos incomoda, apenas decidimos não pensar no assunto, anestesiando-nos. Se essa pergunta lhe deu algum frio na barriga, isso definitivamente é um bom sinal. Caso você ainda não tenha percebido, ainda há tempo para mudar. Se não consegue sozinho, busque ajuda. Concluindo nossa conversa:

1. desenvolva um *papel ativo* em sua vida (não se sinta vítima de sua existência),
2. elabore um grande *projeto pessoal* (caso ainda não o tenha) e, finalmente,
3. *entenda suas emoções.*

Posso assegurar que você desenvolverá de maneira espantosa sua resiliência emocional. Milan Kundera, em seu livro *A lentidão*, afirmou que "cada possibilidade nova que tem a existência, até a menos provável, transforma a existência inteira".

7
O QUE É ESSA TAL FELICIDADE?

Não é de hoje que a felicidade é perseguida por todos nós, sem exceção. Você, leitor, por acaso também quer ser feliz? Saiba que, durante muito tempo, acreditou-se que a felicidade dependia dos desígnios dos deuses. Essa concepção religiosa da felicidade esteve presente durante muitos séculos em várias culturas. Entretanto, no século IV a.C., Sócrates inaugurou uma concepção segundo a qual buscar a felicidade é uma tarefa de responsabilidade do próprio indivíduo.

A Revolução Francesa, por exemplo, também estabeleceu que o objetivo da sociedade deveria ser a obtenção da felicidade de seus cidadãos. E nos tempos atuais, a felicidade é considerada um valor tão precioso que a Declaração de Independência dos Estados Unidos registra que "todo homem tem o direito inalienável à vida, à liberdade e à busca da felicidade".

Para sanar qualquer dúvida, fui consultar o dicionário Aurélio e encontrei o seguinte: "s.f. Estado de perfeita satisfação íntima; ventura. / Beatitude; contentamento, grande alegria, euforia, grande satisfação. / Circunstância favorável, bom êxito, boa sorte, fortuna".

Veja que as definições de felicidade são múltiplas e, embora tenhamos o direito, não parece tarefa tão simples encontrá-la.

Qual o seu palpite? Você acredita, por exemplo, que ter dinheiro o tornaria mais feliz? Casar-se e ter filhos também? Ter um bom emprego? Vamos observar algumas questões então.

FELICIDADE E DINHEIRO

Comecemos pela resposta mais óbvia. É possível que você tenha pensado que ganhar mais dinheiro poderia torná-lo mais feliz. Você, assim como muitas pessoas, acredita que, quanto mais dinheiro tiver, mais feliz poderá ser. Economistas descobriram que, quanto mais se ganha, melhor é a satisfação das pessoas com a vida.

Entretanto, o que você ainda não sabe é que o nível de felicidade não aumenta na proporção do ganho econômico. Desse modo, embora possamos ficar mais felizes por ganhar mais, esse aumento de satisfação vai até certo ponto e se estabiliza, ou seja, de lá não passa (é o que afirmam muitas pesquisas).

Portanto, ainda que você possa acumular mais e mais dinheiro, sua felicidade não aumentará na mesma proporção. Há um velho ditado que capta intuitivamente essa questão: *"more money, more problems"* (mais dinheiro, mais problemas). Moral da história: talvez a saída não seja essa.

FELICIDADE E RELACIONAMENTO

Bem, aqui encontraremos dados controversos. Em primeiro lugar, não é o casamento que faz as pessoas felizes, mas um casamento feliz pode contribuir para um estado de felicidade maior.

As pessoas casadas podem ter níveis de felicidade maiores do que as solteiras (ou separadas), mas a qualidade da relação desenvolvida com o cônjuge ainda é o principal indicador da felicidade humana, aponta uma pesquisa.

Quanto aos filhos? Bem, aqui vão dados mais polêmicos. A felicidade entre homens e mulheres diminui após o nascimento do primeiro filho, o que se deve ao nível de preocupação e ao estresse gerado. Em geral, pesquisadores indicam que casais sem filhos são mais felizes do que casais com filhos. Além disso, casais com filhos pequenos apresentam também menor índice de felicidade se comparados aos anteriores, pois têm preocupações ainda maiores.

Apesar de fatos científicos apontarem que filhos não trazem felicidade (coisa de pesquisador), talvez o valor afetivo desenvolvido nessas relações (se forem positivas, obviamente) compense as preocupações geradas ao longo da vida com os pequenos. Quem sabe?

Bem, se a saída para ser feliz não está fundamentalmente no dinheiro, nos relacionamentos ou na criação dos filhos, é possível que essa busca seja, na verdade, algo interno e individual, dependendo apenas e exclusivamente de nós.

O que você acha? Difícil? Vou lhe dar uma pista.

MITO DA CHEGADA

Vamos nos lembrar de que a busca por felicidade já se fazia presente desde nossa infância. É bem fácil encontrar os mais variados livros de histórias infantis em que, invariavelmente, nos deparamos com o "final feliz". É a princesa que recebe o beijo do príncipe e desperta para viver o amor eterno, o pote de ouro encontrado no fim do arco-íris, a intervenção divina fazendo-se presente e salvando o reino em guerra, enfim todos acabam *felizes para sempre*.

Tais parábolas são importantíssimas, pois têm como função mostrar às crianças, desde cedo, que o bem triunfa sobre o mal, que existe bondade e justiça, além de ser uma ótima maneira de incutir ideias e valores a respeito da importância de se viver uma vida regida pela boa moral e pela ética. Até aqui, tudo bem.

Entretanto, deixamos de ser crianças, crescemos e, por força do hábito, continuamos a acreditar que existe um final feliz para as coisas. Assim, aguardamos ansiosos a tão esperada promoção, a viagem dos sonhos, o relacionamento perfeito, a casa nova, etc., e, sem perceber, passamos por toda a vida esperando o dia em que nossos esforços serão recompensados. Por alguma razão, porém, isso nem sempre acontece.

O ponto importante a ser observado aqui é bem simples, eu explico.

SER FELIZ E SENTIR-SE BEM

Sem perceber, acabamos por confundir *ser feliz* com *sentir-se bem*. Veja que, dentro dos termos descritos anteriormente, ser feliz sempre envolverá algum acontecimento ou fato externo que irá nos ajudar na realização dos momentos felizes. Portanto, vivemos com o mito da chegada (ou da busca do final feliz) em nossa cabeça, ou seja, com um pouco de sorte, *é possível* que um dia realizemos alguns de nossos maiores sonhos e possamos, finalmente, ser felizes.

Entretanto, como são fatos externos, não temos o menor controle sobre sua ocorrência e esperamos, às vezes, por uma vida inteira. Enquanto isso não acontece, sentimo-nos profundamente incompletos.

Bem, qual é a saída então? Devemos entender que, para se *sentir bem*, basta começar a cuidar de si mesmo e se empenhar na realização daquilo que pontualmente nos faz bem, pois sobre isso, sim, temos controle. Eu imagino que você esteja pensando que estou simplificando as coisas, mas não é esse meu objetivo.

Ao realizarmos algo que nos faz bem, isso nos sustenta emocionalmente para seguir em frente, pois desenvolve força e virtude, ajudando-nos a desenvolver dignidade pessoal. Dessa forma, aumentamos nosso senso de coerência, dos sentimentos e dos afetos positivos.

ENTÃO, O QUE FAZER?

Veja que pontualmente não existe receita. Seria ingenuidade de minha parte lhe dizer o que fazer. Entretanto, três necessidades humanas são apontadas pelos pesquisadores como componentes dessa jornada:

1. Melhore seu senso de *pertencimento*. Um estudo publicado no *Journal of Happiness Studies* aponta que um círculo de amizades ativo está ligado a maiores níveis de bem-estar, habilidades de lidar com o estresse e maior facilidade de engajamento social.
2. Desenvolva seu senso de *competência*. Procure aprimorar as habilidades de fazer algo bem feito.
3. Fortaleça seu senso de *autonomia,* a capacidade de sentir-se suficientemente bem com você mesmo.

Imagino que você já tenha percebido que não emiti minha opinião. Pessoalmente, entendo que a busca pela felicidade ultrapassa tudo o que foi descrito anteriormente e contém outro elemento denominado busca de sentido.

Não que os pontos abordados não incluam isso, mas creio que apenas um propósito maior poderá nos encantar e sustentar efetivamente nossa felicidade. Nesse ponto, compartilho a opinião de Erico Verissimo: *"Felicidade é a certeza de que a nossa vida não está se passando inutilmente"*. E você, por acaso já achou o sentido pessoal de sua vida? Ainda não? Seria bom pensar no assunto, pois há uma obrigação moral nisso.

8

VOCÊ CONSEGUE FICAR UMA HORA POR DIA LONGE DA TECNOLOGIA?

Vivemos uma realidade que, de fato, tem mudado de maneira significativa. Um dos pontos centrais de toda essa transformação, sem dúvida, pode ser atribuído ao nosso acesso à tecnologia. Em uma época em que estar conectado virou algo corriqueiro – via computador em casa ou no trabalho, pelo *laptop*, *smartphone* ou *tablet* –, a tecnologia se tornou parte de nosso dia a dia. Quase tudo pode ser feito por meio desses equipamentos.

    Você já deve ter percebido que o telefone celular que carregamos no bolso é, ao mesmo tempo, GPS, rede social, máquina fotográfica, filmadora, que ele armazena suas músicas, dá acesso à internet, envia mensagens, serve como despertador, etc. – ou seja, temos à disposição um verdadeiro portal pessoal. Entretanto, essa funcionalidade toda começa a nos trazer alguns problemas. Você já percebeu isso?

    Veja só: segundo a Agência Nacional de Telecomunicações (Anatel), o número de linhas celulares habilitadas no Brasil chegou a 263 milhões em 2013. Isso quer dizer que há mais linhas do que habitantes. E, por acaso, você acha que isso ocorre apenas aqui? Curiosamente, não. Em uma população mundial com 7 bilhões de pessoas, já se registram 6 bilhões de celulares ativos, ou seja, o telefone celular já chegou a lugares do planeta onde ainda não há água potável. Uma matéria publicada pela BBC mostrou que, em 2013, possivelmente foram enviadas cerca de 71 bilhões de mensagens instantâneas por dia (50 bilhões por WhatsApp e 21 bilhões por SMS).

Na Tailândia, para citar outro exemplo, em pesquisa envolvendo 10.191 adolescentes de três cidades, com idades variando entre 12 e 19 anos, 48,9% reportaram ao menos um dos sintomas relacionados ao uso problemático de telefone celular.

DIFÍCIL CONTROLAR O QUE ESTÁ DISPONÍVEL EM QUALQUER LUGAR

Estudos mostram que usuários excessivos não só se distraem com extrema facilidade com seus celulares, como também apresentam dificuldades para controlar o tempo gasto. Indivíduos que fazem uso excessivo de telefones móveis apresentam também problemas interpessoais e, em especial, algum tipo de deterioração da vida familiar. Nesses casos, com frequência, a pessoa atende chamadas e/ou mensagens de texto ignorando a conversa com outros membros da família. Não sei se você sabe, mas isso também tem criado problemas nas empresas. A troca de mensagens via celular aumenta a percepção da carga de trabalho entre os funcionários.

Tamanha é nossa necessidade de estar conectado, que o medo de não participar da vida *on-line* ou de não ter como se comunicar por meio de um aparelho móvel ganhou um nome. A palavra é nova e veio do inglês *no mobile*, ou algo como *No-Mo*, junto de *phobia*, formando *nomofobia*, o medo de ficar sem acesso móvel.

TECNOLOGIA E EXPERIÊNCIA DE FLUXO

As coisas não param por aí. Você já se perguntou sobre a razão de as pessoas perderem a noção do tempo quando estão manuseando seus celulares? É fácil perceber isso em restaurantes, aeroportos, cinemas ou salas de aula. Isso ocorre porque os usuários adentram em um estado de consciência alterado, chamado "experiência de fluxo". Tal vivência ocorre quando fazemos algo que é muito prazeroso e, ao mesmo tempo, gratificante. Dançarinos, jogadores de xadrez, alpinistas, cirurgiões e todos aqueles que expressam grande devoção em uma atividade de sua preferência podem experimentar essa sensação. No caso do uso da tecnologia (navegar na internet ou usar o celular), pode ocorrer exatamente o mesmo.

Certas tecnologias oferecem a possibilidade de viver uma infinidade de experiências e sensações em que os usuários desfrutam de um estado progressivo de contemplação, atingindo o que afirmam ser a *experiência ideal*. Nessas experiências, sentimos como se o tempo passasse mais devagar e, assim, as pessoas ficam com seus eletrônicos mais do que o inicialmente planejado. Por essa razão também, muitas pessoas se tornam *dependentes da tecnologia*, uma vez que, ao usar os eletrônicos, percebem que podem atingir esse estado maior de bem-estar consigo mesmas, afastando-se temporariamente de seus problemas e de suas aflições pessoais.

Sherry Turkle, autora de *Alone Together*, afirmou que, na verdade, "somos sozinhos, mas receosos de desenvolver intimidade"; e que, além disso, "as conexões digitais podem nos oferecer a ilusão da companhia, sem as demandas de uma verdadeira amizade". A pergunta que fica então é: estamos nos beneficiando pessoalmente desse progresso tecnológico ou, na verdade, estamos pagando um alto preço ao, digamos, nos distanciarmos de nós mesmos?

Veja que não estou falando mal da tecnologia, mas da forma como a temos utilizado. É possível que ela ofereça menor risco se comparada às relações humanas.

E você, o que tem a dizer a respeito? Seria bom pensar no assunto.

Minha sugestão: faça dos meios digitais apenas mais uma forma de usufruir das vantagens tecnológicas, não o único espaço para obter boas experiências. Tente não substituir as experiências de sua vida real pelas de sua vida virtual e, se possível, procure estar atento para não sacrificar sua conversação pelo mero desejo de conexão. A tecnologia, ao mesmo tempo em que nos conecta, também pode nos isolar.

Ah, ia me esquecendo. Ficar uma hora por dia sem checar seus eletrônicos já seria um excelente começo!

9
ROUPAS "TAMANHO ZERO": POR QUE AS PESSOAS PROCURAM UM CORPO IRREAL?

Recentemente, a afirmação do presidente de uma famosa marca de roupas norte-americana (febre entre os adolescentes) foi bastante criticada nas redes sociais. De acordo com o executivo, a marca de roupas de sua empresa era feita para pessoas *magras e bem-sucedidas*.

A reação – além de reclamações e pedidos de boicote à marca – foi uma série de ações feitas por alguns internautas: alguns distribuíram roupas da marca para os mendigos do bairro, enquanto outros passaram a questionar o ideal de beleza e sucesso.

Nos Estados Unidos e no Reino Unido, também ocorre algo semelhante a respeito do chamado *tamanho zero*, roupas com as menores medidas do mercado, normalmente usadas pelas esquálidas modelos de passarela.

Seguindo esses modelos de beleza, muitas pessoas procuram fazer de tudo para chegar a esse tamanho, de modo que o assunto, inclusive, foi destaque no jornal inglês *The Guardian*. Para você ter uma ideia, as medidas de uma pessoa que veste tamanho zero são equivalentes a 79 cm de busto, 56 cm de cintura e 81 cm de quadril.

Em termos comparativos, uma criança entre 8 e 10 anos de idade, de tamanho e peso normais, também tem aproximadamente essa medida de cintura (e um pouco menos de quadril). Outra coisa importante: muitas adolescentes de 14 anos já estariam fora dessas medidas, pois a média em relação ao busto já ultrapassaria o tamanho zero.

É importante lembrar que algumas pessoas até podem naturalmente ter essas medidas devido ao seu porte físico, mas as questões envolvendo a busca da redução das medidas do corpo têm aumentando de maneira expressiva.

E você? Também se preocupa com suas dimensões corporais? É quase impossível achar alguém que diga *não*, entretanto, algo indica que isso está virando uma verdadeira obsessão.

PROBLEMAS DE IMAGEM CORPORAL JÁ CHEGAM AO UNIVERSO INFANTIL

Quase metade das crianças entre 3 e 6 anos, acompanhadas por uma pesquisa da University of Central Florida, nos Estados Unidos, disseram estar preocupadas com o fato de estarem gordas.

Antes mesmo de começarem a frequentar a escola, muitas meninas já se incomodam com a autoimagem. Quase um terço das entrevistadas mudaria algo em sua aparência, como peso ou cor dos cabelos, por exemplo, o que é incrível em uma idade tão prematura. O número de meninas com pouca idade insatisfeitas com seu peso deixou os pesquisadores bastante preocupados. As implicações disso podem contribuir para, além de maiores níveis de ansiedade infantil, maior propensão ao desenvolvimento de transtornos alimentares no futuro.

E VOCÊ, SABE ONDE ISSO TEM ORIGEM?

Segundo um estudo publicado no *British Journal of Developmental Psychology*, parte do problema estaria no tempo de exposição a imagens de revistas e programas de televisão que mostram mulheres magras vivenciando sempre um grande sucesso. Dessa forma, a superexposição à mídia, onde tais modelos são repetidos à exaustão, pode, de alguma maneira, influenciar como as crianças percebem seus corpos (criando, desde cedo, um verdadeiro fetiche pela magreza).

Outro achado importante: atitudes da família a respeito do corpo dos filhos também têm se mostrado decisivas (críticas e comentários feitos por pais, irmãos, primos e colegas influenciam como as crianças percebem seu próprio corpo). Além disso, a forma como os pais tratam seus próprios corpos (se muito exigentes ou igualmente insatisfeitos) também molda tendências nos pequenos de se autocriticarem em excesso.

AUTOIMAGEM E IMAGEM CORPORAL

A grande questão a ser percebida é que, cada vez mais, as pessoas – mesmo que de forma inconsciente – acabam atrelando uma autoimagem de valor a um corpo mais magro.

Explico: *autoimagem* diz respeito ao conhecimento que se tem de si próprio (p. ex., como alguém possuidor de atributos como perseverança, inteligência, teimosia, etc.); *imagem corporal* diz respeito à figura que se forma na mente sobre o próprio corpo em relação a si mesmo e a terceiros (sou magro, gordo, alto, baixo, etc.).

Como muitas pessoas convivem com baixa autoimagem (ou seja, estão emocionalmente insatisfeitas com sua vida), buscam mudar seus corpos, por acreditarem ser mais fácil. Ou seja, em vez de procurarem um maior bem-estar emocional, procuram compensar isso *emagrecendo*.

Assim, engajam-se na busca incessante por um padrão de beleza, tentando melhorar sua imagem corporal. Dessa forma, como mudar emocionalmente é algo mais difícil, procurar moldar o próprio corpo torna-se o caminho mais rápido para aumentar o valor pessoal e *compensar* o sentimento de infelicidade. Pelo menos isso é o que essas pessoas *acham* que aconteceria a elas, mas na verdade raramente ocorre.

Moral da história: confundem as coisas e acreditam que ter um corpo bonito *alivia* o mal-estar psicológico interno.

O que muitas pessoas não sabem, entretanto, é que o sentimento de beleza e de atratividade corporal nada mais é do que o resultado de um estado de equilíbrio interno. Tanto é verdade que, quanto mais contente e satisfeita uma pessoa esteja com ela mesma, menores serão suas insatisfações a respeito de suas medidas corporais.

Leitor, diga-me se você nunca conheceu alguém assim? Uma pessoa, por exemplo, que esteja fora dos padrões corporais ditados pela mídia, mas que tenha um grande charme? Pois bem, é exatamente a isso que me refiro.

ROUPAS "TAMANHO ZERO"...

Nem de longe estou sugerindo qualquer forma de descaso com o próprio corpo, evidentemente, mas apontando que, talvez, o estado de satisfação em relação a ele não passe exclusivamente pelas academias. Ao se perceber isso, é possível que não se busque mais encontrar o "tamanho zero" em *shoppings* e academias e se compreenda finalmente o que quis dizer o célebre escritor libanês Kahlil Gibran ao afirmar: "A beleza não está na cara; a beleza é uma luz que vem do coração".

10
ASPECTOS PSICOLÓGICOS DAS MANIFESTAÇÕES DE RUA

Não é novidade para ninguém ouvir nova notícia a respeito de uma passeata que estaria novamente marcada para ocorrer em São Paulo, Rio de Janeiro ou qualquer outra cidade do País. São centenas ou milhares de pessoas participando de manifestações e, como sempre, enfrentando a polícia, reivindicando seus direitos com todas aquelas justificativas que conhecemos tão bem.

Dezenas de opiniões são discutidas à exaustão na mídia por jornalistas, cientistas, acadêmicos, advogados e políticos, no que diz respeito aos aspectos econômicos, filosóficos e, finalmente, às questões sociais que estariam justificando tais ações. No entanto, independentemente de você ser contra ou a favor, ninguém ainda abordou os aspectos psicológicos dessas manifestações.

É comum observar um desconhecido dando cobertura a outro, algum líder se destacando em meio à aglomeração, apenas para citar alguns exemplos. A multidão parece ganhar vida própria, o que provavelmente ocorre porque a identidade social de pessoas em um grupo é fluida e muda muito rapidamente.

Especialistas afirmam que esse é um sentimento não muito diferente do experimentado pelos espectadores em uma competição esportiva ou em um concerto de *rock*. Mas, como esse protesto não é focado em um jogo ou em algum outro evento qualquer, o movimento ganha contornos de irracionalidade (como aconteceu no Rio de Janeiro recentemente). Não que delinquentes ou ladrões também não se aproveitem dessas ocasiões, mas outras coisas, na verdade, estariam por trás disso.

Os fatores que compõem essas manifestações são muito complexos e nem de longe tenho a pretensão de esgotar o assunto aqui. Entretanto, muita gente não sabe que esse tipo de protesto rapidamente promove um sentimento de legitimidade em seus participantes (quer sua justificativa seja razoável ou não).

CAUSAS PSICOLÓGICAS DAS MANIFESTAÇÕES

Começaremos nosso raciocínio muito tempo atrás em nossa história. Voltemos à época em que o homem primitivo tinha de viver em um ambiente bastante imprevisível, de modo que precisava assegurar continuamente sua sobrevivência. Além de tentar buscar alimento, havia a necessidade de se proteger e evitar ameaças contínuas, como, por exemplo, animais selvagens ou tribos inimigas. Portanto, não era das tarefas mais fáceis viver naquele período.

Por conta desse ambiente extremamente hostil, o homem instintivamente percebeu que andar em bandos ou em grupos lhe conferia mais chances de sobrevivência. Assim, caçar com a ajuda de outros era mais fácil, além de mais eficaz, bem como era mais fácil buscar pessoas para se acasalar e se proteger. Dessa forma, o grupo se tornou uma grande referência. Com o passar do tempo, tais comportamentos se tornaram instintivos, pois demonstraram ser mecanismos poderosos de sobrevivência.

Vou dar um exemplo para facilitar o entendimento. Pesquisadores afirmam que a comida fácil e segura (como aquela que obtemos em supermercados) é algo extremamente recente em nossa evolução. Dizem, por exemplo, que, se usarmos uma metáfora métrica para entender essa jornada da falta de alimento desde o nosso aparecimento até os dias de hoje, teríamos percorrido cerca de 100 metros. Entretanto, a comida farta teria aparecido apenas no último centímetro desse longo caminho.

Portanto, dado o longo tempo de dificuldades vividas, nosso cérebro ainda nos empurra diariamente em direção a comidas mais calóricas, pois ele ainda não sabe (ou não teve tempo de "aprender") que existem poucas chances de ficarmos novamente sem alimento. O mesmo ocorre do ponto de vista da proteção, e aqui reside o ponto central de minha questão. Vou explicar.

Quando muitas pessoas estão reunidas em grupo e emocionadas, qualquer causa externa pode facilmente se tornar o gatilho para que áreas mais ancestrais de nosso cérebro assumam o comando de nossas ações e nos façam agir de maneira impulsiva na busca pela proteção do grupo, pois isso vem ocorrendo, pelo menos, nos últimos 10 mil anos. Portanto, nessas ocasiões todos perdem sua sensatez e agem de maneira instintiva, como jamais fariam em outras circunstâncias.

Se você já esteve no meio de uma multidão, inconformado a respeito de alguma injustiça, provavelmente aprendeu que estar lá pode ser profundamente contagioso. As pessoas comuns, cidadãos normais, ficam movidas a fazer coisas improváveis em outras circunstâncias: gritam, empurram, jogam pedras, quebram janelas e até mesmo se envolvem em saques.

É bem possível que as competições de hoje, como os jogos de futebol, por exemplo, com suas torcidas enfurecidas, nada mais sejam do que um exemplo desse funcionamento mental mais antigo. Basta lembrar que, mesmo nas situações em que um time sai vencedor, não é raro ouvir que sua torcida saiu às ruas destruindo tudo e a todos (inclusive na ausência de um possível "inimigo").

Assim, em relação aos protestos a que temos assistido, embora sejam justificados das mais variadas formas, *uma parcela* de sua força motriz diz muito a respeito de áreas mais primitivas de nosso cérebro que, talvez, por um bom tempo ainda, atuarão sobre nosso comportamento sempre que estejamos em grandes grupos.

11
ESTUDO ASSOCIA O USO EXCESSIVO DE REDES SOCIAIS AO NARCISISMO

Uma pesquisa publicada no *Computers in Human Behavior* revelou que o uso excessivo de redes sociais, como Twitter e Facebook, revela traços de narcisismo. As pessoas que pontuaram mais em escalas que medem essa característica foram as mesmas que mais postavam ao longo do dia.

Se você ainda não sabe, narcisista é aquela pessoa que se julga grandiosa e tem necessidade excessiva de admiração e aprovação.

Quando se fala em aprovação, é evidente que sempre há um espaço entre como *eu me vejo* e como os *outros me veem*. Nesse sentido, para os pesquisadores, as redes sociais teriam o poder de atuar nesse segmento.

Explico: você já deve ter percebido que nas redes sociais há todo o tipo de postagens, digo, de pessoas. Há aquelas que ocasionalmente publicam alguma coisa, outras que usam as redes de maneira mais frequente e aquelas que compartilham absolutamente tudo o que fazem em sua vida, como, por exemplo, a foto do prato de comida que acabaram de receber no restaurante – e é destas últimas que estamos falando.

As redes sociais, para elas, servem para cuidar de sua imagem pública e também para averiguar como as outras pessoas respondem a essa imagem. Embora uma pessoa adulta já tenha um conceito de si mais estruturado, as publicações excessivas serviriam para controlar sua aceitação social, funcionando, portanto, como um verdadeiro espelho. Assim, para os narcisistas, a lógica por trás dessas ações seria: "quanto mais eu posto, mais *mantenho* minhas relações".

No caso dos jovens, o uso das redes serviria a outros propósitos, como, por exemplo, supervalorizar suas opiniões, pois, como ainda são naturalmente mais inseguros e estão em uma fase de construção de identidade pessoal, quanto mais atuarem, mais *ampliarão* sua rede de relacionamentos.

Vale lembrar que, em ambos os casos (jovens ou adultos), tais pessoas gastam muito mais tempo atualizando suas páginas, respondendo às observações e comentando os *posts* dos outros.

O TIRO PODE SAIR PELA CULATRA

Sim, é verdade. A lógica desses indivíduos até que está correta, ou seja, quanto mais me comunico, mais chances tenho de ser lembrado. Entretanto, o que ninguém percebeu ainda é que essa conduta pode trazer outro tipo de consequência.

Raciocine comigo: quando uma pessoa tende a buscar aprovações sistemáticas e contato pessoal em excesso, seja na vida real ou na vida virtual, no fim das contas, o exagero pode levar a que sejam evitadas, pois rapidamente se tornam inoportunas. Dessa forma, um verdadeiro círculo vicioso é criado.

Moral da história: o tiro sai pela culatra, e narcisistas podem se tornar cada vez mais repudiados, perpetuando suas inseguranças pela falta de habilidade para lidar com suas questões pessoais. Vamos lembrar que o narcisismo nada mais é que um mecanismo de compensação psicológica, em que indivíduos com baixa autoestima necessitam de maior aprovação, pois ela neutralizaria seus sentimentos de insegurança. No entanto, quanto mais inadequada essa pessoa se torna perante o grupo, por exigir afeto demasiado, mais evitada se torna, gerando, assim, um efeito rebote de maior rejeição social.

E você? Usa as redes sociais com qual objetivo? Partilhar de maneira sensata suas experiências de vida ou exageradamente, como vitrina para garantir a aprovação de seu grupo?

Seria bom pensar no assunto.

Fica a dica: da próxima vez que for publicar alguma coisa, fique atento para não exagerar na dose. Use sempre o bom senso, pois ele poderá lhe valer uma maior aceitação social.

12

VOCÊ É VICIADO EM CALORIAS?

Pois é, a pergunta do título pode parecer bastante estranha, mas é o que indica uma nova pesquisa. Saiba que os centros de prazer do cérebro podem ser afetados quando uma pessoa se alimenta de comidas excessivamente ricas em gorduras e calorias, e essas práticas podem levar a hábitos de alimentação descontrolados, contribuindo, inclusive, para o desenvolvimento de obesidade.

Uma nova pesquisa publicada no *The American Journal of Clinical Nutrition* revelou que consumir muitos carboidratos pode causar mais fome e estimular regiões do cérebro envolvidas com a sensação de recompensa, aumentando as chances de compulsões alimentares (que significa, caso você ainda não saiba, comer descontroladamente).

O estudo procurou saber como o padrão alimentar poderia modificar os centros de prazer do cérebro e os níveis de dopamina no organismo (a dopamina é um neurotransmissor liberado quando obtemos algum tipo de recompensa agradável).

Conforme vários estudos já indicaram, esse mecanismo do cérebro está igualmente envolvido em casos de dependência de drogas, o que leva à hipótese de existir um possível "vício alimentar".

A PESQUISA

Nessa investigação, os especialistas monitoraram as funções cerebrais por meio de exames de ressonância magnética ao longo de quatro horas (após os participantes terem consumido suas refeições) e descobriram algo muito interessante: a forma como os indivíduos se comportavam nas refeições seguintes *dependia*, diretamente, da maneira como haviam se alimentado antes.

Os participantes escolhidos foram pessoas com sobrepeso ou obesidade, e lhes foram oferecidos *milk-shakes* – que, como você sabe, são altamente calóricos – preparados para ter um alto índice glicêmico ou um baixo índice glicêmico, de acordo com os ingredientes usados.

Quanto maior foi a quantidade de calorias ingeridas, mais altos foram os níveis de açúcar no sangue e, assim, maior foi a propensão dos indivíduos a apresentar um episódio de compulsão alimentar nas quatro horas seguintes.

Isso ocorreu porque, exatamente nesse período, quando a quantidade de açúcar no sangue começava a declinar, o cérebro dos participantes passou a se comportar de forma similar ao de pessoas com vícios em drogas durante a *fissura* (aquele estado que o dependente químico enfrenta quando surge uma vontade incontrolável de beber ou usar drogas novamente).

Esses dados já haviam sido confirmados por outros estudos, nos quais os participantes eram divididos em dois grupos, um que consumia doces, e outro que comia vegetais e frutas.

Os resultados dessas outras pesquisas indicaram que, quanto mais se consomem doces, maior é a vontade de continuar comendo alimentos açucarados em seguida.

AÇÚCAR É TÃO VICIANTE QUANTO COCAÍNA E HEROÍNA

Em outro estudo, publicado na famosa revista *Neuroscience*, foi demonstrado também que a *hiperalimentação* – ou seja, o excesso de consumo calórico – pode continuar mesmo quando as consequências são desagradáveis. Em modelos animais, por exemplo, em que eles deveriam andar sobre uma superfície eletrificada para chegar à comida – o que deveria, obviamente, causar uma reação traumática –, os choques não os impediam de buscar os alimentos.

Os pesquisadores responsáveis por essa investigação também descobriram que a atividade cerebral observada nos centros de prazer ficava menos sensível e que as cobaias tendiam a responder cada vez menos a opções saudáveis e balanceadas de alimentos, procurando sempre aqueles com sabores mais acentuados (caso dos alimentos ricos em gordura, sódio e açúcar).

O dado preocupante nesse trabalho foi que as respostas apresentadas, segundo os pesquisadores, foram as mesmas que já haviam sido observadas em ratos induzidos ao vício de cocaína e de heroína.

TRÊS TIPOS DE FOME

Embora parte do descontrole que muita gente enfrenta no trato com a comida possa ser decorrente de fatores psicológicos, ambientais e/ou orgânicos, vale a pena estarmos atentos à forma como nos alimentamos, pois ela pode, como descrito, estar contribuindo de maneira decisiva para o estabelecimento de uma alimentação menos saudável.

Alguns pesquisadores que estudam transtornos alimentares afirmam existir, na verdade, três tipos de fome: a *social*, a *emocional* e a *física*.

A fome *social* estaria ligada ao ambiente em que as pessoas vivem, o qual naturalmente as estimula a determinado tipo de alimentação. Por exemplo, vamos nos lembrar dos *buffets* infantis, em que literalmente fazemos um esforço sobre-humano de controle daquilo que ingerimos (normalmente, diga-se de passagem, sem grande sucesso). Assim, a fome *social* estaria ligada diretamente às opções de alimentos disponíveis no ambiente.

Há também a fome *emocional*, que nos faz comer de maneira desmedida quando vivenciamos estados de desconforto psicológico como angústia, tristeza, ansiedade, etc. Nesses casos, a alimentação rapidamente se torna uma forma de anestesiar os estados emocionais mais agudos de agitação e de intranquilidade, pois rapidamente mudamos nosso foco de atenção e, assim, comemos, mesmo sem ter fome.

Finalmente, existe a fome *física*. Aquela que faz nossa barriga roncar ou nos deixa enfraquecidos após muito tempo sem ingerir alimentos.

VOCÊ É VICIADO EM CALORIAS?

DICAS PARA EVITAR O CICLO VICIOSO

Fique atento ao fato de que o estado final que se denomina "fome", na verdade, consiste em uma combinação desses três tipos de apelo (físico, emocional e ambiental) que, se bem manejados, podem contribuir para um melhor estado de saúde.

Portanto, da próxima vez que for comer, procure pensar o que efetivamente você está, na verdade, *tentando alimentar*, se sua fome do corpo, do ambiente ou de suas emoções não resolvidas.

Posso apostar com você que a última sempre tem um peso bastante expressivo.

13
A IMPORTÂNCIA DE TER UM SONHO

Provavelmente, quase ninguém discordaria da afirmação de que *viver* não é das tarefas mais fáceis.

Cada pessoa elege aquilo que considera razoável para que a busca de sua felicidade pessoal possa ocorrer; quer seja fazer a tão sonhada viagem, realizar aquele projeto da casa nova, mudar de emprego ou outra coisa. Ao que tudo indica, porém, se quisermos prosperar de alguma maneira, necessitamos desenvolver algumas habilidades para manejar esse nosso cotidiano tão conturbado e, enfim, atingir nossas metas.

Aparentemente, alguns indivíduos são mais instrumentalizados que outros e conseguem extrair da vida mais satisfação e realização, sendo conhecidos como "sortudos".

Outros, entretanto, são mais frustrados, amargurados e não hesitam em colocar nas prateleiras de sua existência as consequências de suas privações. Para esses, a vida aparenta não andar tanto como gostariam.

Assim, embora notemos as diferenças de temperamento que permitem a alguns apresentarem-se mais (ou menos) resilientes que outros, algumas questões merecem nossa atenção.

Vou explicar.

DESENVOLVENDO A *ESPERANÇA*

Pesquisadores conduziram, há alguns anos, três metanálises. Seus resultados mostraram que ampliar a *esperança* pessoal poderia levar a praticamente tudo; isto é, desde melhor desempenho na escola, mais sucesso no trabalho, até níveis maiores de felicidade geral. De acordo com eles, "Quando estamos animados sobre 'qual será o próximo passo', passamos a investir muito mais em nossa vida diária, e isso nos projeta além dos desafios atuais".

Fique atento, entretanto, ao fato de que não estou falando em desenvolver um *otimismo*, pois isso implica apenas atuar em nossa postura pessoal perante a vida, como, por exemplo, acreditar que o futuro poderá ser melhor do que o presente.

Na verdade, se prestar atenção, você irá verificar que estou indo um pouco além. Estou falando em se movimentar em direção a algo muito maior.

Provavelmente, você deve estar se perguntando: "Como assim?". Deixe-me explicar.

Para que possamos construir uma atitude mais positiva, influenciada por essa "esperança", precisamos, antes de qualquer coisa, olhar para nosso íntimo e perceber quais são, de fato, os nossos *sonhos*.

OS SONHOS E O SENTIDO DE VIDA

Todos nós, adultos ou crianças, sempre tivemos nossos sonhos. Dos mais primitivos aos mais elaborados, tais construtos mentais servem para sustentar nosso cotidiano e, assim, dar maior sentido à nossa existência.

Não estou falando sobre realizar coisas menores, pois ainda que já tenha crescido e continue no mesmo padrão de desejos, isso o manteria no mesmo nível das fantasias infantis de realização, provavelmente impedindo-o de amadurecer.

Uma vez que já cresceu, você entenderá que estou me referindo a algo muito maior.

Na verdade, refiro-me a uma coisa que sustentaria o sentido de sua vida e que teria o poder de costurar melhor as experiências de seu cotidiano. Para termos esperança, precisamos compreender nossa função existencial de hoje e de agora.

A propósito, por qual razão mesmo você sai da cama todos os dias? Shakespeare costumava dizer que "nós somos do mesmo tecido de que são feitos os sonhos". Portanto, apenas as coisas de maior calibre poderão permitir-lhe viver de maneira que consiga transcender o sentido de sua existência atual e, finalmente, possa realizar-se de maneira digna.

Aumentar as economias não transcende ninguém; ter uma promoção no trabalho, acredito, também não; comprar outro carro, menos ainda. Por favor, não se aborreça comigo, pois estou tentando dar uma pista importantíssima, a de que há algo muito importante que ainda pode ser feito em sua vida, encontrar essa pista pode fazer toda a diferença.

O que aconteceu no Brasil recentemente, com as manifestações sociais, é parte do que estou tentando dizer. Algo que, de fato, nos contamina e nos faz verdadeiramente caminhar. Veja, nem de longe estou dizendo que a saída seria política, mesmo porque cada um tem de achar o seu próprio sentido (e aqui, vale dizer, isso muda radicalmente de pessoa para pessoa).

Talvez, a essa altura, você tenha curiosidade de perguntar qual seria o *meu* sentido de vida. Bem, dentre as várias questões, talvez uma delas seja escrever para você.

Lembre-se sempre: nós somos do tamanho de nossos sonhos.

15 RAZÕES PARA PERSEGUIR SEUS SONHOS

1. O segredo da vida é compartilhar. Então, se você está seguindo seus sonhos, também é preciso compartilhar palavras, inspirações e experiências de vida com os outros. Seguir seus sonhos é inspirar outras pessoas a fazer o mesmo.
2. Correr atrás dos seus sonhos faz a coragem aflorar. A coragem é o combustível para o sucesso na vida. Quanto mais você se concentrar nela, mais coragem terá.
3. Sonhadores são independentes. É preciso aprender a fazer a diferença por si próprio, de forma autossuficiente.
4. Os sonhos podem fazer você deixar de lado as coisas ruins da vida. Você vai ter de escolher entre eles e o drama cotidiano, todo sofrimento vai parecer muito menor quando você escolher os sonhos.

5. Ter sonhos faz com que você tenha algo para inspirar seus filhos. Eles seguirão seu exemplo e acreditarão que tudo é possível quando se põe algo na cabeça.
6. Para realizar seus sonhos, você aprenderá que a experiência de falhar é parte do processo para se ter sucesso. Falhar não é tão ruim assim se você tem um objetivo claro e maior.
7. Arrependimentos são coisas horríveis. Os sonhos são algo que fazem com que os arrependimentos não tornem sua vida mais amarga.
8. Nunca se é velho demais para ter um sonho. A idade significa que você sabe exatamente o que quer.
9. Quando se é sonhador, as pessoas olham para você com mais interesse. E isso faz com que elas também desenvolvam um sentido na vida.
10. Perseguir seus sonhos dá frio na barriga, mas o medo faz as pessoas se sentirem mais vivas e focadas em seus objetivos.
11. É até divertido provar que o mundo está errado. Então, por que não remar contra a maré?
12. Quando perseguimos nossos sonhos, descobrimos que os limites impostos não são tão incapacitantes. Sonhar é uma maneira de sentir que tudo é possível.
13. Quando realizar seu sonho, você será o primeiro a entender como tudo chegou àquele ponto. Então, compartilhe suas experiências sabendo que você já esteve naquelas primeiras fileiras de ouvintes, tentando fazer com que desse certo.
14. Seus sonhos não têm limites. Então, depende de você que eles, grandes ou pequenos, entrem nos trilhos e atinjam os objetivos que você traçou.
15. Um sonho é forte o suficiente para definir você. Quando atingir seu sucesso, ninguém mais poderá dizer o que você pode ou não fazer.

Boa sorte!

14
O USO DA INTERNET COMO FUGA DA REALIDADE

Muitas pessoas acreditam que usar a internet consiste em usufruir dos recursos tecnológicos que estão disponíveis por aí. Assim, aprendemos a navegar em razão de trabalho, busca de informações, procura por produtos desejados e, finalmente, acesso à rede social preferida.

Entretanto, nem sempre o uso da internet é saudável. Pesquisas indicam que usar a tecnologia e os computadores de forma patológica pode ser mais frequente do que se pensa. Assim, conforme o país, cerca de 40% das pessoas já estariam dependentes da internet, o que é uma marca bastante expressiva. Imagine então que, nesses casos, a cada 10 pessoas, quatro já estariam, sem saber, dependentes da tecnologia.

INTERNET COMO ANESTESIA PESSOAL

Dependendo do estado de humor dos internautas, o uso constante da internet pode ser nada mais que uma maneira de se "automedicar" emocionalmente e se distrair dos problemas pessoais.

Pode não parecer tão óbvio assim. Entretanto, à medida que experimentamos certas doses de sofrimento e de angústia, buscamos, sem perceber, atividades que nos distanciam das dificuldades cotidianas. Dessa forma, a internet se torna uma porta de fuga alternativa, permitindo que nos anestesiemos de nós mesmos e da realidade conflitante.

Pense comigo: pessoas que são mais introvertidas podem facilmente encontrar companhia por meio das redes sociais, pois, ao não enfrentar as dificuldades e a ansiedade das interações cara a cara, sentem-se mais protegidas via conexões virtuais.

Imagine, por exemplo, aquela pessoa que se sente mais insegura. Note que, por meio das salas de bate-papo, ela pode experimentar formas alternativas de contato e, dessa forma, ganhar progressivamente mais segurança, o que não teria na vida real. Até aqui tudo bem, pois a internet estaria efetivamente a ajudando. Entretanto, o problema ocorre quando tal usuário não consegue levar essa "nova" forma de convivência para a vida real, tornando-se cronicamente dependente dessa maneira de se relacionar.

Pensemos agora naqueles jovens que não se sentem socialmente aceitos por serem muito tímidos. Por meio dos jogos interativos, eles podem se tornar mais habilidosos (e interessantes) do que são na vida real, assegurando uma valorização que não têm ainda, obtendo, finalmente, o tão sonhado reconhecimento social.

Perceba, portanto, que o problema não é a internet em si, mas quando a solução dos problemas se torna restrita ao mundo virtual, fazendo as pessoas (agora dependentes) sentirem-se bem-sucedidas apenas nas realidades paralelas criadas pela internet.

Portanto, aqui vai uma pergunta: qual dessas pessoas desejaria voltar para a vida concreta, em que a insegurança, a solidão ou pouco reconhecimento social são características tão presentes?

Obviamente, ninguém. E, neste momento, um enorme grupo de pessoas literalmente troca as experiências da vida cotidiana pelas da vida cibernética, ficando aprisionado em ambientes virtuais de sucesso e de reconhecimento, enquanto, simultaneamente, perpetua suas inabilidades com o mundo real.

CONCLUSÃO

Por isso é que se torna tão importante aprendermos cada vez mais a ter contato com nossas pendências pessoais, pois qualquer experiência positiva pode facilmente roubar a atenção das questões ainda não resolvidas. Isso vale não só para dependência da tecnologia, mas também para uso abusivo de álcool e drogas, jogo patológico, compras compulsivas e bulimia nervosa, apenas para citar alguns exemplos. Essas patologias oferecem, como parte de seus mecanismos, graus diferentes de esquiva das experiências negativas e busca de situações que sejam mais prazerosas e de melhor manejo.

Nunca se esqueça de que a realidade muda rapidamente e, com ela, a necessidade de nos adaptarmos. Um antigo psicólogo norte-americano chamado Michael Mahoney sempre me dizia: "Precisamos mudar continuadamente para permanecermos os mesmos".

Assim, aprenda a se desconectar da internet e, aos poucos, voltar a se conectar com você mesmo.

Finalmente, observe sua história e procure mudar aquilo que não lhe agrada. Depois de algum tempo, tentar anestesiar a realidade pode não ser tão interessante assim.

15
ESCREVER PODE CURAR FERIDAS FÍSICAS

É fato que as experiências emocionais pelas quais passamos invariavelmente deixam suas marcas sobre nós. As boas rapidamente são absorvidas em forma de aprendizado, enquanto as más são de complexa absorção. Semelhante ao nosso corpo físico, apenas tomamos consciência das funções quando elas falham ou deixam de operar corretamente. Por exemplo, somente prestamos atenção a nossos batimentos cardíacos quando sofrem alguma alteração; ou apenas nos lembramos de certa parte de nosso corpo quando sentimos alguma dor mais aguda naquela região. Assim, quando tudo segue bem, dificilmente temos clara consciência das coisas. Portanto, acabamos vivendo em um estado mais ou menos inconsciente até que um problema apareça e reclame por atenção.

Não é novidade para ninguém que falar a respeito de experiências difíceis pode ser uma ótima forma de aliviar o trauma e a dor emocional. O que talvez você ainda não saiba é que pesquisas agora indicam que escrever também pode melhorar de forma expressiva a sua saúde física.

A INVESTIGAÇÃO

Uma pesquisa neozelandesa, citada pela revista norte-americana *Time Magazine*, entrevistou e acompanhou um grupo de pessoas idosas.

Foi pedido aos participantes que, durante 20 minutos, por alguns dias, escrevessem sobre suas experiências mais traumáticas na vida. Os pesquisadores pediram também que eles fossem o mais sinceros possível, conferindo à narrativa um caráter bastante pessoal. Já a um outro grupo – de controle – foi solicitado que escrevessem sobre seus afazeres do dia seguinte, ou seja, uma atividade "neutra" para servir de comparativo com o grupo principal.

Após algum tempo, todos os participantes foram submetidos a uma pequena incisão na pele, sob controle e sem dor, para que os pesquisadores pudessem medir o tempo de cicatrização.

Constatou-se que o tempo de cicatrização do corpo daqueles que haviam escrito suas experiências pessoais negativas em seus diários era mais rápido do que o do grupo de controle. E, para a surpresa dos investigadores, a diferença era de quase o dobro do tempo de rapidez de cura.

Esse estudo não foi o primeiro a apontar para essa incrível correlação entre melhora da saúde mental e benefícios para a saúde física. Pessoas com o hábito de escrever em diários também melhoram seus padrões de sono, o que leva a uma melhora expressiva na saúde geral.

ESCREVER TAMBÉM MELHORA SUA SAÚDE EMOCIONAL

Pois é, isso também é igualmente verdadeiro. Pesquisadores de Copenhague pediram a um grupo que escrevesse durante cinco dias a respeito de qualquer problema emocional que estivessem vivendo.

No primeiro dia, as redações eram curtas e pouco organizadas, pois as pessoas estavam livres para escrever o que bem desejassem, da maneira como se sentissem melhor. Então, os investigadores guardaram essas primeiras narrações e pediram, no segundo dia, que as pessoas passassem para o papel novamente os mesmos problemas relatados no dia anterior e assim sucessivamente, ao longo da semana.

No fim, as redações do último dia apresentaram uma expressiva diferença em relação às primeiras. Nos textos finais, as ideias já estavam mais articuladas, as narrativas mais fluidas e, o mais incrível, grande parte delas ganhou título. A consequência do experimento: houve aumento significativo no relato de bem-estar subjetivo de cada participante.

Ou seja, narrar nossas dificuldades em forma de anotações ou textos possibilita colocar nossos problemas em perspectiva e, dessa forma, diminuir a ansiedade gerada pelas questões não resolvidas.

Um ex-paciente filósofo que atendi em meu consultório costumava dizer que "um ponto de vista nada mais é do que a vista de um determinado ponto". Portanto, alterar o sentido de uma análise pode se mostrar algo efetivamente poderoso no processo de mudança.

Assim, se você deseja cuidar melhor de suas feridas, sejam físicas ou emocionais, mantenha um diário. Não custa nada e, de quebra, pode contribuir com a melhora de sua saúde.

16

PESSOAS QUE SE ARRISCAM DEMAIS: UM PROBLEMA MODERNO?

É fato observamos hoje (e com relativa frequência) pessoas se engajando em comportamentos agressivos, condutas antissociais e, principalmente, arriscando-se em excesso. Não é tão raro encontrar alguém que faça coisas muito perigosas e, de maneira deliberada, aparenta não pensar muito nas consequências de seus atos.

Algumas dessas pessoas, se questionadas, responderão que não gostam de ter uma vida muito previsível e que, sem alguma "dose de adrenalina", a vida seria bastante chata. Assim, sem muito pensar, bebem em demasia, usam drogas descontroladamente, adotam condutas temerosas ou não hesitam em comprar uma boa briga apenas para não ter de "levar desaforo para casa".

Portanto, aparentemente, elas sabem o que lhes faz mal e, apesar disso, continuam a viver dessa maneira.

Viver a vida perigosamente já tem um nome em inglês, chama-se *risk--taker*. Indivíduos que exibem comportamentos impulsivos e se expõem a ameaças constantes sem muito se preocupar. Veja que não estou falando de pequenos riscos diários, mas de condutas efetivamente ousadas.

Apesar de ainda não haver uma classificação psiquiátrica que os defina, tais indivíduos são vistos com bastante frequência nos serviços de saúde, que, inclusive, já os identificaram em número crescente. Muitas poderiam ser as explicações, entretanto, algumas pesquisas afirmam que isso não seria apenas um comportamento isolado, mas sim um traço de personalidade.

AGRESSIVOS E SEM NOÇÃO DO PERIGO

Você já deve ter visto um motorista que insiste em dirigir a velocidades altíssimas nas ruas da cidade (inclusive em dias de chuva) ou alguém que não pensa em outra coisa além de praticar esportes radicais ao extremo, sem ligar muito para a segurança de sua vida.

Pesquisadores acreditam que esse tipo de comportamento seja uma mistura de fatores genéticos e ambientais. E, apesar de esse tipo de personalidade ser bastante perigosa, acredita-se envolver também algum componente evolutivo, ou seja, esses indivíduos seriam os descendentes de nossos antepassados mais "corajosos", que teriam, assim, também dado sua contribuição à raça humana.

Vamos lembrar que sempre se cultuou o herói; isto é, aquele que dá provas de sua masculinidade e virilidade, desfrutando de uma renovada honra como forma de alavanca social.

Mas, afinal, o que seria um comportamento de risco?

Comportamento de risco é uma atitude de procura pela excitação da novidade e pelas emoções intensas que a acompanham. Essa incansável busca por sensações únicas, que podem ser físicas ou psicológicas, prejudica a inibição e o controle dos impulsos. Os antissociais crônicos – especialmente indivíduos brigões, mais hostis e violentos – possivelmente também entrariam nessa classificação.

Alguns psicólogos ligam o comportamento de risco ao neuroticismo, um traço de personalidade que acompanha a neurose e a ansiedade; enquanto outros sugerem que hiperatividade e falta de foco também podem estar presentes nessa procura pela novidade, ainda que perigosa.

VÍCIO EM ADRENALINA?

Outro fator interessante é que diversos estudos científicos já começam a refutar a ideia popularmente aceita de que algumas pessoas se viciariam em adrenalina, o hormônio liberado durante situações de estresse. Diante de situações de ameaça, manifesta-se um mecanismo biológico que nos faz "lutar ou fugir" das situações de perigo. Entretanto, ainda não se encontrou nenhuma evidência de que as pessoas ficariam viciadas em adrenalina.

> Não sei dirigir de outra maneira que não seja arriscada. Quando tiver de ultrapassar, vou ultrapassar mesmo. Cada piloto tem o seu limite. O meu é um pouco acima do dos outros. (Ayrton Senna)

O que pode haver, portanto, é uma mistura de questões psicológicas e ambientais, além de uma genética mais disposta ao enfrentamento do perigo; isto é, mais ênfase nos aspectos da *luta* (mesmo que fatal em certos casos) do que da *fuga* dessas mesmas situações.

Outro componente provavelmente envolvido na personalidade de risco seria uma menor atividade (ou a existência de alguma lesão) na amígdala cerebral. Lembremo-nos de que a função da amígdala cerebral é funcionar como uma espécie de alarme que desencadeia reações de proteção no caso de alguma situação ser percebida como perigosa. Assim, menores níveis de medo fariam os indivíduos se arriscarem mais, por perceberem de forma parcial os riscos implicados em determinada situação.

Em geral, é interessante notar que esse tipo de comportamento, em vez de ser observado de forma isolada, vem sendo cada vez mais percebido em nosso cotidiano. Em uma sociedade imediatista e ansiosa, como a nossa, provavelmente pessoas com maior inclinação a correr riscos desfrutem, momentaneamente, de maior valorização social. Lembre-se de que pessoas mais "ousadas" podem facilmente se passar como mais arrojadas e seguras. Inclusive, há treinamentos hoje que prometem transformá-lo em um *risk-taker*. Será?

CONCLUSÃO

Perceba que, quanto mais impulsivo nos tornamos, menos tempo temos para avaliar as reais dimensões de determinada situação. Assim, é provável que ganhemos na velocidade, mas não na qualidade de nossas ações, o que aumenta as chances de erro.

Portanto, mais importante do que classificar uma pessoa como *risk--taker*, é darmos atenção aos comportamentos que podem trazer ameaça real a nós mesmos e aos outros. Afinal, se correr mais riscos é algo que faz parte da evolução humana, adaptar-se às novas situações e aprender a contorná-las seguramente são fatores decisivos em nossa sobrevivência.

Lembre-se, entretanto, de que cada caso é um caso, e muitas pessoas efetivamente *não se controlam*, andam no fio da navalha, enquanto outras apenas *escolhem* não se controlar. Tente responder a essa questão e, caso se enquadre no tipo sem controle, é provável que você precise de ajuda profissional.

Vincent van Gogh, no século XIX, já dizia: "Grandes coisas não se fazem por impulso, mas pela junção de uma série de pequenas coisas".

17

A VIDA MODERNA ESTÁ NOS CONSUMINDO?

Hoje eu escreverei este texto para você.

Aposto que nos últimos dias alguém lhe contou que não aguenta mais a vida. Que sente o tempo passar de maneira descontrolada e que, mal a semana começa, já chega a sexta-feira e, com ela, o fim de semana – mal aproveitado, diga-se de passagem.

Ao que tudo indica, é muito possível que não apenas seu amigo se sinta assim, mas também você, eu e todos nós; sentimos que a vida escorre pelas mãos.

É como se tivéssemos um sentimento de que alguma coisa está fora do lugar e, embora não saibamos direito ainda o que é, acabamos vivendo de uma maneira na qual nossa satisfação pessoal acaba passando longe, bem longe. Já me perguntei se nossos avós ou bisavós também teriam esse sentimento e, em meu caso, como nenhum deles é vivo, fico sem resposta, mas imagino que ouviria mais ou menos o seguinte: "não, meu filho, nós não vivíamos assim".

Pois é, tentando não ser muito simplista, posso concluir que nossa modernidade – ou, se você preferir, "os dias de hoje" – contém alguma parcela nessa equação do desespero. O que você acha? Também se sente assim? Vamos ampliar então um pouco nossa análise.

TRABALHO

Aqui começa um dos grandes dilemas. Não sei se seria seu caso, mas é bem difícil ouvir de alguém que finalmente conseguiu ter (enfim!) o senso de realização profissional. Honestamente, não saberia dizer se isso é algo relativo a nossa vida nos grandes centros urbanos, mas sempre, quase invariavelmente, carregamos a sensação de que ainda não fizemos o bastante. É aquela promoção ainda não alcançada, a entrada naquele doutorado que mais parece cena do filme *Missão impossível* ou, ainda, a sensação de não termos achado a ocupação de nossa vida.

Portanto, ao que tudo indica, é tarefa das mais difíceis conseguir fazer as pazes com nossa vida profissional e podermos finalmente dizer que nos realizamos. Não vou citar nenhuma pesquisa dessa vez, mas é o que muitas delas sugerem. Sentir ter "chegado lá" não é das afirmações mais frequentes.

E você? Em sua opinião, sente-se plenamente satisfeito com sua ocupação?

RELACIONAMENTOS

Bem, nesse contexto se encontra um dos maiores candidatos ao dilema oficial deste texto. Volto a pensar em nossos avós e bisavós, os quais, ao que parece, ao menos em meu caso, desfrutaram de uma vida afetiva estável. Pergunto-me sempre se isso seria coisa do passado e, honestamente, não saberia dizer, mas em particular tenho dificuldades de encontrar pessoas que se sintam plenamente satisfeitas com seus parceiros afetivos. Sejamos razoáveis, pois não estou falando de questões menores e intrínsecas a qualquer relacionamento normal, como divergir a respeito da educação dos filhos ou decidir sobre como usar os recursos econômicos do casal.

Falo, na verdade, da dificuldade efetiva em achar aquilo que um dia batizaram de *alma gêmea*, a pessoa ideal, como sinônimo de felicidade. A propósito, parece-me que grande parte das pessoas também passa a vida inteira buscando o amor idealizado e, como no caso do trabalho, ele nem sempre chega de fato.

Trabalho, casamento, o que mais?

AUTOESTIMA

Bem, seguramente, essa é a zona mais pantanosa do texto. Enquanto falamos do trabalho ou dos relacionamentos – que, por assim dizer, são coisas mais concretas e nas quais a sorte pode dar uma mãozinha –, falar de nossa estima pessoal e, de quebra, de nossas inseguranças não é das atividades mais confortáveis.

Vou ajudar, pois tenho bastante experiência nisso. Vamos lá. Por acaso você tem uma noção clara dos pontos que lhe fazem ser emocionalmente mais vulnerável? Consegue identificar com certa habilidade quais são as deficiências que carrega ao longo de sua vida? Ou, ainda, já conseguiu entender por que se descontrola sempre nas mesmas situações?

Bem, se você for uma pessoa comum, conseguirá responder "sim" a apenas uma ou duas de minhas perguntas. Isso quer dizer que vivemos sem ter muita percepção das coisas que efetivamente nos fazem mal e de quem somos.

Bem, se vivemos uma vida tentando superar nossas dificuldades, onde, de fato, estaria a causa de nossas inquietudes?

VIVER NA MODERNIDADE

Talvez aqui esteja um dos pontos centrais desse constante sentimento de desconforto. Eu explico.

Ao que parece, viver nos dias de hoje acarreta perder contato com nossas necessidades mais profundas. Sempre temos muita pressa para realizar alguma coisa, sempre nos sentimos cobrados a fazer algo a mais, conseguir um corpo melhor, ser mais cultos, morar em casas melhores, viajar para conhecer mais lugares, acumular mais dinheiro, e, assim, a vida passa muito rapidamente, correndo-se o risco de não ter muito contato com ela.

Entendo que esse senso de urgência nos faz perder, sem que percebamos, a ligação com nossa intimidade; tornamo-nos estranhos a nós mesmos, anestesiados pelo cotidiano que apenas passa. No fim das contas, nem mais sabemos direito o que somos ou o que realmente desejamos.

A propósito, quem é mesmo você? E onde mesmo gostaria de chegar?

A VIDA MODERNA ESTÁ NOS CONSUMINDO?

É possível que você ainda não saiba as respostas, o que é bastante normal. Entretanto, tente passar um pouco de tempo com você mesmo, sem expectativas, promessas ou desejos.

Recolha-se às vezes.

É bem provável que você se surpreenda com níveis progressivos de bem-estar, que não passam tão rápido como na compra de um carro novo ou na promoção tão esperada.

CONCLUSÃO

Talvez o problema da vida moderna não seja a vida moderna propriamente dita, mas a forma como escolhemos passar por ela.

O cuidado de si mesmo, embora tenha se tornado uma tendência contemporânea, na verdade, acaba por atuar muito mais em nosso exterior, ou seja, naquilo que primordialmente é visto e percebido pelo mundo. Nesse processo, acabamos por esquecer de nós mesmos e, assim, mergulhamos na busca incansável de reconhecimento e consideração social.

Não vivemos, sobrevivemos.

É possível que uma das melhores saídas seja a real busca de nós mesmos em um desenvolvimento gradativo. Ao seguirmos por esse caminho, é provável que a vida moderna deixe de nos distrair para, positivamente, ajudar-nos. Assim, cuide primeiro de você (de seu íntimo) para depois poder cuidar de seus anseios de realização.

Você entendeu o que eu quis dizer? Gostaria que eu explicasse melhor?

Não posso. Todavia, vou lhe dar uma pista.

Mario Quintana, escritor e poeta gaúcho, dizia: "o segredo é não correr atrás das borboletas... é cuidar do jardim para que elas venham até você".

18

O PREÇO DE UMA AMBIÇÃO

Toda compreensão que objetive analisar nos dias de hoje qualquer aspecto relativo ao comportamento humano deve, obrigatoriamente, voltar no tempo e debruçar-se sobre as bases biológicas e evolutivas que tal conduta cumpria junto aos nossos antepassados.

AMBITIONE

Olhando no dicionário, a palavra "ambição" é proveniente do latim (*ambitione*) e se refere ao desejo de acumular riquezas, poder, glória ou até mesmo honras. Considerada como um desejo veemente de atingir algum estado de superação perante os demais, tal pretensão tem sido relatada ao longo de toda a história como a mola mestra que impulsionou tanto as pequenas quanto as grandes realizações.

Dessa maneira, a necessidade de ascender em relação aos demais cumpriu uma importante tarefa biológica ao elevar determinada pessoa ao papel de liderança do grupo, conferindo-lhe *status* e privilégios diferenciados – também chamado macho (ou fêmea) alfa.

MACHO ALFA

Macho alfa (ou *alpha*) é uma expressão do ramo da zoologia usada para descrever um elemento de um grupo de animais que apresenta características dominantes, sendo o líder desse grupo. A expressão pode ser explicada pelo fato de *alpha* ser a primeira letra do alfabeto grego, significando que o elemento que tem essa designação é o primeiro, o mais importante.

No mundo dos animais, um macho alfa assume o topo da hierarquia em sua comunidade, desfrutando vários privilégios, como acesso prioritário à comida e à escolha das fêmeas com as quais se reproduzirá. Como uma das funções do alfa é defender o grupo e o território, em algumas espécies, a fêmea também pode assumir o papel de alfa, porque muitas vezes são maiores e mais fortes do que os machos. As matilhas de lobos, por exemplo, têm um macho e uma fêmea alfa.

AMBIÇÃO

Algumas poucas investigações foram conduzidas para compreender melhor esse comportamento. Entretanto, concluiu-se que pessoas ambiciosas tendem, em geral, a ser mais ousadas em suas ações, o que as leva a melhores resultados em experimentos controlados.

Embora seja possível que tenhamos na ambição um comportamento com raízes em nossos ancestrais, ela ainda é muito presente nos dias de hoje e, curiosamente, continua sendo extremamente valorizada.

Dessa maneira, as pessoas se orgulham de ser ambiciosas, pois, além de assegurar valorização social, isso traz bons resultados em médio e longo prazos. No entanto, a ambição pode, em alguns casos, manifestar-se de maneira desmedida, fazendo com que certas pessoas se tornem excessivamente insatisfeitas.

Por exemplo, vemos cotidianamente muitas mulheres procurando atingir um altíssimo padrão de beleza físico, que, por meio de regimes intermináveis, horas em academias, cirurgias plásticas sucessivas, tentam, a qualquer custo, atingir seu objetivo de beleza; ou ainda homens que, a partir de um trabalho profissional obstinado, rapidamente ganham posições nas corporações, mas também perdem o controle de seu esforço, transformando seu desejo de conquista em desequilíbrio e obsessão.

Portanto, mesmo que não tenhamos mais de brigar por um pedaço de comida ou nos proteger do bando predador vizinho, muitas pessoas ainda se portam como se vivessem em um passado distante, em que atingir os mais altos padrões era uma questão de sobrevivência.

Obviamente, isso provoca um imenso dissabor nos parceiros e nas famílias dos machos (ou fêmeas) alfa do século XXI.

A BUSCA DA FELICIDADE

Ainda que a ambição seja potencialmente construtora e impulsionadora nas fases iniciais de muitos momentos da vida, é fato que, em muitos casos, pode gerar sentimentos de ansiedade e de insatisfação contínuos, não sendo raro, em certos casos, que se transforme em ganância.

Embora muitos filósofos tenham defendido que a ambição deva ser compreendida como um elemento construtor e desafiador de nosso cotidiano, parece-me ser mais comum do que imaginamos cruzar a linha divisória que torna um impulso ardente de realização um tipo de calabouço.

Nesse momento, encontramos pessoas que, embora "ultra" bem-sucedidas, em certos aspectos de sua vida (profissionais muito valorizados, pessoas com corpo escultural ou aqueles que sentem "ter chegado lá"), tornam-se indivíduos amargurados e incompletos.

Canso de conhecer pessoas que são "as melhores" em seu segmento, mas deixam um rastro de desilusão, descaso e de falta de cumplicidade com seus parceiros e familiares. Assim, pergunto: qual a vantagem de ter se tornado tão bom em algo, se, em nosso entorno, provocamos tanta dor e desequilíbrio?

Defendo, portanto, a tese de que devemos usar de nossa ambição na exata dimensão na qual ela não possa ferir ou aniquilar elementos importantes, se não vitais para nossa existência. Acredito, portanto, no desenvolvimento de pessoas que sejam "completas", ou seja, bons profissionais que também sejam bons cônjuges, bons cuidadores, etc.

Isso sim é, em minha opinião, de grande valia. Talvez, ser muito bom em apenas alguma coisa seja uma necessidade de nossos antepassados que não conseguiam ter uma visão mais estruturada da vida e das reais necessidades que compõem nossa realidade.

O PREÇO DE UMA AMBIÇÃO

CONCLUSÃO

A solução que proponho então é a de que possamos analisar e desenvolver nossa ambição como um poderoso elemento ou uma arma efetiva a serviço de nossas mais altas virtudes, evitando que ela se torne um elemento compensatório de nossa baixa autoestima.

É incrível notar que nossa sociedade pune aqueles que têm pouca ou muita ambição. Aos primeiros, ou seja, aos modestos, digamos assim, pouca determinação lhes é imputada e, aos segundos, aos ambiciosos ao extremo, a soberba intratável lhes é atribuída.

Assim, fiquemos atentos se a ambição em nossa vida atua como elemento compensatório (de nossos complexos de inferioridade ou de superioridade) ou se é uma nobre manifestação do psiquismo.

A esse respeito, o barão de Montesquieu dizia: "um homem não é infeliz porque tem ambições, mas porque elas o devoram".

Portanto, se você deseja testar a natureza de sua ambição, faça a seguinte constatação: se, por sua vontade de execução e realização, você provoca dor ou sofrimento àqueles com os quais convive ou trabalha, é possível que sua ambição seja negativa, isto é, está mais a serviço de sua personalidade. Entretanto, se sua ambição trouxer realização e felicidade não apenas a você, mas também a terceiros, parabéns! Você está no caminho correto e, possivelmente, é candidato ao seleto grupo das "pessoas completas".

Na mitologia grega, Ícaro (em grego Ικαρος), auxiliado por seu pai Dédalo, foi orientado a fugir do labirinto em que estava. Ao colar mel de abelha a penas de gaivota, confeccionou asas artificiais para voar. Entretanto, antes de partir, seu pai o orientou para que não voasse muito perto do sol – uma vez que, desse modo, a cera das asas poderia derreter – e nem muito perto do mar, pois isso poderia deixar as asas mais pesadas.

No entanto, Ícaro não ouviu os conselhos do pai e, tomado pelo desejo de voar cada vez mais alto e mais próximo ao sol, acabou despencando no Mar Egeu.

19

COMO ANDA SUA CONTA BANCÁRIA? SAIBA QUE DÍVIDAS ALTAS PODEM AFETAR SUA SAÚDE

Jovens adultos com dívidas muito altas podem apresentar mais problemas de pressão alta, piora de sua percepção pessoal e maior declínio na saúde mental, se comparados àqueles sem problemas monetários expressivos. Pelo menos é o que diz um estudo publicado pelo periódico *Social Science and Medicine*.

"Estamos vivendo em uma economia com altos níveis de endividamento", diz Elizabeth Sweet, uma das autoras.

O trabalho usou dados de um estudo longitudinal (feito repetidamente, durante longo período e com uma ampla base de entrevistados), realizado com 8,4 mil jovens adultos com idades variando entre 24 e 32 anos.

Investigações anteriores já haviam encontrado evidências de que ficar endividado pode afetar a saúde psicológica, mas essa é a primeira a estabelecer um paralelo também com a saúde física.

Diga-me, você também é do tipo de pessoa que joga tudo no cartão de crédito, ficando por longo tempo no crédito rotativo? Se sim, é bom ficar de olhos bem abertos.

O mais incrível nessa pesquisa, em minha opinião, foi saber que 20% dos participantes afirmavam que *continuariam* com dívidas, mesmo que liquidassem suas contas maiores, ou seja, ao que tudo indica, estar endividado acabou virando um hábito (péssimo, por sinal) para essa parcela do grupo.

Veja ainda que curioso: quanto maiores as dívidas, piores foram os níveis de estresse verificados em cada pessoa, bem como maiores as medidas de depressão apuradas e, por fim, mais alta a pressão sanguínea (o que, segundo os autores, poderia aumentar o risco de sofrer um acidente vascular cerebral).

Para concluir, os achados também apontaram que o estresse percebido nos indivíduos mais endividados foi quase 12% maior em relação àqueles sem dívidas.

CONCLUSÃO

Procure, sempre que possível, cuidar de sua saúde financeira, pois ela pode ser um dos principais gatilhos de uma piora na qualidade de sua vida.

Crédito muito fácil, aliado à falta de controle pessoal (como comprar de maneira impulsiva, por exemplo), pode contribuir para que passemos a andar mais frequentemente no limite do abismo. Se, hoje, viver já não é das tarefas mais fáceis, por que então complicar as coisas não se planejando economicamente?

Seria bom pensar no assunto!

20
MUITO TEMPO EM FRENTE À TELEVISÃO DIMINUI HABILIDADES SOCIAIS E COGNITIVAS EM CRIANÇAS

Essa é a primeira vez que um estudo controlado identificou a correlação entre tempo gasto na frente da televisão e o impacto nas habilidades gerais das crianças, segundo a investigadora Linda Pagani, da Université de Montréal.

O estudo observou 991 meninas e 1.006 meninos, cujos pais diziam que, entre as atividades diárias dos filhos, estava a de ver televisão.

E os resultados? Assustadores.

A constatação foi a de que, além da média aproximada de 1 hora e 10 minutos diários, cada hora extra de televisão representou – em crianças com idade até 2 anos e meio – uma significativa diminuição no vocabulário pessoal (como o número de palavras reconhecidas e gravadas), queda das habilidades matemáticas, decréscimo do nível de atenção e de resposta a estímulos, piora na capacidade de se defender de ataques físicos de outras crianças, ou seja, aumentaram as chances de vitimização, e, finalmente, houve uma importante redução das habilidades físicas gerais.

Lembremo-nos de que as experiências vividas nesse período podem ser decisivas na construção da autoestima e na determinação das chances futuras de sucesso dos pequenos, conforme vários estudos já atestaram. Dessa forma, não viver bem essa fase pode deixar marcas perenes. Por exemplo, uma piora na habilidade motora nessa idade tem um paralelo com menores habilidades físicas no futuro. Já um menor vocabulário na pré-escola pode levar a um decréscimo no interesse futuro por leitura, isso sem falar na piora dos níveis de atenção. A consequência mais óbvia? Simples: o fracasso acadêmico guarda relações com a dificuldade de identificar instruções ao realizar determinadas tarefas, aumentando as chances de frustração e esquiva em atividades que exijam raciocínio. Moral da história? É possível que até o sucesso econômico na vida adulta sinta o impacto dessa dificuldade.

Bem, e sobre não saber se defender das agressões dos colegas? Possivelmente, isso poderá contribuir com o aumento da introversão e do sentimento de exclusão social, pois sentir-se menos seguro poderá interferir na capacidade de socialização, tornando a criança mais embotada emocionalmente.

Não querendo ser muito pessimista, vamos considerar, inclusive, que esses efeitos podem estar subestimados. Como? Explico. Imagine, por exemplo, o caso das crianças que são cuidadas por terceiros (como creches ou babás) e que sabidamente ficam expostas muito mais tempo à televisão. Enfim, é para pensar.

Os autores da pesquisa dizem que identificar indícios do excesso de televisão na infância pode ajudar a modificar padrões de comportamento futuros, inteligência e habilidades cognitivas na idade madura, além de impactar a escolha por estilos de vida mais saudáveis.

É bom ficar atento!

21
HOMENS SE SENTEM MAL QUANDO AS MULHERES GANHAM MAIS QUE ELES

Lá no fundo, os homens odeiam ter de dividir a glória de sua vida de sucesso com sua esposa ou namorada, ao menos foi o que concluiu uma recente investigação publicada pela American Psychological Association. Assim, para a autoestima dos homens, elas deveriam ganhar sempre menos do que eles.

Não importa o quanto seja significativo que suas parceiras sejam bonitas, inteligentes e eficientes no trabalho, quando elas passam a ganhar mais, eles se sentem pior consigo mesmos.

É interessante observar, entretanto, que o inverso já não acontece, ou seja, as mulheres não são afetadas pela brilhante carreira dos parceiros.

Os autores dizem que esses dados fazem bastante sentido, pois, quando isso acontece, os homens se sentem ameaçados, uma vez que a grande maioria deles costuma ser bastante competitiva. A pesquisa diz também que, para eles, essa relação é quase automática: se elas vão bem, eles "falharam", mesmo que isso não devesse significar disputa com mais ninguém.

E os resultados não pararam por aí.

A frustração deles vem à tona toda vez que suas parceiras conseguem fazer algo que eles não conseguiram. Por exemplo, um jogo de laboratório feito por pesquisadores da University of Virginia ministrou testes de resolução de problemas e de autoestima a 32 casais. Quando um homem achava que sua parceira havia feito mais pontos que ele nesse jogo, sua autoestima piorava imediatamente, mesmo que não verbalizassem isso abertamente.

Outro estudo similar, feito nos Estados Unidos, fez comparações entre homens e suas parceiras. Quando eles descobriram que seu desempenho era ruim em comparação ao de outra pessoa, sentiam-se mal. No entanto, quando essa outra pessoa era sua parceira, eles sentiam-se ainda piores.

Um dado interessante é que, nessas pesquisas, as mulheres também apresentaram uma resposta inversa: quando sabiam que seus parceiros haviam ido muito bem – mesmo melhor que elas –, diziam-se orgulhosas e felizes.

CONCLUSÃO

Devo confessar que, a essa altura, seria muito tentador afirmar que os homens sempre foram muito machistas e que esse já seria um caso perdido, mas suponho que essa não seja a melhor explicação.

Lembre-se de que trazemos heranças evolutivas de nossos antepassados até os dias de hoje e, dessa forma, seria plausível assumir que, talvez, os papéis ficariam biologicamente invertidos quando a mulher estivesse mais atuante.

Explico.

Os homens sempre disputaram a liderança do bando, caçando, lutando contra inimigos e protegendo a família dos animais selvagens, o que, inevitavelmente, lhes assegurava maior *status* perante os demais. Assim, é possível que ser ultrapassado ou protegido por quem deveria cuidar (a saber, a mulher) possa contribuir para uma inversão de papéis, fazendo com que o homem momentaneamente se sinta mal por ter sido ultrapassado (economicamente).

Portanto, talvez a explicação mais provável seja a de que essa tendência biológica mais primitiva de sobrevivência e de liderança do bando ainda permaneça ativa na cabeça deles nos dias de hoje.

Bem, e as mulheres? Por que não se sentem mal ao serem superadas pelos homens nos experimentos?

Se formos seguir a mesma linha de raciocínio, fica claro que a mulher, ao ser vencida pelo homem, permaneça sentindo-se bem (ou "protegida"), sem que isso gere maiores preocupações, pois os papéis biológicos no grupo estariam mantidos.

Enfim, algo para se pensar.

22

AFINAL, *VIDEOGAMES* AUMENTAM A VIOLÊNCIA ENTRE OS ADOLESCENTES?

Um dos questionamentos mais comuns é saber se a tecnologia pode, de fato, afetar o comportamento dos jovens. Foi assim com o aparecimento do rádio, depois com a televisão e, mais recentemente, com relação aos *videogames*.

A pergunta mais frequente é a seguinte: será que jogos violentos aumentam a agressividade nos adolescentes?

Além disso, considerações recentes apontam que, talvez, os jogos piorem os sintomas de depressão e de transtorno de déficit de atenção/hiperatividade (TDAH) e afetem a probabilidade de os jovens se tornarem *bullies* (aquelas pessoas que cometem *bullying*) ou, ainda, delinquentes.

Bem, e a resposta?

"Não, nada disso." E essa afirmação é de um estudo recentemente publicado no periódico científico *Journal of Youth and Adolescence*. O autor da investigação, Christopher Fergunson, diz que há pouquíssima relação entre *videogames* e mudanças na personalidade dos adolescentes.

Segundo ele, a agressividade ou o TDAH não "aparecem" por causa do *videogame*, mas já estavam em desenvolvimento antes do hábito de jogá-lo se instalar. Dessa forma, esses dois tópicos se desenvolveriam paralelamente, sem um determinar o outro.

O estudo também afirma que não há evidências sólidas de que um jogo violento aumente a agressividade, mesmo em adolescentes com outros tipos de transtornos mentais.

Uma das conclusões do estudo de Fergunson, aliás, aponta para o caminho inverso: jogos eletrônicos criam uma espécie de *efeito catártico*, pelo qual crianças e adolescentes ficam menos agressivas, pois descarregam neles boa parte de seus medos e ansiedades.

Ao ler isso tudo, porém, eu fico me perguntando: será mesmo?

Sabemos, por exemplo, que uma pessoa exposta muito tempo a uma situação-limite tende rapidamente a se acostumar com aquela vivência, dessensibilizando-se, ou seja, há um decréscimo progressivo de sua resposta emocional. Alguns estudos mostram, inclusive, que adolescentes expostos a altos índices de agressividade levam mais tempo para chamar um adulto para interferir nas situações de tensão entre colegas; além disso, registrou--se uma redução expressiva na empatia entre vítimas de abuso doméstico.

Mas voltando à pergunta: afinal, *videogames* aumentam ou não a violência entre os adolescentes?

Sim, aumentam! Metanálises apontam para o aumento da violência e dos comportamentos antissociais em função da maior exposição a conteúdos violentos.

O autor da pesquisa citada também afirmou que existe um *efeito catártico* ao se usar *videogames*, entretanto, tal afirmação é, no mínimo, polêmica. Alguns estudos indicam que pessoas submetidas à exposição a filmes mais violentos, por exemplo, tendem a exibir maiores níveis de hostilidade após o termino das sessões. Portanto, é possível que o efeito catártico sugerido pelo autor não seja tão verdadeiro assim.

Além disso, não podemos esquecer do papel importante que os neurônios-espelho exercem em nosso comportamento.

Você, por acaso, sabe qual é a função dos neurônios-espelho? Eu explico.

Quando vemos alguém fazendo algo, automaticamente simulamos a mesma ação em nosso cérebro; ou seja, é como se nós mesmos estivéssemos mentalmente realizando aquele gesto. Isso quer dizer que o cérebro funciona como um *simulador silencioso*. Nossa mente involuntariamente ensaia toda ação que observamos em nosso entorno. Essa capacidade se deve aos *neurônios-espelho*, distribuídos por partes essenciais do cérebro. Quando observamos alguém realizando uma ação (bocejar, por exemplo), esses neurônios disparam (daí seu nome, *espelho*) e é por isso que também bocejamos. Dessa forma, essas células cerebrais são essenciais no aprendizado de atitudes e ações, pois permitem que as pessoas executem atividades sem necessariamente pensar nelas, apenas acessando seu banco de memória individual.

Nesse sentido, a mente dos jovens que vivenciam mais violência tende a ficar mais "exercitada" em relação a ações desse tipo, pois está mais habituada a tais atitudes. Se pensarmos que os jovens gastarão mais de 20 mil horas nesses jogos até os 18 anos, a perspectiva não é nada boa.

Enfim, ao escrever isso tudo não posso deixar de me recordar que sempre brincava com revólveres de espoleta e me pergunto se isso teria, de fato, afetado igualmente o comportamento de minha geração. Teríamos ficado mais agressivos por conta disso? Enfim, para se pensar.

Enquanto esse debate vai se desenvolvendo e novas pesquisas vão nos dando respostas mais pontuais, é bom ficarmos atentos!

23
MANIA DE DEIXAR TUDO PARA DEPOIS? ENTENDA O MECANISMO DA PROCRASTINAÇÃO

Todos nós, invariavelmente, fazemos planos para modificar nossas vidas. Isso inclui se matricular em uma academia, ler determinado livro, fazer certo exame de saúde ou tentar se planejar financeiramente e, no caso de situações mais corriqueiras, resolver problemas menores do cotidiano (como reorganizar aquela estante ou gaveta que acumula todo tipo de objetos e papéis).

Mas usamos quase sempre a mesma desculpa: amanhã ou no próximo fim de semana, finalmente, resolveremos. Dessa forma, passam-se dias, semanas ou até meses, e nossa lista apenas aumenta, e as pendências se acumulam.

Caso você ainda não saiba, isso tem um nome: chama-se procrastinação. Trata-se do ato de deixar para depois, adiar resoluções que precisariam ser tomadas no presente.

Além de atrapalhar as engrenagens que compõem nosso processo natural de vida, a procrastinação torna-se um verdadeiro problema. E olha que não sai barato, pois acabamos, muitas vezes, levando também esses hábitos para a nossa vida profissional.

Sabe o que é o pior? Tal "vício" acaba por criar embaraços à nossa autoestima, pois, ao pensarmos no dever inconcluso, inevitavelmente também nos deparamos com uma boa dose de arrependimento, resultado de nossa inércia.

Mas, afinal, por que fazemos isso?

Uma pesquisa feita na Alemanha tentou responder a essa questão, analisando a forma como pensamos a respeito de determinada tarefa e como a tendência de postergar as coisas com frequência domina o nosso pensamento.

Basicamente, o estudo descobriu que, muitas vezes, sem notar, acabamos distorcendo a percepção do tempo necessário para resolver algo, por isso achamos que vamos precisar de menos tempo, minimizando a importância da resolução imediata.

Dessa forma, o estudo fez a seguinte experiência: solicitou aos participantes da pesquisa que se dividissem em dois grupos. O primeiro deveria escrever a respeito de como realizar determinada tarefa (qual seria a forma ideal de limpar uma sala após uma festa, por exemplo), enquanto o outro grupo foi questionado sobre quais seriam as ações imediatas, o passo a passo, da realização. Então, os dois grupos partiram para a execução.

A conclusão foi bem interessante.

Aqueles que passaram mais tempo pensando sobre o conjunto das coisas (o primeiro grupo) foi o que levou mais tempo para iniciar o trabalho, pois se detiveram muito mais no planejamento, isto é, na elaboração das medidas de ação. Entretanto, aqueles que pensaram mais no passo a passo (o segundo grupo) rapidamente acabaram se engajando na resolução imediata do problema.

A conclusão observada foi a de que pensar nas tarefas de maneira mais resoluta reduziu a procrastinação e o tempo de resposta. Além disso, complementaram os autores, as pessoas se tornaram mais organizadas para a ação.

PREGUIÇA OU RECEIO?

Vale lembrar que o procrastinador, muitas vezes, também tem medo que o resultado de seu trabalho venha a sofrer uma avaliação pública. Assim, rapidamente aparecem os *bloqueios* de execução e a decisão de, por enquanto, não fazer nada. Dessa forma, tais pessoas, quando questionadas, apresentaram várias desculpas para sua ineficiência – muitas vezes externas, como falta de tempo, carência de habilidades ou poucos recursos econômicos.

O problema é que, na maioria das vezes, isso se torna uma bola de neve, e as pessoas – na pressão sofrida pela falta de andamento – acabam desempenhando suas atividades de maneira improvisada, o que, obviamente, leva à baixa qualidade. Assim, um círculo vicioso (evitativo) é instaurado.

Então, muitas vezes, a pessoa joga o trabalho para adiante com a desculpa de que precisa de mais tempo para realizá-lo e diz: "na semana que vem, eu farei isso com mais calma", mas nem por isso o realiza ou o faz de melhor maneira.

CONCLUSÃO

Lembre-se de que não há nada de errado em procrastinar uma vez ou outra. Entretanto, o problema começa quando isso se torna crônico e passamos a adiar frequentemente coisas que não poderiam ser adiadas.

Assim, se você tem problemas de procrastinação – ficar enrolando –, tente criar lista(s) de execução do tipo passo a passo e ir "ticando" cada vez que uma parte do projeto for realizada. Se tiver uma agenda, atualize as listas a cada dia. Usar lembretes também é um ótimo recurso.

Dessa forma, seu senso de urgência vai ficar mais apurado e seguramente você terá mais controle de seus projetos de vida.

24
O PADRÃO DE SONO É AFETADO POR APARELHOS ELETRÔNICOS NO QUARTO

Você é daquelas pessoas que sistematicamente leva seu celular, *laptop* ou *tablet* para o quarto?

Se respondeu *sim*, é possível que faça parte da grande maioria de pessoas que já não consegue mais se desconectar dos *gadgets* nem na hora de dormir, o que não é lá grande novidade para ninguém.

O que talvez você não saiba é que, quanto maior o tempo de uso desses aparelhos eletrônicos, pior é sua noite de sono, pois a luminosidade emitida pelas telas pode comprometer a qualidade de seu descanso.

A retina contém células fotossensíveis que ajudam o cérebro a regular nosso relógio biológico, aquele responsável pelos ciclos de sono-vigília, o controle da temperatura corporal e as mudanças hormonais. Assim, ao ser atingido pelo brilho das telas, seu ritmo biológico pode ser desregulado.

Um estudo do Rensselaer Polytechnic Institute, de Nova York, também demonstrou que usar o *tablet* ou o celular por duas horas antes de dormir já causa problemas expressivos em nosso sono, além de produzir um atraso gradual no horário de ir para a cama.

Embora possa parecer uma prática inofensiva, uma pesquisa publicada no *BMC Public Health* afirmou que, se esses comportamentos são persistentes, principalmente no caso de crianças, os pais devem ficar atentos para modificá-los, pois uma noite mal dormida guarda relação com menores níveis de concentração e pior *performance* acadêmica (em função da sensação de cansaço ao longo do dia).

USAR COMPUTADOR E CELULAR ANTES DE DORMIR PODE LEVAR A PROBLEMAS COGNITIVOS E COMPORTAMENTAIS

Você sabia que mais da metade das crianças e dos adolescentes que enviam mensagens de texto pelos celulares nos momentos que já estão deitados para dormir ou navegam mais de duas ou três horas diárias na internet durante a noite está mais propensa a desenvolver transtornos do sono?

Uma pesquisa publicada no periódico *Chest* afirma que esses jovens podem apresentar, inclusive, mais problemas comportamentais, cognitivos e alterações do humor.

Outro estudo, feito no JFK Medical Center, nos Estados Unidos, mostrou que o número de mensagens de texto enviadas pelas crianças entrevistadas chegava a 33 por noite, o que é bastante alto, sobretudo para indivíduos que deveriam estar tentando dormir, e não sendo estimulados a permanecer acordados.

Assim, os pesquisadores analisaram dados coletados na amostra de 40 crianças e jovens adultos com idades entre 8 e 22 anos. Os participantes foram orientados a criar diários indicando a quantidade de horas gastas enviando mensagens de texto ou *e-mails*, navegando na internet ou jogando *videogame* nas horas anteriores ao momento de irem para a cama.

Sabe o resultado?

Aqueles que mais faziam uso dessas tecnologias eram também os que mais relatavam dores nas pernas e insônia, além de diversas condições, como transtorno de déficit de atenção/hiperatividade (TDAH), ansiedade, depressão e dificuldades de aprendizado.

Além disso, as análises mostraram que 77,5% dos participantes tinham problemas persistentes para dormir (dificuldade de pegar no sono) e, em média, despertavam do sono profundo ao menos uma vez por noite.

Outro dado interessante relaciona-se aos hábitos de cada gênero. Os meninos preferiam usar o computador (navegar na internet e brincar com jogos *on-line*), enquanto as meninas tinham hábitos ligados ao uso do celular (SMSs e chamadas telefônicas).

O que chama minha atenção nesses casos é que os pais sabem que os hábitos de sono são importantes para garantir bom progresso acadêmico e desenvolvimento adequado dos filhos, mas raras vezes fazem alguma coisa para deixar esse tipo de equipamento longe do quarto de dormir (seja o deles ou o de seus filhos).

O quanto antes os pais criarem rotinas – respeitando a opinião dos filhos – para o uso dessas tecnologias, melhor. Costumo dizer que ter uma área em comum para os computadores é a primeira dica a ser adotada.

Creio que se desconectar da tecnologia seja, atualmente, um dos nossos maiores desafios. Nesse sentido, procure se disciplinar, independentemente de sua idade.

Por exemplo, na hora das refeições, deixe o celular longe da mesa; na hora de dormir, deixe-o fora do quarto. Enfim, nada que o bom senso não consiga prever.

Uma dica para tentar ter uma boa noite de sono seria levar uma revista ou um livro para a cama. Dessa forma, seu corpo poderá ir se "desligando" gradualmente, o que faria seu descanso ser de melhor qualidade. Simples, não acha?

25
COMPRAR AUMENTA O SENTIMENTO DE SOLIDÃO

Nem sempre se consegue comprar a felicidade. Pelo menos, é o que afirma um novo estudo.

De acordo com uma publicação do *Journal of Consumer Research*, muitas pessoas usam o materialismo como forma de tentar fugir da solidão e dos momentos difíceis, entretanto, os resultados do estudo indicaram que isso não funciona lá muito bem.

Rik Pieters, da Escola de Economia de Tilburt, na Holanda, acompanhou mais de 2,5 mil consumidores por mais de seis anos e mediu padrões de consumo que incluíam comprar por prazer, comprar para melhorar o *status* social e comprar para compensar estados de humor negativos.

E os resultados? Interessantes.

Dos três padrões de comportamento avaliados, o que menos impactava o sentimento de solidão era comprar por prazer. Isso significa dizer que, muitas vezes, pessoas compravam pela simples gratificação que isso gerava, ou seja, compravam apenas e tão somente pela satisfação envolvida no ato e ponto final. Sem quaisquer implicações psicológicas maiores.

Entretanto, o mesmo não pôde ser dito dos outros dois padrões.

Nos casos de consumo motivado por *status* e consumo motivado pela compensação emocional, ambos levaram a maior isolamento social e maior solidão.

As pessoas que compravam para melhorar seu *status* social, por exemplo, se mostravam mais solitárias. Isso porque parte do comportamento consistia em tentar se equiparar aos amigos e aos companheiros de trabalho, como forma de aumentar a estima pessoal. A má notícia, porém, é que esse comportamento consumista nunca apresentava um limite lá muito claro, e o isolamento social foi uma resposta frequentemente observada, uma vez que essas pessoas, apesar de adquirirem sempre mais coisas, ainda se sentiam incompletas.

Além disso, veja que comprar como forma de se aproximar do grupo (ao aumentar o *status* social) pode, na verdade, criar um resultado inesperado, distanciando o indivíduo do grupo. Considere, nesses casos, que adquirir mais bens pode afastar emocionalmente as pessoas de você, pois o separa daquelas que não desfrutam das mesmas condições econômicas.

Vamos de novo. Por exemplo, se você pudesse comprar um Porsche ou uma joia muito cara, seguramente ficaria muito contente, mas seu sucesso poderia criar algum tipo de desconforto em seu entorno, afastando algumas pessoas de você.

Ainda falta discutir as pessoas que compravam para compensar estados de humor negativos.

Bem, sabe o resultado desse terceiro grupo? Também entrou no mesmo círculo vicioso de piora de solidão.

Quem já não ouviu alguém dizer que "vai dar a si mesmo um presente", como forma de melhorar o seu dia?

Pois bem, o lado funcional do processo é que esse gesto anestesia, momentaneamente, os sentimentos ruins que as pessoas têm em seu cotidiano. Entretanto, o efeito terapêutico desse ato é bastante limitado. Ocorre, tão logo esse momento passa, que tais indivíduos precisam comprar mais para manter o nível de seu bem-estar, criando um mecanismo de reforço negativo.

Moral da história: também não funciona, e as pessoas permanecem infelizes.

Além disso, várias pesquisas já apontaram que consumir compulsivamente pode levar, em alguns casos, a uma espécie de vício, porque ativa áreas de prazer do cérebro (favorecendo a liberação da dopamina).

Bem, e qual a relação disso com a solidão constatada pelos pesquisadores?

Simples. Em meu entendimento, a satisfação momentânea de necessidades imediatas também pode levar, em médio prazo, a aumento do mal-estar, pois, ao nos distrairmos de nós mesmos, comprometemos o entendimento dos processos psicológicos que se escondem por trás da insatisfação pessoal.

Seria o mesmo que tomar todos os dias um medicamento para a dor de cabeça, mas sem ir adiante e investigar, de fato, qual seria a causa real do problema.

Concluindo, procure sempre pensar e entender quais são os sentimentos que estão por trás do ato de adquirir as coisas. Se sua compra for *apenas uma compra*, por simples prazer, ótimo; não há razão para se preocupar. Entretanto, se esse não for o seu caso, cuidado para não ficar refém de suas insatisfações, uma vez que isso poderá lhe custar muito caro, além de deixá-lo ainda mais infeliz.

26

VÍCIO EM CAFEÍNA: UMA NOVA DOENÇA DO SÉCULO XXI

Os seres humanos passam por uma transformação intensa na puberdade, especialmente no cérebro, onde ocorre a chamada *maturação neural*. Esse processo consiste no desenvolvimento do indivíduo para a estruturação e a funcionalidade completa do sistema nervoso.

O que ninguém sabe ainda é que consumir cafeína durante essa fase pode deixar o cérebro mais vagaroso. Ao menos é isso que afirma uma nova pesquisa feita com modelos animais que pode ser replicada em humanos.

De acordo com pesquisadores suíços, o consumo de cafeína tem aumentado expressivamente nos últimos 30 anos, não somente pelo café em si, mas também pela ingestão de diversas bebidas cuja composição inclui essa substância, como certos tipos de chá, refrigerantes e, principalmente, os energéticos, que são consumidos indiscriminadamente por adolescentes e jovens adultos.

Sabemos que é durante o sono que o cérebro torna as sinapses mais eficientes e mapeia novos caminhos para facilitar o acesso a informações. Assim, quanto mais cafeína houver no organismo, afirmam alguns pesquisadores, pior será o ciclo de sono desses adolescentes, o que influenciará de maneira determinante o desenvolvimento cerebral.

Outro dado interessante observado foi que, nos modelos animais acompanhados, o comportamento também sofreu alterações. Assim, quando a fonte de líquidos era, em sua maior parte, água, os animais exibiam um comportamento típico dessa fase da vida: curiosidade e atitude exploratória. Todavia, aqueles que consumiram mais bebidas contendo cafeína se tornaram mais introvertidos e muito cautelosos.

Vamos lembrar que muitos transtornos mentais se manifestam na adolescência e, dessa forma, as mudanças causadas pelo consumo de cafeína no cérebro poderiam precipitar seu desenvolvimento. Muito embora ainda não esteja claro como isso aconteceria, dizem os pesquisadores, o risco estaria presente e mereceria toda a atenção.

UM NOVO TRANSTORNO DO SÉCULO XXI?

A nova versão do manual da psiquiatria, o *Manual diagnóstico e estatístico de transtornos mentais* (DSM-5), na seção *Condições para estudos futuros*, incluiu o *transtorno por uso de cafeína* entre os quadros que merecem atenção nos próximos anos.

De acordo com a publicação, alguns sinais deveriam ser observados como indicativos do transtorno. Por exemplo, o desejo incontrolável por bebidas cafeinadas, o uso indiscriminado desse tipo de produto mesmo quando há problemas físicos e psicológicos decorrentes, a sensação de *fissura* quando não se consome cafeína, deixar de cumprir obrigações para tomar bebidas cafeinadas, entre outros.

Um dos pontos críticos avaliados pelo DSM-5 foi o fato de que as bebidas cafeinadas são consumidas regularmente por até 80% da população mundial e, dessa forma, até 7% dessa população poderia estar desenvolvendo sem saber o *vício em cafeína*.

Entre aqueles que consomem regularmente bebidas cafeinadas, estão os jovens em idade universitária e indivíduos com outros problemas com drogas, sendo que a prevalência dessa população poderia chegar então a 20%.

A presença de outros transtornos psiquiátricos foi igualmente apontada como questão expressiva nesse grupo. O consumo de cafeína foi associado a um maior consumo de tabaco (cigarros) e também é mais observado em indivíduos com histórico de abuso de álcool e outras drogas (maconha e cocaína). Além disso, há associação entre o consumo exagerado de bebidas cafeinadas e depressão, transtornos ansiosos e transtorno da personalidade antissocial.

CONCLUSÃO

Para tudo é necessário equilíbrio. Assim, uma boa opção é tentar orientar os jovens quanto ao consumo de energéticos e outras bebidas contendo cafeína; ou seja, tentar reduzir ao máximo seu uso ou, no caso do consumo de café, substituí-lo pelas versões descafeinadas (ou, ainda, tentar controlar o horário de ingestão, pois, quanto mais avançada a noite, piores os resultados).

Sabemos que os jovens utilizam indiscriminadamente os energéticos misturados ao álcool, pois disfarçam o nível de embriaguez e assim auxiliam nas interações sociais. Cerca de um terço dos jovens entre 12 e 14 anos afirma tomar bebidas energéticas regularmente nos Estados Unidos.

Kathleen Miller, pesquisadora da University at Buffalo, afirma em seu estudo publicado no *Journal of American College Health* que o alto consumo de bebidas energéticas está associado a comportamentos típicos de usuários de drogas, comportamentos agressivos e arriscados, incluindo sexo sem proteção e violência interpessoal.

A conclusão não sugere que as bebidas energéticas causem mau comportamento, mas que o consumo regular de bebidas energéticas seja um sinal de alerta aos pais. E a pesquisadora afirma: "Parece que os jovens que tomam muito bebidas energéticas têm mais tendência a assumir riscos".

Portanto, se o vício em cafeína será ou não um dos novos transtornos do século XXI ainda não sabemos. Todavia, o excesso de consumo já nos mostra de maneira bem ampla seus efeitos adversos em todos os níveis. Seria muito bom ficarmos atentos.

27
O SONO AJUDA NA "LIMPEZA" DO CÉREBRO

Ao longo da história da humanidade, filósofos e, mais recentemente, cientistas vêm se perguntando a razão pela qual as pessoas dormem e como isso afetaria nossa saúde e, especialmente, nosso cérebro.

Mais recentemente, pesquisadores mostraram que o sono é, na verdade, muito importante para o armazenamento de memórias. Entretanto, um novo estudo do University of Rochester Medical Center, de Nova York, publicado na revista *Science*, constatou que o sono pode ser também um período no qual o cérebro se desfaz de moléculas tóxicas.

Assim, uma boa noite de sono pode, literalmente, limpar a nossa mente.

Usando ratos, pesquisadores mostraram pela primeira vez que o espaço entre as células do cérebro pode aumentar durante o sono, permitindo que sejam eliminadas as toxinas acumuladas.

Esses resultados evidenciaram que, durante o sono, um sistema de "encanamento", chamado sistema glinfático, pode se abrir e, assim, liberar a passagem (encolhendo o tamanho das células) para que exista um maior espaço para a limpeza.

A pesquisa inseriu eletrodos no cérebro de ratos e observou que as células, nesse período de descanso, encolheram em até 60% seu tamanho, permitindo que o líquido cerebrospinal "enxaguasse" o tecido cerebral, liberando os resíduos acumulados no sistema circulatório durante as horas de vigília.

Isso pode explicar por que o cérebro utiliza quase tanta energia durante o sono quanto nas horas em que estamos acordados.

Tais resultados sugerem, portanto, um novo papel para o sono na saúde e na doença. Lembremos que estudos anteriores já indicam que moléculas tóxicas envolvidas em algumas doenças neurodegenerativas se acumulam no espaço entre as células do cérebro, criando algumas implicações.

Imagine, então, o que deve acontecer àquelas pessoas que apresentam um sono entrecortado (acordando várias vezes durante a noite) ou ainda às que desenvolvem algum tipo de transtorno de sono. É possível que esse processo de "limpeza" fique, de alguma maneira, prejudicado.

Bem, sabemos que todos, indistintamente, querem ter uma boa noite de sono e acordar relaxados no dia seguinte, mas, para os brasileiros, dormir bem ainda é um privilégio a ser alcançado. Segundo dados do Instituto do Sono, 63% da população adulta do País tem alguma queixa relacionada ao sono. Aqui em São Paulo, por exemplo, 25% da população apresenta dificuldade para dormir, enquanto 27% acordam precocemente, e 36% têm dificuldade de manter o sono.

Com essas informações em mãos, que tal procurar cuidar um pouco mais da "limpeza" de seu cérebro?

28
O SUCESSO PROFISSIONAL ESTÁ LIGADO À POSITIVIDADE

Um estudo interessante feito na University of California diz que a felicidade pode promover o sucesso em sua carreira. Você conseguiria adivinhar a razão disso?

É tudo bem simples. Explico: em geral, pessoas felizes estão mais satisfeitas com seu trabalho e, consequentemente, tendem a ficar mais em evidência, o que é bastante natural. Dessa forma, passam a ser mais lembradas por seus superiores e, consequentemente, tendem a subir mais rápido do que seus pares.

Como já explicado por Darwin, no processo evolutivo, aqueles que se destacam no bando, subindo os degraus da hierarquia, tornam-se os líderes naturais do grupo, ganhando a prioridade na alimentação e na escolha dos parceiros para acasalamento, e facilidade na tomada de decisões, ou seja, tornam-se o que se denomina em biologia de macho ou fêmea "alfa".

Assim, embora há tempos tenhamos deixado para trás nossa evolução mais animal e, felizmente, não precisemos mais brigar para conseguir um pedaço de carne, no mundo de hoje, as atitudes que levam a alguma forma de evidência são efetivas para compor o que se denomina sucesso profissional. Portanto, pessoas que se destacam por sua felicidade podem, potencialmente, tornar-se líderes do bando.

Outro dado observado na pesquisa foi o fato de que pessoas que se mantêm a maior parte do tempo positivas, quando lidam com alguma situação ruim, recebem maior apoio dos colegas. Quando as pessoas se habituam a conviver com alguém que é mais positivo em termos de atitudes e de ideias, o grupo tende a ficar mais atento às suas reações e, portanto, essas pessoas recebem também maior apoio nos momentos de necessidade. Ou seja, cria-se uma via de mão dupla em que dar e receber apoio irrestrito são características presentes.

Entretanto, quando alguém apresenta uma atitude predominantemente negativa, a expectativa social do meio é de que essa pessoa se destaque mais por relatar seus problemas ou suas dificuldades (em vez de seu sucesso), criando como resultado um maior antagonismo entre os colegas e, como consequência, a pessoa passa a obter menores níveis de apoio e de aprovação.

Essa pessoa tem tudo para se tornar um macho ou fêmea alfa *às avessas*, pois é lembrada muito mais por suas características negativas e de falta de determinação, sendo denominada, então, macho ou fêmea *beta*.

Pessoas mais positivas têm, ainda, outro ponto a favor no ambiente de trabalho que talvez explique parte de seu sucesso na carreira. Um comportamento mais positivo, por exemplo, faz seus colegas de trabalho sentirem-se encorajados a expressar opiniões. Assim, quando temos uma pessoa mais positiva por perto, tendemos, sem perceber, a nos sentir encorajados a fazer o mesmo, oferecendo, em função do exemplo, mais determinação para o grupo assumir atividades e ações mais arriscadas.

Concluindo nosso raciocínio: pessoas positivas se destacam mais, recebem mais apoio, tornam-se ainda mais satisfeitas, recebem mais atenção dos superiores e, portanto, inevitavelmente se tornam líderes naturais.

E você, por acaso saberia dizer qual papel é mais comum em sua vida profissional? *Alfa* ou *beta*?

É evidente que todos nós, indistintamente, temos dias melhores e outros nem tanto. Todavia, a habilidade pessoal de manejar inversões que fogem ao controle torna-se fundamental nesse processo de equilíbrio, ascensão e realização pessoal.

Adquirir uma postura mais positiva, em vez de negativa, torna-se, portanto, apenas uma questão de treino.

Há um provérbio indígena norte-americano que diz que dentro de nós existem dois cachorros. Um deles, cruel e mau; enquanto o outro, dócil e muito bom. E os dois estão sempre brigando. A pergunta inevitável que vem à mente é: afinal, qual dos dois ganha a briga? A resposta é bastante simples: provavelmente aquele que você alimentar mais.

Pense nisso!

29

CIBERCONDRIA: A HIPOCONDRIA DA ERA DIGITAL

Se a hipocondria – crença infundada de que sintomas comuns podem indicar uma doença mais grave – já criava problemas expressivos aos pacientes e aos profissionais da saúde, a chamada cibercondria (hipocondria na era digital) tem sido um tópico cada vez mais estudado pelos pesquisadores.

Quem nunca entrou na internet para investigar a respeito de seu problema de saúde? É praticamente impossível achar alguém que nunca tenha feito isso.

Não que não seja legítimo e válido buscar informações. Entretanto, para determinado grupo, isso pode se tornar um verdadeiro pesadelo. Para aqueles mais ansiosos por natureza, que já sofrem muito com a hipocondria, o acesso a centenas de informações pode acarretar ainda mais adversidades.

A cibercondria pode piorar as condições de saúde de muitos e gerar, de quebra, outros tipos de problemas. Pelo menos é o que apontam alguns pesquisadores.

Um estudo feito na Baylor University, nos Estados Unidos, foi um dos primeiros a delinear um retrato mais claro do comportamento que surge em decorrência da evolução dos meios digitais. Publicado no periódico *Cyberpsychology, Behavior and Social Networking*, o trabalho descreve os gatilhos que levam uma pessoa a desenvolver cibercondria.

Como pessoas ansiosas já apresentam maior dificuldade para lidar com temas que ainda lhes são incertos, a pesquisa na internet visa a apaziguar sua ansiedade pessoal, pois, sem essas informações, dificilmente essas pessoas conseguiriam "se desligar".

No entanto, na tentativa de se informar mais sobre sua doença, essas pessoas se deparam com algumas centenas (ou milhares) de explicações, desenvolvendo ainda mais ansiedade, criando, dessa forma, uma verdadeira bola de neve.

Também batizado nos Estados Unidos como *fenômeno "Dr. Google"*, uma simples tosse por conta de um ar seco pode, por meio dessas "pesquisas", tornar-se uma doença grave.

Outra situação que aumenta expressivamente os níveis de ansiedade desses pacientes é quando descobrem sintomas que são conflitantes; ou seja, quando aparecem em mais de um tipo de doença, gerando ainda mais angústia pessoal.

Bem, e para resolver esses impasses, muitos pacientes dão início a uma verdadeira peregrinação por consultórios médicos e hospitais, desenvolvendo agora certas adversidades econômicas (como ter de pagar por exames e médicos especialistas mais caros), em sua tentativa desesperada de confirmar seu diagnóstico.

O pior de tudo ainda não foi descrito. Ao utilizar as informações colhidas na internet (nem sempre verdadeiras, diga-se de passagem), esses pacientes elaboram seu próprio diagnóstico e chegam às consultas munidos de centenas de explicações, prontos para contrapor os profissionais em suas opiniões, criando problemas ainda mais complexos.

Se considerarmos que aproximadamente 8 em cada 10 pessoas com acesso à internet pesquisam informações *on-line* sobre doenças (dados norte-americanos), é possível que boa parte da população seja candidata a desenvolver a cibercondria.

Na pesquisa norte-americana, que envolveu mais de 500 indivíduos de ambos os sexos com média de idade de 30 anos, algo comum entre os pesquisados era o fato de que a maioria afirmava ter necessidade imperativa de saber o que, efetivamente, "o destino lhe reservava". Além disso, de acordo com os inventários aplicados, a maioria passava muito tempo de seu dia pensando sobre a própria saúde, se comparada àqueles que não usavam a internet para tais fins.

Bem sabemos que cada indivíduo tem um filtro pessoal de interpretação da realidade e que, para os que acreditam firmemente "ter algum problema", os piores prognósticos serão, possivelmente, os que se tornarão mais representativos em seus achados. Isto é, ainda que tais pacientes encontrem, digamos, 90 artigos que relatem um bom prognóstico da "sua doença", é provável que efetivamente valorizem apenas aqueles que são mais negativos.

Como resultado final, os profissionais de saúde acabam por encontrar alguns pacientes que sabem mais de suas patologias do que eles mesmos, que estudaram anos para isso, o que dificulta a criação de um bom vínculo de confiança entre profissional e paciente.

Indivíduos cibercondríacos podem sofrer de mais crises de estresse, o que pode, evidentemente, piorar seu estado geral de saúde.

É possível que informações médicas disponíveis na internet precisem, no futuro, de algum tipo de regulação, na tentativa de proteger essas pessoas em seu processo de autodiagnóstico.

Enfim, é a tecnologia criando novos contornos a velhos problemas.

30

COMO ANDA SEU RELACIONAMENTO?

Nos Estados Unidos, quase 50% dos casamentos acabam em divórcio, e uma nova pesquisa tenta delimitar os fatores que podem tornar o amor mais durável.

Pergunte a um jovem casal quanto tempo o casamento deles irá durar e, seguramente, a resposta será "para sempre".

Em um estudo conduzido por Jeffrey Jensen Arnett, da Clark University, pesquisador de temas da idade adulta, 86% dos mais de mil entrevistados com idade entre 18 e 29 anos disseram esperar que seus relacionamentos fossem eternos. Aqueles que disseram o contrário, entretanto, tinham grande tendência a não se casar.

Em outro estudo – realizado pelo National Center for Health Statistics (NCHS) –, apenas a metade dos casais entrevistados achava que conseguiria celebrar seu aniversário de 20 anos. Entre os homens, por exemplo, apenas 52% acreditam nisso, e, entre as mulheres, 56%.

Apesar de as taxas de divórcio terem diminuído desde os anos 1980, o número de casamentos também diminuiu sensivelmente. Além disso, as pessoas hoje estão casando mais tarde. Dessa maneira, as taxas de separação passaram a oscilar, nos últimos anos, entre 40 e 50%.

Contudo, a pergunta que muitas vezes fazemos é: o que faz com que duas pessoas que um dia disseram "sim" em resposta ao casamento desfaçam sua vida conjugal depois de um tempo?

Graças a diversos estudos longitudinais (de longa duração e com muitos entrevistados), percebe-se que a pergunta pode estar sendo formulada de maneira equivocada. Explico. A indagação correta deveria ser: o que faz com que as pessoas fiquem juntas?

Um dos pontos importantes a ser observado, dentre vários, é a forma como os casais resolvem seus impasses e brigas internas. Determinado estudo aponta que quase 70% das brigas entre os casais ficam sem solução.

Ocorre que, em grande parte das vezes, na tentativa de solucionar um problema, cada um "puxa" os argumentos a seu favor, tentando vencer a briga. Nesse momento, costuma-se passar por cima dos sentimentos do outro, gerando ainda mais desconforto (além de não ter sido ouvido na primeira vez, novamente ser desconsiderado). Não é que em determinado momento não possa existir um lado que seja mais sensato, mas aparentemente as coisas saem dos trilhos a partir daí. Portanto, as brigas ficam sem solução.

Outra coisa que aparece nas pesquisas, como indicador de uma boa saúde psicológica, é o modo como essas pessoas se divertem conjuntamente. Fazer viagens, cursos ou planos juntos, em médio e em longo prazo, é vital para manter estável a união.

O nível de educação também é fator de destaque. Mulheres com curso superior, por exemplo, têm 78% mais chances de dizer que seus casamentos durarão mais de 20 anos em comparação com aquelas sem curso superior, cujas respostas giram em torno dos 41%.

A idade no casamento também é apontada como importante. Aqueles que esperam mais tempo para se casar apresentam menor tendência de se divorciar.

Ter filhos depois do casamento também aumenta as chances de os casais pensarem em ficar juntos.

Além disso, a saúde das finanças domésticas é um dos fatores mais ligados a desentendimentos e ao fim dos relacionamentos.

FAZENDO O AMOR DURAR

Enumerei algumas dicas que acho importante observar:

1. *Expresse afeto*: as pequenas coisas são importantes. Entre os casais cujos relacionamentos eram mais duradouros, sempre havia pequenos e constantes gestos de afeto. Entre os casamentos com piores níveis de avaliação, esse tipo de comportamento não era lá algo muito comum e raramente aparecia. Essas pequenas atitudes de cuidado impactavam até mesmo nos níveis de estresse no trabalho, o que ajudava em outro ponto sensível para um bom casamento.

2. *Saiba se comunicar*: falar mais, de forma a construir um diálogo, compartilhar sonhos e esperanças, fazer listas de desejos e conhecer melhor um ao outro – já que todos mudam, independentemente de estarem ou não casados – são algumas sugestões. "Quem somos nós?", "O que queremos para o futuro como casal?" e "Como gostaríamos de ser lembrados?" são algumas questões que os casais deveriam perguntar um ao outro o tempo todo.

3. *Celebre as coisas boas*: mais do que dar apoio quando as coisas vão mal, celebrar boas notícias também faz parte do sucesso como casal. Se sua esposa, ou marido, recebeu uma promoção, saia para jantar, dê parabéns de verdade. Vibre verdadeiramente pelo outro. Torne as boas memórias melhores ainda.

4. *Arrisque*: aceitar o marasmo na relação é perigoso. Variedade, novidade e surpresas são as palavras de ordem para fugir desse fator negativo. Sugerir atividades físicas diferentes (como uma caminhada por um novo parque), viajar, descobrir novos restaurantes e aceitar convites para festas de pessoas pouco conhecidas (e descobrir conversas completamente diferentes das usuais) são algumas dicas.

5. *Saber que amor não é o bastante*: a maior lição do casamento é que é preciso querer estar casado. É preciso ter consciência disso, fazer esforços e se comprometer no dia a dia. Casamento é como uma profissão: é preciso se atualizar, fazer novas descobertas, ser proativo, contornar problemas, superar dias ruins e não desistir imediatamente quando as coisas vão mal.

6. *Procure ser consciente*: você está com uma pessoa a quem escolheu para estar junto, e ela também optou por isso. Eis um motivo para celebrar e cuidar sempre do outro.

Moral da história: procure estar sempre atento e receptivo às reações de seu parceiro e, o mais importante, não crie expectativas irreais. Arnaldo Jabor, a esse respeito, afirma: "Não acredito em pessoas que se complementam. Acredito em pessoas que se somam. Às vezes você não consegue nem dar cem por cento de você para você mesmo, como cobrar cem por cento do outro?".

31

TRÊS HORAS DE TERAPIA PODEM PROTEGER ADOLESCENTES DE TRANSTORNOS MENTAIS

Duas sessões de 1h30min (apenas) foram associadas a uma diminuição de 33% de desenvolvimento de transtornos mentais em adolescentes. Isso é o que conclui uma investigação multicêntrica conduzida por parcerias de universidades do Canadá e da Europa.

Colhidos na área metropolitana de Londres, os dados apontaram que esse tipo de intervenção ajudou a diminuir problemas como depressão e ansiedade (redução de até 26%), bem como problemas ligados a comportamentos agressivos e impulsivos nos adolescentes (diminuição de até 36%).

Feitas em grupo, as intervenções também contaram com a presença do professor que, treinado, ajudou-os a identificar os gatilhos situacionais, capacitando-os assim a continuar lidando com os problemas que apareciam de forma construtiva.

A investigação não parou por aí. A cada seis meses, os alunos faziam testes para acompanhamento dos resultados. Além da diminuição de depressão, ansiedade, transtornos de pânico e problemas de interação social, os riscos de pensamentos suicidas também decaíram sensivelmente naqueles em que foram identificados no início.

Perceba, então, que pequenas intervenções como essas podem, na verdade, ter grande impacto na saúde mental dos nossos pequenos. De modo que isso poderia ser adotado como modelo a ser implementado em muitos ambientes escolares.

Raciocine comigo: se uma intervenção em grupo com apenas três horas de duração fez um efeito desses, imagine o que uma boa psicoterapia individual não poderá fazer por seu filho ou mesmo por você? Pense nisso!

32

DURMA MENOS, ENGORDE MAIS

Uma forma que ajudaria bastante no controle de seu peso talvez possa ser dormir um pouco mais e melhor.

Diversos estudos já alertaram para a correlação percebida entre tempo e qualidade de sono e peso corporal. Em pesquisas que acompanharam adultos que dormiam menos de 6 horas por noite e crianças que dormiam menos de 9 a 10 horas, o pouco tempo de sono foi associado a um maior peso corporal.

Mais recentemente, um estudo feito pela University of Colorado diz que apenas um dia na semana dormido de forma irregular já seria o suficiente para refletir resultados na balança.

O estudo é sério e acompanhou os padrões de sono, bem como os hábitos alimentares. Os pesquisadores chegaram a estabelecer uma dieta para todos os participantes, de acordo com o metabolismo individual de cada um. Assim, todos deveriam estar consumindo uma quantidade ideal para que seu corpo pudesse assimilar a energia dos alimentos sem gerar grandes variações de peso; e o principal: todos dormiram a mesma quantidade de horas, com qualidade.

Em uma segunda parte do experimento, os participantes foram divididos em grupos que dormiam muito (9 horas) ou muito pouco (5 horas), sendo que ambos os grupos recebiam uma dieta sem restrições. Na sequência, esses grupos foram invertidos quanto ao tempo de sono (quem dormia 9 horas passou a dormir 5 horas e vice-versa), para então medir as variações que isso poderia causar.

A primeira conclusão foi de que, ao contrário da hipótese inicial, menos tempo de sono resultou em aumento do ritmo do metabolismo. Mas não fique animado! As pessoas do grupo que dormia menos gastavam até 111 calorias a mais no dia, no entanto, por algum motivo, elas *não perdiam* peso.

Você sabe qual foi a explicação? Mais do que a quantidade de alimentos consumidos no dia posterior a uma noite de sono mal dormida, era a qualidade desses alimentos que mudava. Ficou claro? Não? Eu explico.

Um sono ruim aumentava a vontade e o consumo de carboidratos (pães e massas). Além disso, os horários para comer também mudavam, ficando mais desregulados, tendo sido registrado um excesso de lanches durante todo o dia seguinte.

No grupo que tinha um sono melhor, entretanto, o inverso aconteceu. As pessoas comiam menos e, o mais importante, instintivamente procuravam por comidas mais saudáveis, menos gordurosas e praticamente não sentiam tanto desejo ou necessidade de carboidratos. Resumo: consumiam até 6% menos calorias diárias, se comparadas ao grupo do sono ruim.

Outro estudo mais recente, feito pela University of Chicago, mostrou que um sono de baixa qualidade tem o poder de alterar as células de gordura no corpo. Os pesquisadores afirmam que dormir mal faz as células de gordura do corpo envelhecerem até 20 anos, ou seja, tornam-se menos ágeis para metabolizar a energia estocada no corpo.

Sabe o que isso quer dizer? Dormir menos que a média prevista de oito a nove horas diárias (para um adulto) fez o corpo perder a "agilidade" para emagrecer.

MAIS SONO PARA AS CRIANÇAS, MAIS VONTADE DE SE MOVIMENTAR

Finalmente, uma última pesquisa feita pela University of Pennsylvania acompanhou adolescentes pelo período de até quatro anos. A descoberta:

uma hora a mais na média de sono noturno (8 horas por noite) ajudou a diminuir o peso corporal.

Portanto, entende-se que dormir pouco faz o corpo sentir necessidade de se movimentar menos durante o dia, o que favorece o sedentarismo. Além disso, a produção hormonal – que inclui os hormônios associados ao apetite e à saciedade – fica mais desregulada, tornando o gasto energético menos eficiente.

A boa notícia, portanto, é que, ao contrário do que se prega nas rotinas de exercícios e hábitos alimentares (pilares para controle ou diminuição de peso), dormir pode contribuir de maneira expressiva para o controle de seu peso corporal. Já não é de hoje que ouvimos sobre a importância de uma boa noite de sono.

Assim, se você é uma daquelas pessoas que está sempre de olho na balança, tente dormir mais e melhor. Seu corpo vai agradecer!

33
BONS RELACIONAMENTOS TORNAM AS MULHERES MAIS SATISFEITAS COM SEU PESO

As mulheres que estão em um relacionamento afetivo satisfatório são mais propensas a estar realizadas com seu peso corporal se comparadas àquelas mais infelizes com sua vida afetiva.

Talvez você ainda não tenha pensado a respeito, entretanto, essa afirmação contradiz diretamente as concepções cotidianas sobre nosso contentamento em relação ao tamanho corporal.

Em geral, achamos que uma parte significativa de nossa satisfação viria do fato de conseguirmos perder bastante peso ou, ainda, resultante da quantidade de exercícios que fazemos ou das calorias que efetivamente perdemos. Entretanto, todas essas premissas podem estar profundamente equivocadas.

Na investigação conduzida por Sabina Vatter, na Tallinn University, foram coletados dados de 256 mulheres com idades entre 20 e 45 anos; entre elas, 71,5% viviam com um parceiro romântico, enquanto 28,5% já eram efetivamente casadas.

Assim, para aferir a hipótese de que a satisfação com o corpo é mais influenciada por outras coisas que não nossos esforços para emagrecer, as mulheres participantes responderam a perguntas sobre seu peso corporal, experiência anterior em relação a dietas, autoestima, imagem corporal, bem como questões a respeito do grau de intimidade e de satisfação em seus relacionamentos.

A pesquisadora descobriu algo muito interessante: as mulheres mais satisfeitas com seu relacionamento da época também estavam mais contentes com seu peso corporal, embora ainda estivessem distantes de seu peso ideal. Além disso, elas apresentavam maior autoestima se comparadas às menos felizes em suas relações.

Portanto, esses resultados indicam claramente que a satisfação com o tamanho de nosso corpo (forma e peso) tem mais a ver com o quanto estamos felizes em áreas importantes de nossa vida do que com o quanto conseguimos realmente emagrecer.

É possível então, para não dizer provável, que a imagem que você veja refletida todos os dias no espelho de seu banheiro seja muito mais fruto do quanto você se sente feliz do que resultado das medidas apontadas pela fita métrica.

Nem de longe estou sugerindo qualquer forma de descaso com o próprio corpo, evidentemente, mas apontando que talvez o estado de satisfação com suas medidas não passe exclusivamente pelas academias e pelos regimes.

Assim, é sensato dizer que a satisfação pessoal certamente não é decorrente das menores medidas de roupa que você usa, mas do quanto você se realiza com seu par afetivo.

Pense nisso antes de gastar anos em coisas que não podem lhe trazer, efetivamente, a felicidade.

34
O MEDO DE FICAR SÓ NOS FAZ BUSCAR QUALQUER RELAÇÃO

O medo de ficar só é um forte estímulo para que tanto mulheres como homens desenvolvam relacionamentos pouco estimulantes.

Esse é o resultado de uma pesquisa feita pela University of Toronto, com ampla amostra de mulheres e de homens (norte-americanos e canadenses de várias origens étnicas e diferentes idades), publicada no *Journal of Personality and Social Psychology*.

Os pesquisadores afirmam que uma pessoa, se estiver solteira há muito tempo, tenderá naturalmente a ficar menos crítica em relação a seus relacionamentos, engajando-se em qualquer tipo de relação amorosa. O curioso é que, mesmo estando não satisfeita e, inclusive, "sabendo" que seu par romântico não é aquilo que esperava, ela permanece nesse relacionamento.

De certa forma, creio eu, o nível de ansiedade causado pela "solteirice" é tão impactante que as pessoas preferem ficar em relacionamentos de baixa qualidade do que correr o risco de acabarem sozinhas.

Mas qual seria a razão para que essas pessoas aceitassem qualquer coisa? Você saberia dizer? Eu esclareço.

DIFERENÇA ENTRE APEGO E AFETO

Operando em nosso cérebro, temos um sistema automático e muito primitivo que, desde nossos antepassados, nos faz buscar a proteção do outro. Esse *impulso mental* pode ser visto operando também nos animais e explica o fato de andarem em bando, pois, junto com o grupo, a alimentação, o acasalamento e a proteção se dão de forma mais efetiva, garantindo maior sobrevivência.

O mesmo ocorre com os humanos. Quando crescemos, nós também buscamos instintivamente apoio e proteção de nossos pais para que, depois, com a passagem do tempo, possamos perseguir na vida adulta uma nova figura de apego que nos proteja. No caso, os parceiros românticos.

Dessa maneira, biologicamente falando, o mecanismo de *apego* sempre se manifesta antes do *afeto,* pois primeiro precisamos nos sentir protegidos para depois estar seguros para gostar de alguém. Isso equivaleria a dizer: a "lei de sobrevivência" cerebral, ou seja, a busca de apoio, vem sempre antes.

Portanto, quando o sentimento de proteção se faz manifesto, ficamos livres para nos ligar (afeiçoar) a alguém. Perceba, assim, que sentir-se *protegido* não é a mesma coisa que sentir-se *querido*, pois circuitos mentais distintos são acionados em cada caso.

Entretanto, as coisas nem sempre saem como esperado.

Nosso cérebro sempre nos impulsiona a desenvolver relações de apego e busca de segurança, mesmo quando o apego recebido não é dos mais expressivos.

Assim, muitas vezes gostamos de uma pessoa, mas não nos sentimos tão protegidos por ela. Isso explicaria, em parte, por que muitos indivíduos desenvolvem relações paralelas (casos extraconjugais) com outras figuras. Em uma pessoa, manifesta-se o apego e, em outra, o afeto.

As relações mais duradouras ou, se você preferir, as mais longevas, são aquelas nas quais a figura de afeto é ocupada pela mesma figura de apego. Isto é, quando conseguimos gostar de alguém que também nos traz a sensação de proteção.

Dessa forma, as relações românticas mais satisfatórias são as que nos fornecem ambas as coisas (sensação de afeto e de apego), popularmente denominadas *relações de cumplicidade*. Moral da história: nesses casos, gostamos de alguém que também nos protege.

CONCLUSÃO

Portanto, a pesquisa canadense apenas demonstra que, na ausência de uma boa figura de afeto, nos contentamos com uma que, ao menos, forneça a sensação de proteção, ainda que estejamos infelizes.

Isso explica também a razão pela qual muitas pessoas passam a vida inteira ao lado de um cônjuge que não lhes traz felicidade. Ou seja, ainda que não exista afeto evidente, possivelmente existe a percepção de um sentimento de proteção.

Quem já não ouviu falar de um cônjuge que perdeu a confiança no parceiro e, ainda assim, permaneceu na relação por anos a fio?

Enfim, esse é um dos dilemas que nossa herança antepassada nos dá para resolver, isto é, o medo de ficar só faz com que nos contentemos com qualquer relação.

35

RELAÇÕES HUMANAS NOS FAZEM FELIZES, NÃO O CONSUMO

Você já deve ter ouvido a seguinte frase ecoando por aí: "As melhores coisas da vida não são coisas". Pois é, a máxima não poderia ser mais acertada. Saiba que um estudo feito na Suécia chegou à mesma conclusão.

A partir de entrevistas colhidas desde 2010, pesquisadores da Lund University confirmaram que a felicidade está mais ligada a nossos relacionamentos afetivos (família, amigos e parceiros românticos) do que às coisas materiais que nos rodeiam.

Os autores afirmam que consumir já havia sido associado a uma forma de felicidade, entretanto, a uma felicidade "mais passageira", digamos. Assim, a coleta dos dados chegou à conclusão de que as pessoas atingem sentimentos de felicidade mais intensos e duradouros quando verbalizam, vivem – e pensam – a respeito de seus relacionamentos de maneira geral.

O estudo lembra, entretanto, que apesar de não estarem associados à felicidade, os bens materiais não estão imediatamente associados ao inverso, ou seja, à infelicidade.

Outro dado interessante é que esses relacionamentos, muitas vezes, não se concretizam no mundo real. Lembre-se, por exemplo, daquelas pessoas públicas que geram algum tipo de afeição – como as figuras carismáticas. Por alguma razão, ainda não muito clara, elas também parecem elevar os nossos níveis de felicidade.

Seria essa, então, uma possível razão da necessidade de conexão às redes sociais?

Enfim, o estudo continua em desenvolvimento e os pesquisadores pretendem descobrir o que faz não apenas uma pessoa, mas a sociedade como um todo, também ficar feliz. A isso eles vêm denominando *percepção coletiva de felicidade*.

MÚSICA, BOAS NOTÍCIAS DE PESSOAS DISTANTES, MUITA COISA PODE NOS FAZER FELIZ

Para os pesquisadores, essa percepção coletiva de felicidade pode ser desencadeada por outros fatores. Veja só que interessante!

Assim, também apontaram, por exemplo, que as músicas que traduzem o que sentimos em determinado momento poderiam evocar esses mesmos sentimentos.

Boas notícias sobre amigos (sim, até quando há distanciamento entre as pessoas) e, mesmo, presenciar situações positivas parecem contribuir de maneira direta para que as pessoas atinjam a felicidade.

FELICIDADE É SENSAÇÃO DE REALIZAÇÃO PONTUAL

Como já dissemos anteriormente, para chegar ao sentimento pleno de felicidade, devemos entender que basta começar a cuidar de nós mesmos e nos empenhar na realização daquilo que pontualmente nos faz bem, pois sobre isso temos controle.

Tente, portanto, fugir dos sentimentos causados pelo consumismo. Afinal, apesar de isso não trazer tanta felicidade (como já mencionei em relação à pesquisa sueca), também não nos aproxima dela.

Quando realizamos algo que nos faz bem, isso nos sustenta emocionalmente para seguir em frente, pois desenvolvemos força e virtude, o que nos ajuda a vivenciar dignidade pessoal. Dessa forma, aumentamos nosso senso de coerência, e dos sentimentos e dos afetos positivos.

Afinal, como disse Arthur Schopenhauer: "A nossa felicidade depende mais do que temos na nossa cabeça do que em nos nossos bolsos".

36

VOCÊ ESTÁ DEPENDENTE DE SEU TELEFONE CELULAR?

A dependência de celular tem sido tema recorrente na mídia nos últimos anos e vem atraindo a atenção de clínicos e pesquisadores no mundo todo. Você já deve ter percebido que, atualmente, um simples aparelho celular se aproxima muito mais de um computador pessoal do que de um telefone propriamente dito, na forma como originalmente o conhecíamos.

Veja que um simples aparelho pode servir como máquina fotográfica, filmadora, acesso a redes sociais, despertador, calculadora, rádio, arquivo das músicas preferidas, GPS e serviço de *e-mails*. Isso sem falar nos inúmeros jogos e aplicativos para entretenimento; ou seja, um verdadeiro portal pessoal.

Para se ter uma ideia do quanto esse aparelho entrou em nossas vidas, segundo algumas pesquisas, é o objeto mais oferecido por pais a bebês (para acalmá-los), antes, inclusive, da mamadeira e da chupeta. Atualmente, estima-se que o número de assinantes de telefonia móvel tenha atingido a marca de 5,9 bilhões no mundo, sendo que a população é de 7 bilhões de pessoas; ou seja, o telefone celular já se faz presente em lugares onde a água potável e o saneamento básico ainda não chegaram.

E, se você ainda não sabe, isso já está criando sérios problemas. O comportamento manifestado pela dependência do celular foi recentemente nomeado como *nomofobia* (do inglês, *no mobile phone*). O termo refere-se ao desconforto apresentado por indivíduos quando estão sem contato com seus aparelhos, o que se deve ao medo de tornarem-se "tecnologicamente incomunicáveis".

A força dessa "ligação" é tão grande que algumas pessoas, quando longe de seus aparelhos, descrevem sentir muita ansiedade ou mal-estar. Outras chegam a apresentar um sintoma chamado "toque fantasma" (dizem que ouviram seu telefone tocar ou ter sentido que o aparelho vibrou por ter recebido alguma mensagem de texto, sem que isso tenha, de fato, ocorrido).

Embora a dependência de telefone celular ainda não seja uma doença oficialmente reconhecida, o uso excessivo já desperta muita preocupação em clínicos e pesquisadores. Para que se tenha noção, um estudo publicado na Tailândia, com 10.191 adolescentes de idades entre 12 e 19 anos, concluiu que quase metade desses indivíduos (48,9%) reportou ter tido ao menos um dos sintomas relacionados ao uso problemático de telefone celular; e 16,7% reportaram quatro ou mais sintomas. Desses, a incrível marca de 97,8% apresentou alguma disfunção decorrente da dependência de telefone móvel.

Bem, e no Brasil? Números indicando um alto uso podem ser também encontrados por aqui. O estudo chamado Mobilidade Brasil 2008 avaliou como o telefone celular mudou a vida e os costumes dos brasileiros. Mil indivíduos de todas as classes sociais, de ambos os sexos, com ao menos 16 anos de idade, foram entrevistados em 70 cidades brasileiras, incluindo nove regiões metropolitanas.

O resultado revela que 18% dos entrevistados disseram ser viciados em seus aparelhos celulares. As representantes do sexo feminino (21%) e os jovens com idade entre 16 e 24 anos (23%) se revelaram os mais viciados em seus celulares.

CRITÉRIOS DIAGNÓSTICOS

Se você ficou curioso para saber se é dependente, veja alguns critérios que usamos para diagnosticar um possível problema:

1. Saliência cognitiva: o uso do telefone celular domina os pensamentos e os comportamentos de uma pessoa; ou seja, ela sempre pensa e faz coisas com a possibilidade de usar o celular.
2. Alteração do humor: quando o indivíduo utiliza o celular, experimenta uma sensação de prazer, euforia ou alívio.
3. Tolerância: a pessoa necessita passar cada vez mais tempo usando o celular para obter o mesmo prazer obtido anteriormente com o uso.
4. Sintomas de abstinência: quando se encontra impossibilitado de usar seu telefone celular, o sujeito experimenta um grande desconforto emocional.
5. Conflito: o uso do celular cria conflitos com outras pessoas (em geral, pessoas mais próximas, como cônjuge e/ou familiares), gerando problemas em outras atividades do cotidiano.
6. Recaída: quando o sujeito apresenta tentativas malsucedidas de diminuir o uso do celular, volta a usá-lo com a mesma frequência ou, por vezes, intensifica esse uso.

CONCLUSÃO

Entendo que ainda estamos totalmente despreparados para lidar com a inclusão maciça da telefonia celular em nosso cotidiano. E não precisamos ir longe. Nas escolas, apenas para dar um exemplo, são inúmeros os problemas vivenciados por professores e diretores em suas tentativas de controlar ou regular o uso inadequado por parte dos alunos.

Grande parcela da população (jovens, principalmente) dorme acompanhada de seus celulares e acorda despertada por eles (ah, e não saem da cama até que sua rede social seja acessada).

Enfim, a tecnologia é ótima desde que usada de maneira razoável.

Resumo da ópera: desconecte-se.

37
PREOCUPE-SE MENOS E PROTEJA-SE CONTRA PROBLEMAS DE SAÚDE MENTAL

Você é uma pessoa que pensa demasiadamente a respeito dos problemas de sua vida?

A preocupação excessiva ou generalizada pode ser a causadora de diversos problemas psicológicos e psiquiátricos. Parar de se preocupar (ou se preocupar menos) é um exercício diário que sempre procuro ensinar aos meus pacientes.

Se uma pessoa desse tipo, por exemplo, for questionada a respeito do assunto, provavelmente responderá que vive dessa forma (pensando muito) porque, antecipando qualquer situação negativa, estará mais preparada psicologicamente para lidar com as situações adversas que venha a encontrar no futuro. Entretanto, o que a maioria dessas pessoas ainda não sabe é que isso pode tornar-se um círculo vicioso e trazer ainda mais adversidades.

Entretanto, se você parar por um minuto e monitorar seu pensamento, irá perceber que esse "estilo" de pensar raramente é positivo, pois ninguém que se preocupa demais imagina coisas boas acontecendo.

Alguns dizem, inclusive, que antecipar os movimentos da vida é uma característica positiva, do que eu discordo profundamente, pois o círculo vicioso da preocupação, além de trazer mais desconforto emocional, não é algo que se interrompe da noite para o dia. Quem prevê coisas ruins acontecendo no trabalho, por exemplo, naturalmente passa a prever coisas ruins no seu dia a dia, com a família, com os amigos, e assim sucessivamente, até o ponto em que sua autoestima fica contaminada.

É exatamente essa falta de freios que pode levar ao desenvolvimento de muitos problemas psicológicos. O estresse e a ansiedade são alguns deles. Esse processo pode, também, desencadear muitos outros problemas. Explico.

ANSIEDADE GENERALIZADA E DEPRESSÃO

Algumas pessoas que se preocupam constantemente podem acabar desenvolvendo o que chamamos de transtorno de ansiedade generalizada, que é uma preocupação excessiva, persistente e de difícil controle, que perdura por seis meses no mínimo e vem acompanhada por sintomas como inquietação, fadiga, irritabilidade, dificuldade de concentração, tensão muscular e, finalmente, perturbação do sono.

Outras, ao ruminar problemas reais ou imaginados, acabam desenvolvendo depressão, que consiste em uma grande expectativa negativa a respeito do presente e do futuro, afetando a visão pessoal e a capacidade de enfrentamento das adversidades da vida.

Assim, eu lhe pergunto: como contornar esse problema? Como se preocupar menos?

Um simples exemplo é visto muito frequentemente na população mais idosa. Caso você não saiba, o nível de preocupação em quem tem mais de 60 anos é muito menor do que em pessoas com idade entre 16 e 29 anos (quando há picos de pensamentos antecipando o futuro e ruminação dos problemas atuais).

Nesses casos, ocorre que, aos poucos, as pessoas mais velhas passam a entender que altos e baixos fazem parte da vida emocional de qualquer um, e que, portanto, é fundamental lidar com a realidade circundante de forma mais serena.

O QUE FAZER?

Vamos a um dos exercícios que deveria ser feito cotidianamente por quem se preocupa demais. Uma dica valiosa é reavaliar nossas crenças a respeito do que é bom e mau em nossa vida.

Saiba que nossa cognição (pensamento) contém um filtro desenvolvido ao longo de nossa vida e, dessa forma, enxergamos a realidade através dessa *lente de valores*, que é única e pessoal: o tão falado *ponto de vista*. Assim, criamos nossas verdades que, muitas vezes, estão enviesadas e raramente representam a realidade pura. Por isso, muito dificilmente encontramos alguém que pense e enxergue as coisas da nossa maneira.

Um dos grandes benefícios de uma psicoterapia, portanto, é aprender a perceber esse filtro mental em atividade, pois, ao fazê-lo, diminuímos nossas crenças irracionais a respeito da vida e de nós mesmos.

Assim, de vez em quando, pare e procure se automonitorar (pense sobre seu pensamento) e veja qual *estilo* ou *tendência* ele apresenta.

Se você tem um estilo catastrófico, prevendo o futuro negativamente, sem considerar outros resultados prováveis ("Se eu não for bem na prova, estarei *seriamente* comprometido."); se é do tipo "tudo ou nada", vendo uma situação apenas em duas categorias ("Se eu não for um *sucesso* total, serei um *fracassado*."); se é do tipo que desqualifica as coisas positivas, dizendo a si mesmo, de forma não razoável, que experiências, atos ou qualidades positivas não contam ("Não é porque eu fiz esse trabalho de maneira correta *que sou um bom profissional*."); ou, ainda, do tipo que evoca uma visão em túnel, vendo apenas os aspectos negativos da situação ("O professor de meu filho *não sabe* fazer nada direito. Ele ensina *muito mal*.").

Saiba que é normal pensar coisas adversas, mas, quando os estilos negativos de pensar são irracionais e desproporcionais, trazem um aumento do mal-estar. Assim, da próxima vez que não se sentir bem, pergunte-se: "O que estava pensando nesse momento que fez eu me sentir assim?".

Isso irá ajudar bastante, pois rapidamente você conseguirá entender essa tendência desadaptativa que, possivelmente, é generalizadora.

Enfim, independentemente dos nomes que damos a esses pensamentos, o mais importante é que você aprenda a perceber a tendência mental que tem e que, muitas vezes, funciona de maneira silenciosa, trazendo muito desconforto emocional.

Outra boa dica: tente limitar o tempo e os momentos que passa pensando no futuro. Determine um horário, ou um dia, em que você não pensará a respeito. Finalmente, ocupe-se com coisas positivas. Sim, se você pensa demais em problemas, está faltando algo que tire sua atenção desse pensamento negativo. Faça – ou descubra – algo que distraia sua mente de maneira construtiva. Permita-se desligar do mundo ao seu redor vez ou outra. Isso é muito bom.

CONCLUSÃO

Preocupe-se menos e proteja-se contra problemas de saúde mental. Eu, pessoalmente, recomendo muito isso.

O segredo da saúde mental e corporal está em não se lamentar pelo passado, não se preocupar com o futuro, nem se adiantar aos problemas, mas viver sábia e seriamente o presente. (Buda)

38

TEM UM PROBLEMA? UMA BOA NOITE DE SONO É A MELHOR MANEIRA DE RESOLVÊ-LO

Um estudo feito pela Lancaster University, no Reino Unido, confirmou o velho conselho que muitas pessoas já ouviram de seus pais e avós: quando temos uma dificuldade, a melhor saída é "dormir sobre o problema". Segundo eles, então, uma boa noite de sono ajudaria a encontrar uma solução para uma questão importante.

Um estudo publicado no periódico *Memory & Cognition* comparou uma série de indivíduos na resolução de alguns dilemas. Os sujeitos foram divididos em três grupos. O primeiro teve um dia inteiro para resolver algumas questões que lhes foram apresentadas, enquanto o segundo grupo teve uma noite de sono livre – em ambiente controlado – antes de voltar ao laboratório e finalizar suas respostas. O terceiro grupo (o controle), por sua vez, não tinha intervalo algum e precisava dar as respostas prontamente.

Entre os participantes – homens e mulheres com idade entre 27 e 34 anos –, aqueles que tiveram um período de sono noturno antes de dar as respostas apresentaram um rendimento muito superior aos outros dois grupos e conseguiram, inclusive, resolver as questões que haviam ficado sem resposta no período anterior ao intervalo do sono.

Uma observação interessante foi a de que uma boa noite de descanso foi especialmente importante nos acertos envolvendo respostas categorizadas como "mais difíceis". Nas respostas mais fáceis, entretanto, todos os grupos tiveram um rendimento similar.

A conclusão, portanto, agora científica, é a de que uma noite de repouso ajuda a solucionar problemas muito complexos com os quais nos deparamos, independentemente de outros fatores.

Outra questão que já havia sido levantada por pesquisas anteriores era se o sono, de fato, poderia dar ânimo aos indivíduos para continuar o trabalho de resolução, entretanto, essa pesquisa aponta que não. Assim, não seria apenas uma questão de desenvolver motivação renovada, mas uma real e efetiva melhora das funções cerebrais.

Quem já não passou por uma situação na qual era impossível resolver determinada questão no momento, mas, depois de algum tempo, lembrou quase que magicamente da resposta? O que talvez tenha faltado nesse caso seja ter "dado uma mão" ao nosso cérebro para que ele pudesse se ocupar do problema.

De acordo com os pesquisadores, o sono tem, comprovadamente, impactos positivos em nossas habilidades neuronais e cognitivas. Um bom sono noturno melhora nossa capacidade de memorizar, aumenta nossa agilidade na tomada de decisão, além de criar melhores resultados em nossa capacidade criativa.

Portanto, após uma noite de sono, nosso cérebro tem mais facilidade para acessar informações pendentes do dia anterior.

Os cientistas citam até mesmo um possível mecanismo chamado *spread activation*, ou seja, uma forma mental de se lembrar de um problema ao refazer os caminhos mentais para buscar uma nova solução (suprimindo falhas anteriores de raciocínio). Seria o equivalente do conhecido *eureka*.

CONCLUSÃO

Por isso, a partir de agora, quando tiver de escolher entre fazer horas extras para resolver um problema ainda pendente ou parar para descansar, decida por interromper o trabalho e ir para sua cama. No dia seguinte, seguramente, suas decisões serão mais acertadas.

Pense: é muito mais significativo buscar uma decisão correta, ainda que demande um pouco mais de tempo, do que uma decisão mais rápida, mas imprecisa.

"Não há dor que o sono não consiga vencer." – Honoré de Balzac.

39

UM BEIJO NUNCA É APENAS UM BEIJO

Você alguma vez já se perguntou o que é um beijo?

Não sei se você sabe, mas o ato de beijar é algo prevalente em praticamente todas as culturas e sociedades ao redor do globo. Além disso, há, entre nossos primos distantes, os primatas, algo muito similar ao beijo dos humanos.

Isso seria, então, uma forte indicação de que o beijo não teria surgido de maneira apenas acidental, mas seria um mecanismo biológico com função muito peculiar. Explico.

O ESTUDO

Uma pesquisa feita pela University of Oxford tentou responder a essa questão ao acompanhar, durante algumas semanas, mais de 900 indivíduos por meio de entrevistas e questionários. A partir disso, algumas conclusões foram levantadas a respeito do que um beijo realmente pode significar.

Uma delas afirma que o beijo tem papel complementar ao ato sexual e, de alguma forma, nos dá acesso à intimidade da saúde física do parceiro – informação primordial para nossos antepassados que não tinham como avaliar de maneira "rápida" a saúde do cônjuge. Lembremo-nos que o hálito, por exemplo, pode carregar diversas informações a esse respeito, além de trazer traços de variações hormonais, etc., servindo como poderosa "pista" a respeito do outro.

Portanto, o beijo nos permitiria, de forma instintiva, colher informações imediatas a respeito da condição física da outra pessoa, ou seja, se ela seria (ou não) segura para o acasalamento.

Outra conclusão foi a de que o beijo cumpre uma função de melhorar a excitação e o envolvimento sexual, o que ajudaria a criar maior desejo de as pessoas permanecerem juntas por mais tempo.

Uma terceira observação, segundo os pesquisadores, foi a de que o beijo, na verdade, seria um misto dessas duas hipóteses anteriores.

Nas pesquisas feitas em Oxford, surgiu ainda uma descoberta bastante interessante. Notou-se que, entre o grupo avaliado, as mulheres, quando questionadas, eram as que mais se lembravam da qualidade do beijo de seus parceiros. O fato de elas serem as mais impactadas pela gravidez (pois é o seu corpo que se modifica) talvez faça as memórias mais longevas de um beijo se tornarem um dos elementos mais importante na escolha correta dos parceiros.

Portanto, diferentemente dos homens, o beijo para elas ajudaria na escolha dos parceiros mais saudáveis, afetuosos e, principalmente, com maiores chances de permanecer ao seu lado, o que poderia indicar que eles igualmente auxiliariam na criação dos filhos – um elemento potencial na sobrevivência da prole de nossos antepassados.

Segundo os pesquisadores, o beijo ajudaria a mensurar as perspectivas que um parceiro romântico apresenta em termos da duração da relação. Ou seja, um bom beijo seria um eficiente indicador ao nos assinalar parceiros que virão a ser um bom investimento no longo prazo.

Entendo, entretanto, que o relacionamento humano não é algo que possa ser muito simplificado, uma vez que o beijo seria, em minha opinião, apenas mais um dos mecanismos envolvidos no cortejo. Lembremos que atração física, beleza facial e questões sociais também estão fortemente envolvidas nesse processo.

Outro dado interessante levantado pelos pesquisadores é o de que, para indivíduos que não procuravam relacionamentos de longo prazo, o beijo era muito importante antes do sexo, mas não depois. Já para aqueles com tendências mais estáveis de relacionamento, o beijo foi tão importante antes quanto depois do envolvimento sexual.

É curioso notar que aqueles casais que afirmaram se beijar com mais frequência também apresentavam melhores níveis de qualidade de relacionamento. Todavia, isso não queria dizer que sua vida sexual era mais ativa do que a média estudada.

CONCLUSÃO

Ao carregar poderosos elementos de comunicação interpessoal, beijar é um ato muito mais importante do que se pode pensar nas mais diversas esferas do relacionamento humano. A esse respeito, George Sand, importante novelista francês do século XIX, já dizia: "O beijo é uma forma de diálogo".

É muito provável, então, que nos dias de hoje, quando os relacionamentos parecem ser mais fugazes, beijar várias pessoas em apenas uma noite seja uma forma, ainda carregada com os mecanismos mais primitivos, de selecionar na multidão alguém que venha a se tornar um bom parceiro no futuro.

Assim, um beijo nunca é apenas um beijo.

Dizem alguns, inclusive, que talvez devêssemos reconsiderar a expressão "amor à primeira vista" e usar "paixão ao primeiro beijo". A chamada "química" entre duas pessoas, portanto, possivelmente contém elementos (positivos) dessa verificação corporal.

E você, o que pensa a respeito? O que o beijo particularmente significa para você?

"Se combina o beijo, já é meio caminho andado" – Cazuza.

40
A QUÍMICA DA PAIXÃO

Ser acertado pela flecha do Cupido faz com que as pessoas percam o fôlego, sintam o coração acelerar e, possivelmente, também venham a suar frio, apenas para descrever algumas consequências mais imediatas.

E você, já se apaixonou por alguém?

Dependendo de sua idade, é bem provável que faça parte de um grupo que já experimentou as reações químicas de gostar de alguém, ainda que tenha sido apenas um amor platônico.

Não sei se você sabe, mas a paixão dispara diversos gatilhos cerebrais, iniciando reações físicas em nosso corpo. Esse coquetel químico, ativado por diversas glândulas, deixa-nos com o rosto corado, as mãos suadas e a respiração alterada.

Dopamina, adrenalina e noradrenalina são algumas das substâncias que inundam nosso corpo quando nos apaixonamos por alguém. Explico melhor.

A dopamina, por exemplo, deixa-nos eufóricos, enquanto a adrenalina e a noradrenalina fazem o coração bater mais rápido, aumentando nosso estado de prontidão (os minutos se tornam horas quando esperamos pela pessoa amada). Além disso, podemos perceber que nos cansamos menos quando estamos ao lado do nosso objeto de afeto.

Estudos também mostram que a paixão aumenta a sensibilidade dos centros de prazer do cérebro. Assim, quando nos apaixonamos, o fluxo sanguíneo aumenta também nessas áreas. Curiosamente, são essas mesmas áreas que também se tornam mais ativas em pessoas com transtorno obsessivo-compulsivo (o conhecido TOC). Seria por essa razão que muitas pessoas se tornam obcecadas por suas paixões? Quem sabe?

OCITOCINA, O HORMÔNIO DO AMOR

Agora estamos falando de um hormônio que, ao ser liberado, afeta tanto o corpo como o cérebro, provocando reações de generosidade, aproximação e confiança interpessoal. Presente nas situações de afeto, ele facilita as contrações do útero durante o parto e ajuda na liberação do leite em períodos de amamentação.

Não apenas nos humanos, mas também em vários outros mamíferos se faz presente. Por exemplo, macacos e ratos que recebem a substância passam mais tempo cuidando uns dos outros.

Quer saber como ter mais ocitocina? Simples, algumas coisas provocam sua produção natural em nosso corpo: uma simples massagem, um abraço, um toque e, finalmente, o contato sexual. Aqui vai outra pergunta: seria por essa razão que amizades coloridas evoluem muito rapidamente para grandes paixões e desejo de mais contato? Haveria mais ocitocina presente nessas relações do que nas relações mais "brandas"?

FENILETILAMINA

A feniletilamina é um neurotransmissor cuja produção no cérebro, suspeita-se, pode ser desencadeada por eventos simples, como uma troca de olhares ou um aperto de mãos, podendo causar a liberação da dopamina e, consequentemente, a presença da felicidade.

Pesquisas sugerem que o cérebro de uma pessoa apaixonada contém grandes quantidades dessa substância, a qual poderia responder, em grande parte, por sensações e modificações fisiológicas que experimentamos quando estamos apaixonados.

Por acaso você sabia que o chocolate contém essa mesma substância?

Coincidência ou não, é curioso notar que as pessoas que comem chocolate relatam ter sensações de prazer semelhantes àquelas descritas pelas que estão apaixonadas. Seria também mero acaso que presenteemos nossas paixões com caixas de chocolate?

CONCLUSÃO

Obviamente, essa montanha-russa é muito importante de ser vivida, ainda que pesquisas indiquem que ela dure, em média, de 18 a 30 meses para, depois, eventualmente, virar amor.

Tudo aquilo que experimentamos por meio de nossas paixões e de nossos sentimentos, obviamente, contém uma forte interferência das alterações bioquímicas que ocorrem em nosso corpo. Portanto, seria tolice crer que tantos sentimentos nascem apenas em nosso coração e, o pior, que *poderiam* ser por nós controlados.

Por esse motivo, creio eu, muitas vezes a paixão nos deixa cegos. Shakespeare, a esse respeito, escreveu: "Oh, paixão, que fazes com meus olhos que não enxergam o que veem?".

Com essa louca tempestade interna, química e psíquica, de desejos intensos, falta de fome e de sono, taquicardia, suor frio, centros de prazer estimulados, vontade ardente de conexão, euforia, atração, tudo junto, é praticamente impossível permanecer equilibrado.

Quem nunca se apaixonou que diga se estou errado.

Depois de tudo isso que você leu, pergunto: você *ainda* acha que tem algum controle sobre isso? Sorte de quem sai ileso.

41
COMO É SUA PERSONALIDADE ELETRÔNICA?

De acordo com várias pesquisas, é cada vez maior o número de pessoas que usa a internet para os mais diversos propósitos – o que, evidentemente, não é nenhuma novidade. Para se ter uma ideia, uma pesquisa conduzida pela University of Southern California revelou que 96% dos norte-americanos usam, cotidianamente, os serviços de *e-mail*, enquanto 71% navegam na internet sem qualquer propósito específico. E os membros das redes sociais? Bem, esses, com algumas poucas exceções, aumentaram de maneira exponencial ao redor do mundo.

À medida que o tempo passa e aumentam as interações pela internet, aumentam também as possibilidades de criação de uma identidade distinta daquela que temos na vida real: a personalidade eletrônica (ou a *e-personalidade*, se você preferir).

A PERSONALIDADE ELETRÔNICA

Embora não seja real, essa identidade eletrônica é cheia de vitalidade e não é afetada pelas velhas regras de comportamento, tampouco pelas trocas sociais e pelas etiquetas, tão conhecidas (e praticadas) por nós no cotidiano. Essa e-personalidade é mais assertiva, menos contida, mais desobediente e, decididamente, mais sexualizada, pois atua no limite de nossas crenças e valores. Segundo alguns, a e-personalidade age como força que libera os indivíduos a transcenderem suas limitações da vida real, como, por exemplo, nos casos de timidez excessiva, ao permitir que as inibições sejam superadas. Assim, possibilita, muitas vezes, uma oportunidade para que as vivências da vida virtual se sobreponham às limitações encontradas no cotidiano – o que dificilmente seria possível em outras situações da vida.

Em muitos casos, essa versão virtual complementaria a personalidade real ao atuar como extensão de nossa *persona*. Tal desenvoltura, inclusive, poderia ser entendida como um modelo recriado (ou melhorado) de nós mesmos, oferecendo um senso de maior eficiência interpessoal. Sem intenção específica e de maneira inconsciente, emerge um estilo de ser mais feliz e mais poderoso, conduzindo muitas das questões pendentes em nossa vida real. Efetivamente, essa e-personalidade funciona com um terceiro braço.

O PERIGO DA E-PERSONALIDADE

Com isso em mente, fica clara a razão pela qual uma parcela expressiva dos internautas prefere viver na internet em vez de na vida real. Lá, conseguem ser alguém, além de ter uma autoeficácia até então não encontrada em sua vida concreta.

Imagine, entretanto, o caso dos jovens, que naturalmente vivem períodos de insegurança (característica da própria idade, diga-se de passagem). O que a e-personalidade poderia fazer com cada um?

Em tempos de internet e de conexão virtual, a vida digital pode ser libertadora, claro, mas igualmente aniquiladora, pois muito facilmente pode se transformar em uma muleta eletrônica, engessando nossas deficiências concretas.

Portanto, sempre haverá um *custo* para essa reinvenção biográfica virtual.

CONCLUSÃO

Antes de disponibilizar a internet para seus filhos, pense bastante nisso. Você pode, sem saber, estar prestando um desserviço a eles, dependendo de como sejam suas personalidades na vida real. Vamos nos lembrar de que todas as formas de fantasia mental podem ser boas, servindo como aquecimento para a mudança psicológica. Entretanto, saber diferenciar o real do imaginário é vital – o que dificilmente os jovens conseguem fazer.

Agora, falando um pouco de você: por acaso existe uma versão eletrônica de sua personalidade? Você sente sua personalidade *on-line* mais interessante do que sua personalidade *off-line*? Se sua resposta for positiva, é exatamente aí que mora o perigo.

Vamos lembrar que o custo de ser tão feliz e tão poderoso na internet pode ter um alto preço. Conflitos na família, no trabalho e nas relações pessoais são alguns dos impactos já observados como resultado do sucesso eletrônico.

Sherry Turkle, autora da obra intitulada *Alone Together*, afirmou que, na verdade, "somos sozinhos, mas receosos de desenvolver a intimidade". E concluiu: "as conexões digitais podem nos oferecer a ilusão da companhia, sem as demandas de uma verdadeira amizade".

Então, a pergunta que fica é a seguinte: pessoalmente, estamos nos beneficiando com as e-personalidades ou, no fim das contas, estamos nos distanciando cada vez mais daquilo que realmente somos?

42

MUDAR FREQUENTEMENTE DE ESCOLA PIORA A SAÚDE MENTAL DE ADOLESCENTES

Adolescentes que mudam muito de escola apresentam, no médio prazo, piores níveis de saúde mental. Essa é a conclusão de uma pesquisa feita pela Faculdade de Ciências Médicas de Warwick, no Reino Unido, com um grupo composto de 6.448 mães e seus filhos.

Segundo a pesquisa, foi observado, na amostra estudada, um aumento de sintomas psicóticos (como alucinações, delírios e interferências no pensamento) como resultado da constante alternância de ambientes escolares e, consequentemente, do ingresso a novos grupos sociais.

O estudo, publicado no *Journal of American Academy of Child and Adolescent Psychiatry*, menciona, ainda, que essa dinâmica de trocas constantes de escolas impacta não apenas a saúde mental atual, mas pode, inclusive, aumentar o risco de pensamentos suicidas e levar ao aparecimento de transtornos psicóticos na idade adulta.

Pense comigo: o estresse causado pela constante quebra de laços sociais na adolescência pode prejudicar o jovem de várias formas. Apontando apenas a mais elementar: rupturas contínuas de grupos não favorecem a criação de um núcleo de interação social sólido – que é, diga-se de passagem, extremamente importante para adolescentes.

Além disso, ocorre o aumento das chances de vir a sofrer *bullying* (ou seja, tornar-se vítima de atos violentos, intencionais e repetidos) – outro problema muitas vezes relatado após mudanças frequentes de ambiente e a consequente entrada em novos grupos.

É interessante destacar que esses dados foram coletados a partir de famílias acompanhadas que, por conta de dinâmicas familiares diversas, tinham de se mudar constantemente de bairro ou cidade. Quando essas mudanças atingiam a média de três locais diferentes no período de um ano, os riscos de manifestação dos sintomas psicóticos atingiam sua maior incidência (60% do grupo apresentava pelo menos um dos sintomas).

Os pesquisadores sugerem que tais problemas também têm impactos na autoestima dos jovens, bem como aumentam o sentimento de impotência e solidão, o que, inevitavelmente, gera reflexos na bioquímica do cérebro.

Assim, antes de mudar seu filho de escola, *fique atento*.

Na escolha de um novo local, muitas vezes consideramos a melhor localização, se o método pedagógico é bem recomendado ou se o nível de reputação de determinada instituição de ensino é adequado. Entretanto, ao olharmos apenas para esses elementos, esquecemo-nos de refletir que existem outras variáveis (inespecíficas), resultantes, muitas vezes, da simples interação de nossos filhos com o grupo social já estabelecido.

Portanto, em última análise, podemos ter a falsa noção de que garantimos quase tudo de positivo, mas raramente passa por nossa cabeça se nossos filhos serão (ou não) bem acolhidos pelo novo grupo – fator esse de grande impacto.

Desse modo, uma sugestão importante é a de que os pais estejam bem atentos quando uma mudança tiver de ocorrer e que não subestimem o que pode resultar do ingresso a novos ambientes. E, no caso de alguma alteração comportamental ser observada, devem atuar rapidamente.

As escolas, em especial, deveriam ficar atentas a esse tipo de problema e oferecer, ou indicar, suporte psicológico.

Nem sempre as melhores escolhas se revelam as melhores saídas.

O comportamento humano é muito sensível, inclusive às pequenas mudanças. Lembre-se disso e evite as chances de colocar em risco a saúde mental de seus filhos.

43
A DIFÍCIL TAREFA DE DAR LIMITES AOS FILHOS

Já não é de hoje que o tema é alvo de debate. Pais, educadores, psicólogos e pediatras sempre têm uma boa receita de como conduzir os pequenos em seu processo de amadurecimento.

É interessante notar que muitas dicas que vemos partem de profissionais que, incrivelmente, não têm filhos. Nesse sentido, é fácil que venhamos a nos sentir perdidos nesse universo de especialistas.

Afinal, devemos ser mais permissivos ou mais rígidos?

Nas gerações anteriores, por exemplo, os filhos deviam manter distância dos pais, e não era infrequente que as refeições familiares não contassem com a presença das crianças, as quais, possivelmente, estariam comendo na cozinha.

Nas gerações posteriores, entretanto, os filhos passaram a sentar-se à mesa e lhes foi dada a possibilidade de participar.

Certa vez, tive um paciente que disse: "Quando eu era pequeno, o peito do frango [supostamente a melhor parte do prato] deveria ser deixado para meus pais, e hoje, ironicamente, temos de deixar o melhor pedaço para as crianças". "Resumo da história", concluía ele, "eu sou da geração que nunca comeu carne branca".

Vamos lembrar que antes os filhos eram supervisionados diretamente pela mãe, pois, como dona de casa, enquanto o pai estava ausente, trabalhando, ela assegurava o controle parental.

Assim, à medida que a cultura e as necessidades se modificaram, modificaram-se também os desenhos de uma casa tradicional. Atualmente, a mãe, como o pai, trabalha e pode, além das tarefas domésticas, cuidar de sua vida.

Entretanto, como tudo tem um preço, a possibilidade de realização dos pais cobra um pedágio bastante expressivo: a culpa, isto é, o remorso por não estar presentes.

Como forma de abrandar as inquietudes dessa ausência, os genitores acabam por se tornar extremamente permissivos, e os limites, que deveriam ser estabelecidos de forma madura e sensata, vão para o espaço.

E para o espaço vão também nossos filhos, que crescem em um ambiente de total permissão, ou seja, "tudo" é permitido. Tal consentimento parental opera no limiar de sua ausência e, dessa forma, pipocam problemas que se manifestam no ambiente escolar, na família e em sua personalidade.

Existem, por sua vez, aqueles que, estando em outra extremidade, acreditam que o controle excessivo e rígido dos filhos ainda é a melhor forma de educação. Dizem "deu certo comigo" ou "nunca morri pelo fato de meus pais terem sido muito severos".

Impasses ou estilos de educação à parte, temos uma grande quantidade de pesquisas científicas que já podem nos dar algumas pistas de como manejar esse processo de forma mais equilibrada.

O SISTEMA DE BUSCA DE PROTEÇÃO

Biologicamente, temos um sistema em nosso cérebro que nos faz buscar a proteção dos mais velhos. Assim, não apenas no reino animal, mas também para os humanos, é vital estar mais próximo dos mais fortes, pois, evolutivamente, ter estado junto ao bando assegurou, em tempos difíceis, proteção, alimentação e possibilidade de acasalamento. Dessa forma, a evolução nos dotou de um sistema cerebral que nos faz ainda hoje buscar a vinculação com os mais velhos, pois, ao nos sentirmos seguros, garantimos uma vida mais longeva.

Portanto, você já deve ter percebido que *busca por segurança* é a expressão-chave.

Pesquisas mostram que, quanto mais atentos estão os pais a respeito das necessidades emocionais das crianças, maior é o nível de segurança que elas desenvolverão, pois o sistema mental de busca de segurança ou apego é ativado nos pequenos, e, assim, eles se acalmam, pois se sentem cuidados (ou protegidos, se você preferir). Além disso, quanto maior o nível de cumplicidade que desenvolvemos com uma criança ou adolescente, maior será sua autoestima.

Do contrário, sabe o que acontece quando há falta de cuidado? Quanto menor o nível de atenção, maiores são as chances de se desenvolver quadros de psicopatologia – as pesquisas são numerosas nessa direção. E quando não há uma figura que ofereça tal vinculação? A criança ou o adolescente se vincula a grupos para obter esse tipo de apoio (os delinquentes, por exemplo, que se reúnem para perseguir outros são exemplo do papel que o grupo desempenha na ausência de um cuidador).

O QUE FAZER ENTÃO?

Estar presente e dar limites nos dias de hoje não é tarefa fácil. Assim, mesmo que sua presença não possa ser totalmente assegurada, por favor, não compense isso com compras. Sua presença *não pode* ser negociada.

Ainda que o tempo seja escasso, há chances de você exercitar seu papel e aquietar os pequenos em seus dilemas pessoais (e biológicos). Portanto, exerça sem medo e sem culpa seu papel de cuidador.

Fazer refeições conjuntas (as que forem possíveis) já é um bom começo. Olhe nos olhos e pergunte como eles estão. Tente descobrir, enquanto falam, o que estão sentindo – isso é de um valor inestimável, pois aciona o mecanismo biológico de segurança interpessoal e de diminuição da ansiedade no cérebro.

Estimule-os a contar a respeito de seu cotidiano, assim como você deve fazer a respeito do seu. Portanto, divida experiências.

Se sentir que algo não vai bem, não brigue ou critique, mas fale inicialmente a respeito de como você se sente como pai ou mãe quando alguma coisa ruim acontece; ou seja, inicialmente, enfatize *mais seus sentimentos* e *menos o comportamento* inadequado deles.

Expor nossos sentimentos tem a força de sensibilizá-los (independentemente da idade). Por exemplo, caso você esteja sentindo raiva, não seja agressivo, mas fale de sua emoção ("eu me sinto *frustrado* quando você *age* dessa forma"). Portanto, crie um discurso que ofereça conexão e não apenas crítica.

Lembre-se que a firmeza branda é importantíssima.

Finalmente, crie uma rotina com horários de almoço, de descanso, de lazer e, principalmente, de convívio. A cadência de acontecimentos os ajuda a se auto-organizar.

CONCLUSÃO

Seja uma base segura para seus filhos. Pesquisas apontam que, ao contrário do que pensávamos, ser muito permissivo pode ser devastador para a personalidade em formação. Além disso, fique atento, pois eles precisam continuadamente de limites, por isso se tornam desobedientes ou confrontadores. É o sistema biológico testando a força do cuidador.

É curioso, mas pais severos, ainda que exerçam sua autoridade de maneira controversa, fazem menos mal à cabeça das crianças do que pais permissivos, pois, nessa austeridade, conseguem transmitir, mesmo que de maneira inadequada, a sensação de proteção.

Portanto, fique atento com sua maneira de estabelecer limites, pois isso faz toda a diferença.

> Existem muitas evidências de que seres humanos, de todas as idades, serão mais felizes e mais capazes de desenvolver seus talentos quando estiverem seguros de que, por trás deles, existem uma ou mais pessoas que virão em sua ajuda, caso surjam dificuldades. (John Bowlby)

44

TRABALHO E FAMÍLIA: UMA COMBINAÇÃO DELICADA

É possível notar que, nos dias de hoje, existe uma imensa quantidade de pessoas que se preocupam com sua realização profissional.

Entretanto, para uma parcela expressiva desse grupo, sejam homens ou mulheres, trabalhar significa muito mais que apenas prosperar, sendo um de seus principais objetivos de vida. Assim, são indivíduos que abriram mão de toda a sua existência privada para mergulhar nas demandas do trabalho, pois acreditam que a felicidade estará na realização profissional.

Não precisamos fazer muito esforço para localizar algumas dessas pessoas à nossa volta. Em meu consultório, por exemplo, alguns deles (homens ou mulheres) chegam munidos de *tablets*, computadores portáteis e telefones celulares (mais de um, diga-se de passagem), sempre ligados, o que torna nossa conversa uma difícil missão. Há aqueles que fazem uma jornada de 12 a 14 horas e saem de casa antes de a família acordar, voltando apenas quando todos já jantaram ou estão se preparando para dormir.

Ambições à parte, lembremo-nos de que tudo na vida tem um preço.

Em um estudo publicado no *Journal of Experimental Social Psychology*, por exemplo, foi demonstrado que pais com um maior nível socioeconômico – ou mais ocupados com questões que envolvam dinheiro – são aqueles que se tornam menos sensíveis a respeito de seu papel afetivo nas relações familiares.

"E daí?", você pode me dizer – "Se eles querem se realizar por meio de seu trabalho, qual o problema?".

Eu explico. Ao tentar ser feliz apenas trabalhando, acabamos, sem perceber, negligenciando nossas relações afetivas que são igualmente importantes para nosso senso de realização.

E não sou apenas eu a dizer isso. A partir de entrevistas colhidas desde 2010, pesquisadores da Lunds Universitet, na Suécia, confirmaram que a felicidade está mais ligada a nossos relacionamentos afetivos (família, amigos e parceiros românticos) do que às coisas materiais que nos cercam.

Os autores chegaram à conclusão de que as pessoas realmente atingem sentimentos de felicidade e realização *mais intensos* (e duradouros) quando vivem seus relacionamentos de maneira plena (e não parcialmente).

Talvez esses profissionais excessivos desconheçam que o nível de felicidade não aumenta na proporção do ganho econômico, ou seja, embora possamos ficar mais felizes por ganhar mais, esse aumento de satisfação vai até certo ponto e se estabiliza, ou seja, de lá não passa.

Portanto, ainda que essas pessoas possam acumular mais e mais, a felicidade da qual desfrutam não irá aumentar na mesma proporção.

A saída para essa armadilha? Bem, nada muito difícil: tente ser uma *pessoa completa*.

Muitas vezes, ao sermos muito bons em alguma coisa, inevitavelmente negligenciamos outras áreas igualmente importantes de nossa vida.

Então, eu lhe pergunto: de que adianta ter muito reconhecimento e *status* profissional se seu casamento, por exemplo, vai por água abaixo? Ou, ainda, qual o sentido de ser tão reconhecido em sua empresa se seu distanciamento impacta de forma dramática a vida de seus filhos?

Curiosamente, nesses casos, os pais sabem que, em suas posições profissionais, sua ausência pode trazer perdas significativas para o ambiente de trabalho. Entretanto, no âmbito familiar, essa estimativa é simplesmente desconsiderada.

Esses pais *sabem* do seu valor no que diz respeito à vida profissional, mas *não sabem* estimar o valor de sua presença na vida privada.

PSICOLOGIA DO COTIDIANO

CONCLUSÃO

Se você ainda não havia pensado nisso, eu pessoalmente lhe recomendo fazê-lo. Ao se debruçar sobre situações adversas derivadas de sua ausência, você *realmente* se sente feliz?

Assim, evite trabalhar ainda mais como forma de se esquivar das coisas que não saem como o esperado na vida pessoal, criando um círculo vicioso maior (e sem perspectivas de resolução).

A *pessoa completa* (homem ou mulher), portanto, é aquela que tem olhos para todos aqueles que, de alguma forma, dependem e precisam dela, não apenas no trabalho. Não basta ser bom em apenas uma coisa. Ser sensível aos sentimentos alheios é de vital importância, principalmente àqueles advindos dos mais próximos.

Para concluir, eu lhe diria: trabalho e família formam uma combinação muito delicada. Não espere chegar ao fim de sua vida para perceber que poderia ter feito *tudo* diferente.

Reinvente-se!

45
QUATRO EM CADA 10 CRIANÇAS SENTEM-SE INSEGURAS COM SEUS PAIS

Um estudo inédito conduzido com 14 mil crianças de até 3 anos de idade foi publicado pela Sutton Trust – um instituto de pesquisa tradicional de Londres. Seus resultados apontam que 40% dessas crianças não conseguem estabelecer um vínculo de segurança e de apoio emocional com seus pais.

COMPREENDENDO MELHOR

Biologicamente, há um sistema no cérebro que nos faz buscar a proteção dos mais velhos. Assim, não apenas no reino animal, mas também para os humanos, é vital estar próximo aos mais fortes, pois, evolutivamente, ter estado junto do bando assegurou, em tempos difíceis, a proteção, a alimentação e a possibilidade de acasalamento – garantindo a continuidade da espécie.

Dessa forma, presente ainda nos dias de hoje, esse sistema cerebral automático encontra-se ativo e nos faz buscar apoio e segurança nos mais velhos. Ao nos sentirmos seguros, o sistema de vinculação desativa emoções de ansiedade e medo, e, dessa forma, a criança consegue explorar mais facilmente um ambiente ou interagir com situações novas sem grandes receios. Vale dizer que a criança adota esse comportamento porque *sabe* intuitivamente que, se estiver em apuros, os pais virão imediatamente em sua ajuda, trazendo conforto e restabelecendo a segurança.

A PESQUISA

Essa pesquisa constatou que 40% dos pais *não estão* atentos às necessidades emocionais dos filhos pequenos. Assim, 25% das crianças manifestaram comportamentos de esquiva, pois os pais ignoravam suas necessidades; e 15% resistiram ao contato, pois os pais as estressavam ainda mais quando presentes.

Sabe o que possivelmente acontecerá com esse grupo de 40% de crianças inseguras? Maiores serão as chances de desenvolverem quadros de psicopatologia – centenas de pesquisas apontam nessa direção. Assim, possivelmente essas crianças exibirão comportamentos inadequados na escola, em casa, etc. – ou seja, problemas de *relacionamento* serão extremamente frequentes, uma vez que se sentem ansiosas, perdidas e, principalmente, desamparadas.

CONCLUSÃO

Procure tornar-se um modelo seguro de vinculação para seus filhos (pequenos ou não). Pesquisas apontam que, ao contrário do que pensávamos, ser muito permissivo pode ser devastador para a personalidade em formação, pois eles precisam continuadamente de nossos limites.

Caso você não saiba, o padrão de relacionamento que foi criado com os pais na primeira infância (seguro ou inseguro) permanecerá inalterado em 75% dos casos, por até quatro gerações.

É bom ficar atento, pois um comportamento de negligência parental exibido hoje por você poderá chegar até seus bisnetos.

DICAS PARA MELHORAR O VÍNCULO COM SEU FILHO

Pegue seu filho no colo e procure interagir com ele, da maneira que for possível, pois isso desativa o sistema de apego, tornando-o mais tranquilo.

Mais importante do que brincar com seu filho aleatoriamente, é tentar *sentir* como ele se sente. Um contato visual brando e tranquilo é fundamental. Interaja sem pressa.

E, finalmente, mostre suas emoções nessa interação. Isso ajuda a mostrar para ele que você está realmente presente e atento às suas necessidades infantis.

46
QUEM É MAIS VULNERÁVEL À REJEIÇÃO SOCIAL?

Os seres humanos têm atributos únicos e algumas qualidades que os distinguem de outros seres. As diferenças individuais, por exemplo, são responsáveis pelo fato de alguns reagirem mais positivamente a certas situações de vida, enquanto outros, não conseguindo se sair tão bem, sofrem com interpretações mais negativistas da realidade.

Especificamente, ao se tratar das relações sociais, essas diferenças tornam alguns mais atentos aos comportamentos de acolhimento grupal, fazendo com que desfrutem de um sentimento positivo de inclusão. Entretanto, há aqueles que percebem o contrário, ou seja, julgam que os outros os rejeitam e, portanto, suas interações sociais sempre são percebidas como mais atribuladas.

Apesar dessas diferenças, a maioria das pessoas compartilha um desejo de desenvolver relações positivas e duradouras, mas, quando essa condição não é facilmente atingida, uma variedade de consequências psicológicas é observada.

Uma investigação publicada no periódico *Plos One* procurou compreender o que ocorre quando alguém tem seu *senso de pertencimento* abalado.

Nesse estudo, por meio de exames de neuroimagem, verificou-se que algumas regiões do cérebro que monitoram a sensação de exclusão social se tornam mais ativas nessas circunstâncias.

O QUE INFLUENCIA O SENTIMENTO DE ACEITAÇÃO?

Na investigação, constatou-se que a *autoestima* de cada um tem papel fundamental nesse processo. As pessoas que tendem mais frequentemente a perceber os sinais de *rejeição social* são aquelas que desenvolvem *pior* autoestima. Essas situações produzem nessas pessoas maior ativação nas regiões do cérebro associadas ao sofrimento.

Por sua vez, indivíduos que geralmente entendem que os outros são mais *receptivos* são aqueles que mais desenvolvem autoestima *elevada*.

Assim, o amor-próprio de cada um torna-se um poderoso delineador das experiências (ou trocas) que temos com o meio ambiente, ao conferir uma valência positiva ou negativa aos acontecimentos da vida.

Nesse processo, outro fator também se mostrou bastante decisivo: a habilidade individual de saber *diferenciar as emoções*.

Quando interpretamos uma situação como potencialmente negativa (p. ex., quando nos sentimos rejeitados pelo grupo), imediatamente somos visitados por uma série de pensamentos automáticos (negativos em sua natureza, diga-se de passagem) e por emoções diversas, como a vergonha, o medo, etc.

Dessa maneira, a pesquisa notou que, quando percebe a alteração emocional decorrente desse processo, o indivíduo torna-se mais apto a enfrentar seus sentimentos de desconforto. Portanto, diferenciar aquilo que sentimos em momentos de angústia auxilia a manejar e reduzir os sentimentos de exclusão social.

Contudo, sentir-se excluído e não conseguir identificar as emoções decorrentes desse processo contribui para tornar a vivência de não aceitação ainda mais tóxica, pois, nessa inconsciência de sentimentos, ficamos ainda mais confusos.

Assim, quanto mais ágeis conseguimos ser no processo de *autopercepção*, mais capacitados estamos para lidar com as fatalidades da vida.

COMO SE PREPARAR ENTÃO?

Fica claro, portanto, que nossa inteligência emocional é fundamental no processo de enfrentamento da realidade.

Para atenuar as reações negativas e o sentimento de mal-estar pelo qual às vezes passamos, procure fazer o seguinte, em sequência:

1. identifique a situação desconfortável,
2. observe quais pensamentos são disparados em sua mente e
3. diferencie as emoções experimentadas nesse episódio.

Veja este exemplo prático: uma vez que você consiga identificar os componentes da sequência *situação-pensamento-emoção,* procure colocar em perspectiva a lógica (ou a validade) de seus pensamentos. Imagine o seguinte:

Situação – "Entrei na cafeteria e ninguém me deu um oi."
Pensamento – "Acho que ninguém gosta de mim."
Emoção – "Sinto-me triste e rejeitado."

Uma vez que você consiga identificar os contornos de seu pensamento, pergunte-se: "Quais evidências eu tenho de que fui *efetivamente* rejeitado?". Ou: "O fato de ninguém me dizer 'oi' significa que *ninguém* gosta mesmo de mim?".

Ao sabatinar sua lógica mental, você rapidamente perceberá que seus pensamentos muito provavelmente contêm erros ou exageros de interpretação – o que, definitivamente, contribui para deixá-lo ainda mais desequilibrado. Assim, sempre que tiver de lidar com situações constrangedoras, lembre-se de que, na grande maioria das vezes, as pessoas nem sequer notam o que fazem conosco.

Nesse caso, um pensamento alternativo poderia ser: "Talvez as pessoas não tenham me visto entrar na cafeteria"; ou "É possível que tenham me visto, mas estivessem com outras preocupações, por isso não me olharam".

Aborrecer-se por *suposições* acerca do comportamento alheio é uma pura perda de tempo. Eu posso lhe assegurar isso. Grande parte de nosso sofrimento é decorrente de coisas que, na verdade, não existem.

QUEM É MAIS VULNERÁVEL À REJEIÇÃO SOCIAL?

CONCLUSÃO

Como psicólogo, tenho plena consciência de que não é uma tarefa simples *desarmar* nossa lógica habitual. Entretanto, procure exercitar interpretações alternativas (ou seja, tente sair da posição de *vítima*). Com isso, tenho certeza de que, nas próximas situações que envolverem o sentimento de rejeição, muito possivelmente sua reação será mais adaptativa e menos sofrida.

Uma última dica: é possível, sim, que algumas vezes tenhamos de lidar com alguns desafetos reais (não imaginários). Entretanto, procure não se culpar por não ser estimado. Nosso valor, em última instância, se dá exatamente pelas qualidades e pelos defeitos que temos, os quais, combinados, dão forma àquilo que somos. Assim, por favor, não tente ser aquilo que os *outros* esperam de você.

Conforme disse certa vez Clarice Lispector: "Até cortar os próprios defeitos pode ser perigoso. Nunca se sabe qual é o defeito que sustenta nosso edifício inteiro".

Aprenda a se gostar! Não é difícil. Com isso, posso garantir que você conseguirá alterar seu sentimento de rejeição social e sentir-se melhor consigo mesmo.

47

AFINAL, QUEM FAZ SUAS ESCOLHAS?

A vida é cheia de momentos decisivos, e isso todos bem sabemos.

Alguns deles são fáceis de manejar, como escolher o que comer no café da manhã ou a qual filme assistir no fim de semana – coisas do cotidiano. Outros, entretanto, são mais difíceis e envolvem decisões significativas, como ter de escolher uma nova cidade para morar, apostar em um novo emprego, um relacionamento ou, finalmente, decidir ter (ou não) filhos.

Assim, o processo de tomada de decisão muitas vezes nos tira da zona de conforto, e, dada a amplitude das escolhas, ocasionalmente, temos dificuldade em nos posicionar. De forma mais comum do que se possa imaginar, nesses casos mais complexos, acabamos deixando que o destino se encarregue de resolver. Não é raro, portanto, que nessas horas de grandes impasses apelemos para outro tipo de ajuda.

Caso você ainda não tenha pensado nisso, saiba que esse processo de "terceirizar" as decisões maiores da vida é algo muito mais comum do que se imagina.

Uma pesquisa feita pela Duke University, nos Estados Unidos, e publicada no periódico *Psychological Science* apontou algo bastante interessante. Os resultados indicaram que, quanto maiores forem as decisões a serem tomadas por uma pessoa, maiores serão as tendências de apelar para ajudas superiores. Sabe o que é mais interessante nisso? Há aspectos positivos e negativos nesse processo.

De acordo com os autores da investigação, a crença em um *destino maior* ou na possibilidade de que algo já está predeterminado (sorte em algumas ocasiões, azar em outras) pode tornar-se algo bastante útil nos processos decisórios mais complexos.

O estudo selecionou quase 200 participantes que relatavam estar em dúvida em função de uma decisão significativa que deveria ser tomada em sua vida. A partir daí, os pesquisadores propuseram alguns experimentos que envolviam compreender certas características dessas situações difíceis. O resultado? Muito interessante! Identificou-se que, quanto maior a dúvida, maiores eram as chances de as pessoas acreditarem que o desfecho sofreria interferência de outras instâncias. Assim, nesse grupo de participantes, verificou-se maior frequência do uso de frases como: "O caminho já está traçado", "Minha sorte já está decidida" ou "Seja qual for o resultado, esse será o melhor caminho para mim".

Já aqueles que conseguiam ter uma perspectiva mais clara das dificuldades envolvidas nos problemas, colocando-os mais facilmente em perspectiva e pensando mais claramente sobre seu papel, foram os que conduziram os impasses decisórios de forma mais sensata. Inevitavelmente, eles se apercebiam da própria responsabilidade em relação aos resultados. Você sabe, então, a razão pela qual esse grupo foi o mais tranquilo? Essas pessoas tinham maior sensação de controle sobre suas vidas.

De acordo com os autores, portanto, a tendência observada foi a de que, quando acham difícil manejar as diferentes opções que têm em suas mãos, mais as pessoas tenderão a acreditar em mecanismos intangíveis ou sobrenaturais na determinação de seu destino.

Entretanto, para aquelas que percebiam com mais clareza que o que viessem a decidir poderia, de fato, impactar de forma expressiva seu futuro, menores foram as chances de considerar interferências externas (ou preestabelecidas).

CONCLUSÃO

Acreditar em algo para além da vivência física pode, muitas vezes, ajudar certas pessoas a sentirem-se menos culpadas ou menos estressadas em um processo decisório, pois isso faz com que se sintam mais amparadas pelo destino. No entanto, ter mais recursos de análise pode igualmente fazer com que alguns se sintam mais seguros e no controle de seu destino. E em seu caso? Quem faz suas escolhas?

Independentemente do estilo de enfrentamento que desenvolvemos, nosso cérebro sempre acaba *dando um jeito* para que o estresse situacional possa ser, de alguma maneira, contornado. Isso serve para que, no fim das contas, nos sintamos menos desamparados pela vida.

48
BULLYING SOFRIDO NA INFÂNCIA AINDA É EVIDENTE APÓS 40 ANOS

A informação do título resulta de uma pesquisa publicada pelo *American Journal of Psychiatry*, envolvendo uma amostra de 7.771 crianças que foram expostas a *bullying* dos 7 aos 11 anos e foram acompanhadas, até os 50 anos de idade, pelos pesquisadores.

Caso você ainda não saiba, *bullying* deriva de um termo da língua inglesa (*bully* = "valentão") e se refere a todas as formas de atitudes agressivas, verbais ou físicas, realizadas por uma pessoa (ou grupo) com o objetivo de intimidar ou agredir alguém.

A investigação conduzida pelo Instituto de Psiquiatria do King's College, em Londres, mostrou que os efeitos desse tipo de violência foram devastadores na saúde física e mental dessas pessoas não apenas na época dessas vivências, mas também perpetuando tais dificuldades com o passar do tempo ao criar, inclusive, impactos negativos em suas vidas social e econômica quando adultas.

Quando as crianças vítimas de *bullying* ficaram mais velhas, apresentaram também uma diminuição das funções cognitivas (percepção, atenção, memória, linguagem e funções executivas), bem como um aumento da possibilidade de desenvolverem pensamentos suicidas, depressão e transtornos de ansiedade.

Vamos entender um pouco melhor esses resultados?

Crianças que são alvo de comportamentos hostis na infância naturalmente se tornam mais introvertidas, o que diminui suas habilidades de entrosamento social ao longo do tempo. Como consequência, além de permanecerem mais inseguras, tal postura de retraimento contribui para resultados acadêmicos mais baixos em médio e em longo prazos (pois elas temem sofrer nova hostilidade).

Na pesquisa, o grupo vítima de *bullying* também relatou menores níveis de suporte social, bem-estar pessoal e de contentamento geral com a vida. Portanto, ter sofrido maus-tratos na infância e na adolescência gerou efeitos negativos por toda a vida.

No Brasil, uma pesquisa realizada em 2013 pelo Instituto Brasileiro de Geografia e Estatística (IBGE), com 101 mil alunos do 9º ano do ensino fundamental, mostrou que um em cada cinco jovens pratica *bullying*, e 7,2% tornam-se alvo desses comportamentos destrutivos, ou seja, quase 30% dos estudantes brasileiros – seja praticando ou sofrendo esse tipo de violência – já foram impactados com o problema. Outras estatísticas, inclusive, apontam para dados de maior prevalência, tornando o fato ainda mais preocupante.

Infelizmente, nossa sociedade como um todo ainda se mostra muito despreparada para lidar com tais questões. Se for considerado que 39% das vítimas de *bullying* em escolas repetem a agressão com outras pessoas, temos um tema muito sério nas mãos.

Concluindo, o *bullying* não deveria ser considerado uma experiência normal na vida de ninguém. Seria muito bom você ficar atento, pois se os efeitos do *bullying* ainda são perceptíveis quatro décadas depois de terem sido vividos, conforme relata a pesquisa, temos de nos preparar melhor para atenuar ou até interrompê-los na vida de nossas crianças.

49
TECNOLOGIA E NOVAS FORMAS DE *I-SOLAMENTO*

Não é novidade para ninguém o quanto a tecnologia se faz presente em nossa vida hoje em dia, bem como também não é novidade o quanto as vivências e as relações interpessoais cada vez mais são transferidas para o mundo digital.

Os *gadgets* modernos, como iPhone, iPad, iTunes, iPod, e seus programas trazem a letra *i* (traduzido, do inglês, como "eu") – pronome singular da primeira pessoa – como elemento onipresente no ciberespaço moderno.

Dessa maneira, a internet nos tornou mais egocêntricos do que nunca ao colocar-nos no banco do motorista de nossas navegações na *web*.

Por intermédio de todas essas possibilidades, interagimos com o conteúdo digital de maneira muito diferente do que fazíamos há alguns anos. Atualmente, baixamos apenas as músicas que nos atraem, buscamos as notícias que nos interessam e visitamos *sites* que reproduzem ampla e irrestritamente a grande maioria de nossos interesses pessoais.

Alguns, como Eli Pariser, por exemplo, acreditam que estamos de tal forma imersos em conteúdos que nos seduzem e que, apesar de profundamente conectados, estamos vivendo uma nova forma de isolamento, o i-solamento virtual. Nesse sentido, é bem fácil perceber que as informações que fogem desse modelo individual naturalmente são filtradas ou bloqueadas por uma bolha (ou filtro) invisível.

Dificilmente o indivíduo será perturbado por coisas que não lhe agradam ou temas que não lhe importam.

Isso, inevitavelmente, acaba criando uma fragmentação das experiências pessoais ao reduzir os horizontes experienciais dos internautas. Lembremos que a internet, desde seu início, tinha como objetivo ampliar os limites ao diversificar as perspectivas individuais. Entretanto, sinto dizer, não é o que estamos observando de fato.

Outro ponto que merece destaque é que essa cultura da customização de conhecimentos pode estar contribuindo, em parte, para a criação de uma geração de narcisistas. Veja só. Segundo o National Institutes of Health (NIH) dos Estados Unidos, a presença do transtorno da personalidade narcisista é hoje três vezes maior entre jovens com 20 anos de idade do que em gerações que têm 65 anos ou mais.

Seriam então as *selfies* e o hábito de obsessivamente se fotografar e postar nas redes sociais uma demonstração clara da existência desse processo? Sabemos que indivíduos com perfis narcisistas têm mais contatos nas redes sociais do que indivíduos não narcisistas. Assim, eu pergunto: apesar de todos os avanços da tecnologia, estaríamos vivendo uma nova forma de isolamento moderno?

Creio que as futuras gerações ainda poderão pagar um alto preço por esse autismo digital.

Espero estar profundamente equivocado.

TECNOLOGIA E NOVAS FORMAS DE *I-SOLAMENTO*

50
SÍNDROME DO CORAÇÃO PARTIDO: A MORTE POR AMOR

Já não é de hoje que filósofos, psicólogos e psiquiatras nos contam casos, no mínimo curiosos, a respeito das reações que são descritas por algumas pessoas ao viverem uma grande perda afetiva. Das mais simples às mais graves, várias histórias já foram contadas. Entretanto, seria possível desenvolver dores físicas e complicações cardíacas em função de quadros emocionais?

Foi discutido recentemente, no canal de televisão BCC, o caso, registrado há alguns anos, de uma mulher de 44 anos admitida às pressas no Massachusetts General Hospital relatando que estava se sentindo muito bem, quando subitamente experimentou uma dor extrema em seu peito, que irradiava por seu braço esquerdo – para quem não sabe, sinal clássico de um ataque cardíaco.

Para pesquisadores do *New England Journal of Medicine,* esse caso incomum parecia, mas não havia sido de fato, um ataque cardíaco. O artigo relatava que o dano aparente do músculo cardíaco da paciente tinha origem mais emocional do que fisiológica. Na parte da tarde daquele mesmo dia, confirmou-se a hipótese: a paciente, pela manhã, havia sido informada do suicídio de seu filho de 17 anos.

O ESTRESSE PSICOLÓGICO EXTREMO PODE CAUSAR DANOS FISIOLÓGICOS?

Algumas evidências de que emoções extremas podem afetar o coração não são recentes. Biólogos e veterinários, por exemplo, já relataram que emoções excessivas podem causar problemas na fisiologia de certos animais. A chamada *miopatia de captura* seria um exemplo. Tal síndrome é ocasionada pelo estresse relacionado à captura e à transferência dos animais selvagens, podendo causar efeitos severos sobre a musculatura do miocárdio, muitas vezes levando à morte súbita.

E QUANTO AOS SERES HUMANOS?

No *New England Journal of Medicine*, por exemplo, também foi relatado um aumento expressivo de mortes relacionadas ao estresse intenso. Tais óbitos, segundo os pesquisadores, foram correlacionados a um estresse extremo vivido em certa ocasião, quando a população de uma cidade foi despertada por um terremoto violento.

Já na década de 1990, pesquisadores japoneses reconheceram essa condição em humanos, ao descrever um aparente ataque cardíaco induzido pelo estresse, segundo o periódico *Arquivos Médicos*. O primeiro caso no Brasil foi descrito em 2005.

Caso você ainda não saiba, têm sido estudadas ligações entre o coração e as questões emocionais, pois a possibilidade de um evento fatal nessas condições é mais comum do que se pensaria. Essas relações têm uma base anatômica, pois o coração recebe um grande número de fibras nervosas provenientes das estruturas cerebrais, criando, segundo alguns pesquisadores, uma ligação estreita entre esses dois órgãos.

SÍNDROME DO CORAÇÃO PARTIDO

A *síndrome do coração partido*, miocardiopatia induzida por estresse ou miocardiopatia de Takotsubo (*Tako-tsubô* são armadilhas de polvo cuja forma se assemelha à de um coração ferido), é uma condição que pode acometer mesmo pessoas saudáveis.

SÍNDROME DO CORAÇÃO PARTIDO: A MORTE POR AMOR

As manifestações clínicas são muito semelhantes aos casos clássicos de infarto do miocárdio, em que a maior parte dos pacientes apresenta dor, falta de ar e, em alguns casos, arritmias, choques e desmaios. A síndrome do coração partido, por exemplo, pode ser diagnosticada, assim, como um ataque cardíaco, pois os sintomas e os resultados dos testes são muito semelhantes. Entretanto, embora existam mudanças drásticas no ritmo e nas substâncias no sangue (típicas de um ataque cardíaco), não se registra nenhuma evidência de que as artérias do coração estejam bloqueadas.

As mulheres são mais propensas que os homens a experimentar a dor súbita e intensa no peito – reação a uma onda de hormônios do estresse – que pode ser causada por um evento emocionalmente estressante.

Isso pode ocorrer, por exemplo, em decorrência da morte de um ente querido, uma dissolução afetiva, traição, rejeição, divórcio ou, até mesmo, separação física; ou seja, depois de algum choque emocional mais severo, determinadas pessoas podem sofrer a síndrome do coração partido.

A boa notícia é que essa síndrome geralmente é tratável e apresenta boa recuperação. A má notícia, entretanto, é que pode levar à insuficiência muscular cardíaca grave, de curto prazo (em casos raros, fatal), segundo a American Heart Association.

CONCLUSÃO

O equilíbrio emocional, mais do que assegurar a manutenção de nossa autoestima e garantir nossa sustentação psicológica, pode assegurar melhor estabilidade de nossa saúde física ao diminuir as chances de desenvolvermos doenças.

Muitas vezes, portanto, manter-se no controle de nossas emoções pode ser mais importante do que pensamos.

Contudo, como diz poeticamente um autor desconhecido: "O bom de ter o coração partido é que você distribui os pedaços por aí". É bom ficar ligado!

51
COMO A TERAPIA COGNITIVA PODE MUDAR SEU CÉREBRO

Já não é de hoje que sabemos a respeito da importância de se fazer uma boa psicoterapia em certas fases ou momentos de vida. Muito embora exista atualmente um número bastante expressivo de abordagens disponíveis no mercado (mais de 850 em uma última contagem), algumas delas com frequência são mais estudadas e, por isso, amplamente testadas em relação à sua eficácia terapêutica.

Nesse sentido, algumas linhas são consideradas mais indicadas em função de sua eficácia (capacidade de mudança), efetividade (duração da mudança) e rapidez. Segundo a publicação internacional intitulada *Evidências Clínicas* – um manual comparativo de várias intervenções –, a terapia cognitiva é reconhecida como padrão-ouro e recomendada como a primeira opção de tratamento em quase 85% dos transtornos psiquiátricos.

O QUE É A TERAPIA COGNITIVA?

Essa abordagem tem uma premissa central de que não são as situações que causam nossos problemas cotidianos, mas sim a forma como enxergamos as coisas. Explico: um dos pontos centrais presentes nos períodos de desequilíbrio é a forma com que uma pessoa *interpreta* as situações de vida. Nossos pensamentos, assim, quando ativados de maneira irracional, interferem em nosso funcionamento psicológico, podendo alterar drasticamente a forma de reação de uma pessoa, o que, obviamente, também cria efeitos sobre seu comportamento.

Imagine, por exemplo, uma pessoa que acredita que as situações sociais são naturalmente muito ruins e constrangedoras. Essa pessoa, em função desse pensamento desadaptativo, possivelmente irá experimentar doses maiores (do que seria esperado) de medo, fazendo com que as situações públicas futuras sejam ainda mais evitadas. Como consequência, tal indivíduo irá comportar-se de forma cada vez mais fechada, reforçando, sem perceber, sua inabilidade social.

O resultado? Os eventos sociais se tornarão cada vez mais desconfortáveis ao gerar mais constrangimento e desconforto à pessoa. Ao ser observada por terceiros, por exemplo, ela exibirá um comportamento de esquiva, afastando e inibindo possíveis tentativas de contato e fazendo com que, no final das contas, permaneça ainda mais sozinha, reforçando, portanto, sua ideia (ou crença) inicial de inabilidade social.

COMO TRABALHA A TERAPIA COGNITIVA?

A terapia cognitiva irá trabalhar, no *aqui* e *no agora*, com os pensamentos irracionais que um paciente relata e tentará, por meio de técnicas específicas, alterar o ciclo de interpretações viciadas – daí sua rapidez e efetividade como modelo terapêutico.

Os padrões irracionais de pensamento (também chamados de *crenças*) são originários do desenvolvimento infantil e se tornam uma poderosa lente interpretativa ao distorcer muitos significados pessoais.

Dessa forma, a psicoterapia é estruturada na forma de um plano de tratamento, de maneira a facilitar que o paciente comece a identificar esses erros de interpretação que se tornam disfuncionais. Anotações e diários de pensamento são encorajados como forma auxiliar desse processo de conscientização e de mudança individual.

170   PSICOLOGIA DO COTIDIANO

COMO A TERAPIA COGNITIVA AFETA O CÉREBRO?

Padrões de ativação cerebral são observados em indivíduos que passam por sessões de terapia cognitiva. Por exemplo, em pacientes com transtorno depressivo maior ou transtorno obsessivo-compulsivo, exames de tomografia computadorizada por emissão de pósitrons (PET-SCAN) indicam que, quando os estilos de pensamento e de comportamento são modificados, tais mudanças podem levar a alterações metabólicas significativas no cérebro desses pacientes.

Portanto, segundo um artigo publicado no periódico internacional *NeuroImage*, mudar a mente por meio da terapia cognitiva produz mudanças inevitáveis no cérebro.

Além disso, estudos têm mostrado que essa forma de terapia é, pelo menos, tão eficaz quanto o medicamento para muitos tipos de transtornos de ansiedade e do humor (depressão).

CONCLUSÃO

Desenvolver formas mais realistas de avaliar a realidade é um dos pontos centrais da terapia cognitiva.

Assim, quando aprendemos a aceitar mais calmamente um problema pessoal, não só nos sentimos melhor, mas, geralmente, estamos aptos a colocá-lo em perspectiva e a nos colocarmos em posição de fazer uso de nossa inteligência, conhecimento, energia e recursos para resolver a situação.

Se você ainda não fez um trabalho como a terapia cognitiva propõe, eu recomendo: faça pelo menos uma vez, pois é efetivamente muito interessante.

52

SAÚDE MENTAL: RELACIONAMENTOS AMOROSOS AFETAM A PERSONALIDADE

Em um estudo publicado no *Journal of Personality*, pesquisadores da Friedrich-Schiller-Universität Jena e da Universität Kassel, ambas na Alemanha, procuraram identificar os efeitos que os relacionamentos afetivos poderiam ter nos indivíduos que compõem uma relação amorosa.

Bem sabemos que as experiências harmoniosas trazem equilíbrio e estabilidade, e que as instáveis, obviamente, trazem mais problemas e preocupações às pessoas. No entanto, qual seria o efeito dessas vivências sobre a *personalidade* de cada um?

Veja que é uma pergunta bem mais profunda e mais abrangente do que apenas avaliar a consequência imediata desse contato afetivo sobre o bem-estar humano.

A INVESTIGAÇÃO

Cientistas acompanharam 245 casais com idade variando entre 18 e 30 anos, por nove meses consecutivos, e a cada três meses questionários eram enviados, preenchidos e se analisava a satisfação que o relacionamento oferecia a cada um.

Satisfação mensurada, seguia-se para a segunda parte.

Avaliações adicionais foram aplicadas e procurou-se compreender se o efeito da relação amorosa (positiva) teria também o poder de alterar a *personalidade* das pessoas. Dessa forma, os pesquisadores usaram como ponto de referência uma das cinco variáveis (ou dimensões) da personalidade humana, chamada *neuroticismo* – que é frequentemente associada à forma como uma pessoa reage aos eventos negativos de sua vida.

Quanto maior o nível de neuroticismo que alguém apresenta, mais fortes serão suas inseguranças e insatisfações; ou seja, mais facilmente essa pessoa será perturbada pelos eventos de seu entorno. Já com menores níveis de neuroticismo, mais estabilidade individual será observada.

Assim, a hipótese central da investigação foi: se uma relação for benéfica, poderia ela ser impactante o bastante para reduzir os níveis de neuroticismo da personalidade de cada um?

RESULTADOS

Os cientistas compararam, portanto, o grupo das pessoas que estavam em relacionamentos estáveis com outro grupo composto exclusivamente de pessoas que estavam sozinhas, isto é, sem relacionamento romântico algum.

O achado: com a passagem do tempo, constatou-se que pessoas em relacionamentos românticos apresentaram diminuição expressiva de sua tendência de reagir negativamente a episódios ruins, se comparadas às solteiras.

Assim, nove meses depois, participantes de relacionamentos estáveis estavam muito mais aquietados em suas preocupações e características negativas da personalidade. Tradução: registrou-se a diminuição do neuroticismo individual nesses indivíduos, denotando assim uma clara *mudança na personalidade.*

Embora os autores não saibam identificar a razão pela qual isso ocorreu, vale lembrar que, quando estamos acompanhados de pessoas que nos fazem sentir valorizados e apoiados, inevitavelmente temos nossas inquietudes psicológicas mais abrandadas, ou seja, nossos alarmes biológicos possivelmente ficarão "menos acionáveis" por nos sentirmos mais protegidos, criando, portanto, um efeito positivo (e calmante) na personalidade de cada um.

SAÚDE MENTAL: RELACIONAMENTOS AMOROSOS...

As pessoas solteiras, por sua vez, após nove meses da avaliação inicial, estavam igualmente suscetíveis a reagir não tão adequadamente às situações negativas, pois sua personalidade não havia sido beneficiada por qualquer tipo de contato (leia-se: o neuroticismo, nesses casos, permaneceu intacto).

CONCLUSÃO

Podemos observar que, muito provavelmente, quanto mais tempo se passa em uma boa relação, maiores são os benefícios colhidos pelos membros de um casal. Se o relacionamento for equilibrado, evidentemente, mudanças nas estruturas cognitivas (onde o pensamento atua) serão facilmente notadas, deixando o indivíduo mais preparado para lidar com os eventos de seu cotidiano.

"Uma parceria estável e confiante tem o poder de reduzir os mecanismos negativos, ao ajudar na criação de uma personalidade melhor e mais estruturada", complementam os pesquisadores. Para finalizar, afirmam: "Adultos que entram em um relacionamento estável *sempre* ganham com isso".

Além da autoconfiança aumentada, as tendências de avaliar negativamente os eventos são bastante reduzidas, ou seja, contatos estáveis tornam-se um redutor *natural* de ansiedade e instabilidade emocional, mudando progressivamente a personalidade de seus integrantes.

PARA PENSAR

Dezenas de vezes eu tive a oportunidade de ler opiniões de filósofos, psicólogos ou antropólogos maldizendo esse tipo de vinculação. Recordo-me de momentos em que foi até glamouroso falar mal das relações duradouras, pois eram denominadas *configurações antiquadas*, *ultrapassadas* ou, até, *já falidas* (em favor, obviamente, das convivências mais breves, brandas ou fugazes de contato).

Entretanto, o que o resultado da pesquisa mostrou foi que, na realidade, as relações prolongadas são, sim, efetivamente mais positivas e protetoras ao organismo e ao psiquismo humano, se comparadas a uma vida afetiva vivida de maneira mais desacompanhada ou solitária.

Permitam-me colocar uma pergunta que ficou sem resposta e poderia ser alvo de futuras investigações: falou-se das relações positivas, mas e as relações negativas? Afetariam igualmente (mas, agora, para pior) a personalidade das pessoas envolvidas? Além de tornarem a vida mais incerta, teriam elas o poder de deformar nossas estruturas psicológicas? Se usarmos os mesmos resultados para responder a essa questão, é possível que sim. Ou seja, é bastante provável que possamos ser afetados negativamente.

Portanto, antes de se manter em um relacionamento, pare e pense: os efeitos, ao contrário do que pensamos, dificilmente serão apenas momentâneos, mas poderão interferir também no longo prazo, podendo delinear (para bem ou para mal) por toda uma vida nossa personalidade.

Cuide-se!

53
QUANDO O AMOR SE TORNA UM PROBLEMA

Os modelos de relações afetivas passaram, ao longo do tempo, por uma expressiva mudança em seus desenhos e configurações.

Se, no passado, a origem dos relacionamentos foi associada à junção das famílias para que os filhos pudessem herdar os bens de seus pais ou, ainda, para selar alianças de natureza econômica ou política, seguramente esses propósitos hoje se tornaram muito mais amplos, abrindo espaço para outras possibilidades.

Antigamente, casar com alguém era, muitas vezes, uma decisão coletiva. Nas sociedades menos rígidas, esse desenho foi alterado, colocando a decisão na mão dos parceiros.

Ao que tudo indica, então, os sentimentos de afeto, paixão e amor tornaram-se elemento determinante nessa decisão, influenciando seus componentes e catalisando os laços por toda uma vida.

O AMOR

Assim, atualmente, seja a relação aberta, fechada, monogâmica, celibatária, mista, etc., entende-se que o vínculo afetivo atua como uma poderosa aliança na criação e na manutenção dessa vinculação.

Entretanto, em muitas relações em que esse sentimento deveria servir de ponte entre seus membros, a conexão nem sempre é experimentada de maneira saudável e equilibrada. Encontramos, assim, dezenas de pessoas que vivem um amor às avessas ou, se você preferir, um amor anormal, que sufoca, limita, destrói e que não é usufruído de maneira construtiva.

Dessa forma, não é raro encontrarmos uniões que se destacam pelo desequilíbrio e pelas formas doentias de ligação.

O AMOR PATOLÓGICO

Dados disponíveis ainda são muito escassos, mas já são encontradas descrições na literatura especializada. Embora possa ocorrer em ambos os sexos, o amor patológico parece ser mais presente na população feminina, uma vez que, em geral, as mulheres consideram a relação a dois uma prioridade em suas vidas; conforme o que é descrito no *Manual clínico dos transtornos do controle dos impulsos.*

Alguns autores apontam que esse quadro, inclusive, guarda semelhanças com algumas características encontradas nas dependências de álcool e outras drogas. Assim, esse amor geralmente é vivenciado de maneira excessiva e, quando o parceiro está longe ou ameaça abandonar a relação, podem ocorrem insônia, taquicardia e tensão muscular, decorrentes dessa imensa inquietação. Vemos, nesses casos, que o ato de *cuidar do outro* ocorre em maior quantidade do que o parceiro gostaria, isto é, o sentimento de afeto é expresso de maneira extrema, gerando incalculável desconforto.

São presentes também as tentativas de controle do cotidiano do cônjuge e, muitas vezes, registra-se o abandono de várias atividades da pessoa que vive esse amor patológico, não sendo raro o desenvolvimento de problemas pessoais, familiares e profissionais em função dessa forma irracional de amar, conforme menciona um artigo da *Revista Brasileira de Psiquiatria.*

O estado de estresse vivido por essas pessoas é de tal magnitude que, em grande parte das vezes, a relação termina, dado o desgaste progressivo dos sentimentos de conexão.

Enfim, como se pode perceber, nem sempre se relacionar com alguém é uma experiência descomplicada. Não sei se você sabe, mas, além do amor patológico, existem descrições opostas, em que o medo de amar se torna a principal característica, e tanto a falta de conexão quanto a esquiva de contatos emocionais estão muito presentes. Explico.

FILOFOBIA

Filofobia (do grego *filos*, que significa amado ou amar, e *phobos*, que significa medo) é o nome dado ao medo de se apaixonar. Indivíduos com filofobia tendem a evitar as chances de se apegar a alguém e podem começar a evitar amigos, familiares e outras pessoas como forma de se proteger dessa possibilidade. Assim, negam categoricamente quaisquer sentimentos que possam vir a sentir por alguém que lhes seja preferido.

Tais pessoas expressam desconforto, nervosismo, taquicardia e ansiedade quando pensam em ficar expostos a situações que possam criar algum tipo de afeto ou de vinculação. Em casos mais extremos, as pessoas relatam sintomas como suor, tremor, náuseas e até falta de ar, apenas por considerar essa perspectiva eventual de conexão.

Supõe-se que as causas da filofobia estejam relacionadas a relações traumáticas vividas no passado ou rupturas dolorosas que tenham gerado altos níveis de estresse emocional e desgaste.

Aparentemente, tal quadro carece de maior fundamentação científica. Entretanto, lá está ele descrito no *menu* das fobias que podem ser vividas por alguém.

Se o amor patológico é mais predominante nas mulheres, seria a filofobia mais presente nos homens?

CONCLUSÃO

Independentemente dessas patologias ou dos nomes dados a elas, o fato é que cada vez mais observamos uma grande dificuldade das pessoas em se conectar a outras em um estilo que seja normal, maduro e sensato. Atualmente, tenho a impressão de que muitos vínculos primam pelo conflito e pelo antagonismo entre seus membros. Apesar disso, os casais permanecem juntos, infelizes, por anos a fio, um culpabilizando o outro.

Devo confessar que, como psicoterapeuta, tenho certa dificuldade em compreender, de fato, por que existe tanto receio em se entregar efetivamente a alguém.

Não sei se, no fundo, as pessoas se tornaram tão autocentradas que fazer, vez ou outra, algum tipo de concessão se tornou sinônimo de constrangimento e de diminuição. Na verdade, vejo que tais relações mais parecem um jogo de forças do que propriamente alguma forma, ainda que primitiva, de parceria e de exercício de cumplicidade.

Dessa maneira, verifica-se uma enorme legião de pessoas solitárias, amargas, mas sempre em busca de alguém significativo. Todavia, quando encontram esse alguém, com frequência podem até responder aos seus contatos, mas raramente correspondem do ponto de vista afetivo.

Assim, pessoas estão bonitas, bem vestidas, frequentam ótimos lugares, mas estão *sozinhas* por conta de suas incompetências emocionais.

Quer fazer um favor a você mesmo? Não deixe que as relações afetivas se tornem um obstáculo. Alguém infeliz jamais pode fazer outro feliz. Portanto, busque ajuda. Aprimore-se e enfrente seus medos.

Não deixe que o amor se torne um problema.

54

PAIS QUE REALIZAM TAREFAS DOMÉSTICAS CRIAM FILHAS MAIS AMBICIOSAS

Pais que querem suas filhas em profissões de maior prestígio devem começar a cozinhar ou a fazer atividades de casa, sugere um novo estudo.

A investigação, realizada por psicólogos da University of British Columbia, indicou que homens que se engajam na realização de tarefas domésticas estão mais propensos a interferir na carreira das meninas.

Mas, afinal, qual seria a relação entre um pai executar uma função doméstica com a ambição profissional de uma filha?

É simples, mas antes vamos compreender melhor a investigação.

A PESQUISA

O estudo envolveu uma amostra de 326 crianças com idades entre 7 e 13 anos e, pelo menos, um de seus pais. Além disso, os pesquisadores analisaram como as tarefas e o trabalho estavam divididos em cada domicílio.

O objetivo era perceber se uma mudança de papéis dentro de casa – isto é, o pai assumir tarefas mais comuns para as mulheres – poderia alterar conceitos e valores na cabeça das filhas.

OS RESULTADOS

Os investigadores descobriram que, nos lares em que os pais eram favoráveis à igualdade entre gêneros (leia-se: locais onde pais e mães realizavam as mesmas funções sem maiores problemas), a postura paterna foi forte o bastante para mudar as concepções que as filhas tinham no que dizia respeito ao seu próprio futuro profissional.

Isto é, as meninas que cresceram com objetivos mais amplos de carreira curiosamente foram aquelas que advinham de lares onde as obrigações domésticas eram compartilhadas de forma mais equitativa pelos pais.

Por sua vez, em residências nas quais essa forma de divisão não foi encontrada – onde pais e mães viviam mais dentro dos estereótipos de uma família tradicional, de modo que apenas as mães cuidavam das tarefas domésticas –, as filhas eram mais propensas, quando questionadas, a imaginarem-se trabalhando em atividades mais associadas ao gênero feminino, como, por exemplo, tornar-se mãe, dona de casa, professora ou enfermeira, apontaram os dados.

CONCLUSÃO

Veja então que a palavra-chave na investigação foi *igualdade*.

Quando o pai se engajou em funções que rompem com o modelo tradicional de papéis em uma casa, por mais inexpressivo que fosse, seu comportamento conseguiu mudar a visão de mundo profissional. Assim, esse pequeno hábito sinalizou às filhas que elas também poderiam se arrojar em direção à realização de trabalhos pouco convencionais ao gênero feminino.

Isso mostra que, apesar dos esforços atuais em criar abertura e igualdade nos postos de trabalho, os investigadores concluíram que as mulheres ainda continuam fortemente sub-representadas nas posições de liderança e que, possivelmente, isso se deva, em parte, às concepções que pais e mães têm enraizadas em sua cabeça a respeito da clara divisão entre os papéis masculinos e femininos que, sem perceber, acabam transmitindo e perpetuando na mente de seus filhos.

Assim, se você, como pai, deseja que sua filha não seja excluída em sua vida profissional futura e que tenha muito sucesso, comece dando o exemplo em sua própria casa, isto é, mude seu comportamento e mostre a elas que tudo é possível.

PARA SE PENSAR

Obviamente, seria uma grande ingenuidade nossa (e dos pesquisadores) pressupor que apenas o comportamento dos pais de lavar pratos ou fazer algumas tarefas domésticas poderia ser responsável por mudanças de tal magnitude na mente dos filhos.

Na verdade, deve-se entender que tais comportamentos de participação cotidiana revelam apenas uma parcela de uma postura maior desses cuidadores-homens em relação a suas famílias. Tais gestos servem para mostrar que estão presentes nessas relações sentimentos de cumplicidade, bem-querer e, finalmente, a consideração pelos demais membros de uma família (sejam eles homens ou mulheres).

Portanto, é isso que deve ser efetivamente modelador das novas atitudes e preceitos ao conferir às filhas (e por que não também aos filhos?) maiores níveis de bem-estar e de confiabilidade pessoal.

Resumo da história: quanto mais bem tratado sou como filho, maior será minha crença em mim mesmo e maior será minha capacidade de realizar coisas de maior importância ou significado.

Desse modo, comece, sim, a lavar pratos em casa, mas também não se esqueça de olhar nos olhos de suas filhas e descobrir como elas estão se sentindo.

Isso deve ajudar bastante!

55

TECNOLOGIA EM SALA DE AULA: COMPUTADOR LIGADO, CONCENTRAÇÃO DESLIGADA

Muito se tem discutido a respeito dos benefícios que a tecnologia pode trazer aos alunos no processo de aprendizagem. Muitas escolas acreditam que incorporar esse importante recurso como ferramenta de apoio pedagógico lhes confere certo *glamour*, pois, ao integrar tais avanços, rapidamente se tornam instituições de vanguarda.

Cá entre nós, devo confessar que o apelo é dos mais expressivos, principalmente em uma época em que saber manejar a tecnologia virou necessidade, e os pais – pessoas que nasceram em uma época em que a internet ainda inexistia – acreditam que colocar os filhos em escolas que priorizam o contato com computadores, *tablets* e *smartphones* fará com que os pequenos estejam, efetivamente, mais preparados para o futuro.

Assim, a intenção é das mais notáveis. Entretanto, todo esse encantamento é, em minha opinião, um pouco deslumbrado e, em grande parte das vezes, desprovido de um conhecimento mais estruturado a respeito das consequências que a tecnologia pode trazer aos seus usuários.

Com essas questões em mente, alguns estudos têm procurado demarcar esse território. Um dos mais expressivos foi o realizado pela Cornell University em 2003, intitulado *The Laptop and the Lecture* (em uma tradução livre, algo como *O laptop e a palestra*). Nesse estudo, durante uma conferência, à metade dos alunos de uma classe foi permitido o acesso irrestrito aos seus computadores, enquanto à outra metade foi solicitado que mantivessem seus computadores desligados.

Independentemente do tipo ou do tempo de duração do uso do computador, o experimento tinha como objetivo quantificar o nível de aproveitamento que cada grupo apresentaria ao usar a tecnologia como ferramenta de apoio.

O resultado mostrou que os alunos que permaneceram com seus *laptops* fechados durante a fala do professor apresentaram melhor desempenho em um teste realizado logo após a palestra, se comparados àqueles que usaram seus computadores durante a atividade. Ou seja, o grupo que recorreu ao uso simultâneo dos *laptops* apresentou os piores níveis de aproveitamento.

Em outra investigação – conduzida pela Nielsen entre 1990 e 2006, intitulada *How Users Read on the Web* (*Como os usuários leem na internet*) –, utilizou-se um dispositivo eletrônico chamado *eyetracking*, semelhante a óculos que registram movimentos oculares. Esse dispositivo tinha como meta avaliar como se daria a leitura das pessoas por intermédio da tela de um computador. Dessa forma, desejava-se observar como efetivamente se daria o processo de aprendizagem e de memorização quando aliados à tecnologia.

O desfecho foi desconcertante. O documento com a análise dos resultados da pesquisa – que tinha o objetivo de responder à pergunta inicial "Como se daria o processo de leitura na *web*?" – tinha em sua primeira linha (inclusive, com essa ênfase apontada no texto original) o seguinte: "Na internet, as pessoas *não leem*". O relatório afirmou que, de toda a população avaliada, "apenas 16% leram palavra por palavra [...], enquanto o restante apenas 'escaneou' os textos, saltando, pulando partes e deixando todo o resto de lado" (Bauerlein, 2008, p. 145).*

Ao que tudo indica, portanto, alguma coisa saiu errada. Creio que a tecnologia, em muitos casos, pode não ser tão benéfica assim. Pergunto-me se a ideia inicial da *web* não era a de usarmos a tecnologia e o mundo digital

---

* Bauerlein, M. (2008). *The Dumbest generation: How the digital age stupefies young Americans*. New York: Penguin Group.

como nossos aliados. Afinal, a quantidade de informação disponível na internet, dizem alguns, seria atualmente superior a todo o conhecimento já acumulado na história da humanidade.

Pois bem, seria..., mas, infelizmente, não é o que parece estar ocorrendo. Vamos lembrar que, da maneira como se utiliza a internet nos dias de hoje, tal uso tornou-se um modelo básico de interrupção, isto é, nossa atenção é descontinuada a todo momento pelos avisos do WhatsApp, do Twitter, do Facebook, do Skype, etc., habituando-nos cada vez mais a esse processo de quebra contínua de concentração.

Como resultado, nosso foco torna-se progressivamente cada vez mais raso e, sem que percebamos, naturalmente passamos a usar dos mesmos recursos cognitivos para lidar com o meio ambiente, tornando nossas relações mais superficiais.

Veja que, inclusive, quanto mais uma pessoa for interrompida, maiores serão as noções de valor social que ela desfrutará. Assim, os intervalos para checar mensagens tornam-se cada vez mais frequentes (por que não dizer também reforçadores), principalmente para adolescentes que se encontram em fase de construção da autoestima e, portanto, mais necessitam de apreço e de reconhecimento social.

Atualmente, o uso da *web* é realizado de maneira que as pessoas "precisam" ser chamadas, chegando ao ponto de sentirem-se melhor quanto mais conectadas com o grupo estiverem.

Portanto, os usuários da tecnologia tornam-se meros decodificadores estressados de informação, e esse modelo primário de funcionamento cognitivo impede que formas mais profundas de aprendizagem ocorram efetivamente. Note que a mente de um internauta é agitada, enquanto a do leitor de um livro é aquietada e cadenciada por sua velocidade pessoal de conexão (de conhecimentos mais profundos) com aqueles significados que estão sendo apresentados pelo ambiente.

Possivelmente, isso explica a razão de a tecnologia, se não estiver bem ordenada, prestar um imenso desserviço aos seus usuários, principalmente em condições acadêmicas.

PARA PENSAR

Seria, então, por essa razão que nossa esfera intelectual estaria se modificando? Alguns argumentam, inclusive, que, embora exista todo esse arsenal tecnológico, as medidas de QI no mundo permanecem inalteradas (ou estão declinando, segundo investigadores mais controversos), em vez de estarem aumentando.

Há outro ponto que merece atenção. Alguns clínicos defendem a ideia polêmica de que o aumento nos diagnósticos de transtorno de déficit de atenção/hiperatividade (TDAH) se deveria, em parte, a esse condicionamento derivado do uso excessivo da tecnologia. Além disso, afirmam categoricamente que vivemos uma verdadeira *epidemia da distração*. Não a distração causada pela neurobiologia ou pela genética, mas pela perda de concentração gerada puramente pelo uso da tecnologia. Seria por isso que nos tornamos cada vez mais impacientes? Seria igualmente por essa razão que nossos contatos interpessoais estão perdendo qualidade e profundidade? Bem, isso já seria assunto para outro texto.

Entretanto, para finalizar nossa conversa, penso que seria importante que as pessoas pudessem se debruçar mais sobre o assunto, procurando compreender um pouco melhor as possibilidades (e limitações) do uso da tecnologia, em vez de simplesmente se tornarem defensoras e entusiastas inocentes da causa.

Nem de longe estou falando mal das possibilidades infinitas, diga-se de passagem, que a tecnologia nos trouxe, traz e ainda trará. Minha inquietude, contudo, diz respeito à *forma* como seu uso vem sendo estimulado entre nossos pequenos.

Você sabia que em grande parte das instituições de ensino do Vale do Silício – região dos Estados Unidos onde se encontram as principais empresas de tecnologia do mundo e onde, obviamente, estudam os filhos de seus executivos –, muitas das escolas mais disputadas nem sequer permitem a entrada de qualquer artefato tecnológico com seus alunos? Apenas a velha receita: lápis e papel.

Isso deve ter algum propósito maior, não acha?

56

ENTENDENDO NOSSAS EMOÇÕES: DO PASSADO AO PRESENTE

Ao longo da história da humanidade, muitos aspectos do comportamento humano permaneceram totalmente desconhecidos e intocados. De forma semelhante ao entendimento do que seria o mundo marinho ou a vida fora do planeta, a psicologia esteve tão distante de qualquer compreensão maior que muitos quadros, quando manifestos, recebiam uma interpretação religiosa, principalmente nos tempos em que padres e monges acumulavam diversas funções e eram figuras de notório saber.

Veja que, da mesma maneira que se imaginava que a Terra seria quadrada e que a navegação seria contraindicada, qualquer anomalia do comportamento humano possivelmente seria atribuída a experiências sobrenaturais.

Caso você ainda não saiba, o surgimento da anorexia nervosa foi associado a uma condição espiritual. Santa Catarina de Siena, no século XIV, por exemplo, jejuava com tamanho fervor (como forma de se aproximar de Deus) que, duzentos anos depois, o papa Benedito XIV ainda postulava que o jejum guardava estreitas relações com a santidade. Assim, foi apenas na literatura moderna que tal quadro recebeu a denominação *santa anorexia* – explicando seu possível surgimento como categoria diagnóstica.

E foi assim, progressivamente, que as ciências psicológica e psiquiátrica foram sendo desvendadas e expandidas ao receberem novas e mais fundamentadas explicações a respeito de sua natureza. Entretanto, um aspecto de grande importância foi o entendimento atual do papel das emoções e do funcionamento mental.

COMO FUNCIONAMOS?

Essa é uma das fronteiras mais estudadas pela ciência e merece aqui nossa atenção, pois durante muito tempo também aqui as explicações foram amplas.

Uma das primeiras interpretações foi dada por Hipócrates, pai da medicina, ao criar a *doutrina dos quatro humores* – sangue, fleuma, bílis amarela e bílis negra – como forma de compreender o funcionamento do corpo humano. Assim, conforme esses humores alcançavam o equilíbrio necessário, a saúde estaria assegurada. Por sua vez, se um desses componentes estivesse em menor proporção ou em excesso, o desequilíbrio se instauraria, originando as enfermidades. Surgiu então a conhecida técnica da *sangria*, isto é, para acabar com os excessos, bastava colocar o doente para purgar, restabelecendo o equilíbrio.

Freud, séculos mais tarde, endossou esse tipo de princípio ao propor como tratamento a *purgação emocional*, ou *catarsis* (purificação da alma por uma descarga emocional causada pelo drama), como possibilidade de cura psicológica.

Até muito recentemente, achava-se também que as emoções humanas eram decorrentes das dimensões mais inferiores da personalidade e que, dessa forma, deveriam ser controladas. É exatamente por essa razão que ainda hoje ouvimos com tanta frequência conselhos sobre evitar sermos guiados pelas emoções, pois resultados não muito satisfatórios podem ser atingidos.

Resumo da ópera: ou devemos, como possibilidade terapêutica, nos emocionarmos mais intensamente para nos livrar dos conteúdos tóxicos ou, no polo oposto, devemos estabelecer forte vigilância para não *perder a cabeça* e agir de maneira animalesca ou irracional. Assim, a mensagem indelével que fica é a de que as emoções, de fato, são energias perigosas e incertas, devendo ser tratadas com cuidado e parcimônia.

EMOÇÕES E NEUROCIÊNCIA

Atualmente, entretanto, com a possibilidade de se observar o cérebro em funcionamento por meio da tomografia por emissão de pósitron, muitas dessas interpretações caíram por terra.

Descobriu-se, por exemplo, que as emoções são importantíssimas para assegurar o equilíbrio psicológico e que, portanto, ao contrário do que se dizia, não deveriam ser evitadas ou expressas em forma de catarse, mas sim estimuladas de forma equilibrada.

A arquitetura emocional, segundo as novas descobertas da neurociência, é constituída por três categorias: emoções primárias, emoções secundárias e emoções instrumentais.

As emoções primárias, como o próprio nome diz, são as primeiras reações produzidas pela amígdala cerebral ao ser estimulada pelo meio ambiente. Podemos, dessa forma, sentir primariamente apenas três tipos de emoção: raiva, medo ou tristeza.

Já as emoções secundárias são as mais lentas e se manifestam dois milissegundos após as primárias terem sido processadas, pois, originadas no córtex cerebral (sede de nosso conhecimento), levam mais tempo para serem acionadas.

Por essa razão, podemos afirmar que temos emoções primárias *mais viscerais* (mais imediatas) e emoções *mais mentais* (mais lentas) denominadas popularmente de sentimentos.

Como esse processo é rápido, pois é um mecanismo biológico de sobrevivência, muitas vezes não temos percepção das emoções primárias, mas apenas e tão somente o reconhecimento das emoções secundárias, confundindo-nos quanto à origem de angústias e inquietudes.

Veja só: secundariamente, podemos estar com raiva quando, primariamente, estamos com medo. Seria insensato afirmar que uma das possíveis razões por trás de muitos comportamentos antissociais seria o desamparo (ou seja, uma tristeza primária)? Uma vez que essa emoção não é experimentada ou percebida, poderia se tornar raiva, deixando as pessoas agressivas.

Perceba que as construções ou relações dessas duas categorias emocionais podem ser plurais. Assim, as pessoas podem ficar com medo de sua raiva ou deixar que seu medo se torne frieza; a inveja pode, por sua vez, transformar-se em raiva, e a raiva pode, então, converter-se em medo.

Para você ter uma ideia da importância dessas descobertas, sabe-se hoje, por exemplo, que, em quase 85% dos casos de depressão, a emoção que mais atua em sua manutenção é a emoção primária de raiva e não a secundária de tristeza, erroneamente enfatizada. Assim, haverá sempre uma equação emocional subjetiva de emoção primária e secundária a ser identificada, caso desejemos nos compreender melhor.

CONCLUSÃO

Conforme já dizia Aristóteles: qualquer um pode zangar-se – isso é fácil –, mas se zangar com a pessoa certa, na justa medida, no momento certo, pela razão certa e da maneira adequada não é nada fácil. Portanto, achar o *ponto* certo de expressar determinada emoção pode não ser tarefa das mais fáceis. Muitas vezes, oriento meus pacientes sobre a importância de falar de sua raiva sentida, pois, na verdade, eles vêm cotidianamente confundindo-a com o comportamento agressivo – e uma coisa, diga-se de passagem, não tem nada a ver com a outra sob a ótica da psicoterapia.

Portanto, vai aqui uma dica: como forma de se organizar e se preparar para situações difíceis, procure sempre escrever suas emoções. Pegue um pedaço de papel e escreva, por exemplo, como está se sentindo hoje. No dia seguinte, pegue uma nova folha e escreva exatamente a mesma coisa, mas sem olhar a primeira narrativa. Faça isso por quatro dias consecutivos. Você irá perceber que, na medida em que monta e remonta seu texto, a narrativa irá se ampliando, e a percepção da relação de suas emoções aumentará, deixando-o mais atento e consciente delas.

No fim, olhe a sua primeira redação e compare-a com a última. Você irá surpreender-se com a diferença. Essa técnica dinamarquesa de intervenção segue a linha daquele velho ditado gaúcho, ao dizer que: "É no andar da carroça que as abóboras se ajeitam". Assim, experimente e confira a eficácia desse recurso psicoterapêutico. A cada emoção descoberta, um grande cenário aparece.

"Cada possibilidade nova que tem a existência, até a menos provável, transforma a existência inteira" (Milan Kundera). Portanto, torne-se consciente de suas emoções.

57
QUANDO O APEGO E O AFETO NÃO CAMINHAM JUNTOS

Ao longo do desenvolvimento da psicologia, sempre houve teóricos que se propuseram a descrever o psiquismo humano e seus mecanismos. A história registra, por exemplo, que, em 1879, em Leipzig, Alemanha, Wilhelm Wundt teria criado o primeiro laboratório de pesquisa e de investigação. De lá para cá, são incontáveis os esforços de algumas centenas de teóricos na procura de delinear aquilo que mais se aproxima da descrição do funcionamento mental. Para se ter uma ideia das diferentes linhas, até a última contagem, registraram-se mais de 850 abordagens de psicoterapia no mundo. Entretanto, apenas uma minoria pode se orgulhar de ter sido extensivamente pesquisada e, portanto, desfrutar de um maior reconhecimento científico.

Um dos clínicos que merece efetivo destaque foi John Bowlby. Psicólogo inglês do século passado que empiricamente demonstrou o quanto as experiências infantis são determinantes na formação da estrutura psicológica da vida adulta.

Eu explico, pois é muito interessante.

TEORIA DO APEGO

Inicialmente, o psicanalista Bowlby rompeu com o movimento freudiano ao dizer que "a visão que a teoria tinha da vida infantil era, na verdade, a visão de um adulto, e não a visão do ponto de vista de uma criança". Assim, começou a estudar o que o contato com os pais poderia, de fato, criar na mente dos pequenos, sem interpretações ou suspeitas, mas experimentalmente, testando suas premissas.

Ele observou que a criança, ao se aproximar dos pais em momentos de angústia, tem a possibilidade de modelar positivamente sua autoestima; e, de modo contrário, quando é privada desse contato, pode tornar-se mais insegura e retraída.

Assim, semelhante ao que ocorre no reino animal, em que os indivíduos se deslocam em bandos, pois junto ao grupo se obtém mais proteção, alimentação e acasalamento, a proximidade com os pais, no caso dos humanos, aciona um dispositivo mental que, em momentos de tensão, faz com que a criança busque os mais velhos e possa, dessa maneira, diminuir seu sentimento de vulnerabilidade.

Portanto, por meio da atenção contínua dos cuidadores se cria o contorno da existência psicológica infantil, que se estende, na maioria das vezes, por toda a vida.

Quando a criança é criada em lares estáveis, ela se torna, psicologicamente, mais estruturada, pois seu sentimento de segurança foi sendo *construído* pelas vivências de acolhimento. Dessa forma, ela naturalmente subentende (ou imagina) que se sairá bem sempre que momentos de tensão vierem a ocorrer – a exemplo de como sempre aconteceu no passado em seu lar de origem.

> Existe uma grande correlação entre o tipo de cuidado que as crianças recebem nas primeiras fases de suas vidas e aquilo que elas se tronarão em sua vida adulta. (John Bowlby)

Entretanto, quando esse acolhimento não foi vivido de maneira estável e saudável – ou seja, quando, nos momentos de angústia, os pais ou não acolheram a criança (ignorando-a ou não percebendo sua necessidade de proteção) ou, ainda, acolheram-na de maneira excessiva (criando mais tensão e confusão) –, seu mecanismo cerebral de apego se tornará mais acionável, uma vez que, não se sentindo protegida, conduzirá as situações de estresse com menor grau de habilidade.

É possível que, a esta altura, algum leitor possa estar pensando: "grande novidade" ou "não precisaríamos de pesquisa alguma para constatar isso". Entretanto, existe um pequeno detalhe que talvez não tenha sido percebido.

Quando falo em mecanismo de apego, não estou me referindo ao grau de *afetividade* que alguém pode dar aos seus filhos, mas ao grau de atenção às situações de perigo que uma criança pode viver e, portanto, vir a ser confortada. Perceba que, desse ponto de vista, afeto e apego são coisas completamente distintas e podem, erroneamente, ser compreendidas como um aspecto unitário.

Afeto diz respeito ao sentimento de bem-querer que sentimos e destinamos a alguém, e apego diz respeito ao comportamento de proteção ou de dar atenção às necessidades emocionais do outro – o que, popularmente, chamamos cumplicidade.

Dessa forma, algumas situações curiosas podem ser experimentadas: por exemplo, podemos vir a ser muito amados por alguém, mas é possível que esse alguém não consiga ser atento o suficiente às nossas necessidades de proteção e cuidado, criando um descompasso entre afeto e apego – uma necessidade básica biológica –, inviabilizando qualquer grau de cumplicidade e de conforto afetivo maior entre um casal.

Resumindo: as experiências iniciais de atenção que tivemos nos momentos de insegurança balizam para o bem ou para o mal nossa capacidade de enfrentamento e, portanto, de nos relacionarmos na vida adulta.

PESSOAS QUE NÃO SABEM AMAR

Tendo isso em mente, é muito fácil identificar aqueles que não sabem se relacionar, pois, não tendo experienciado boas relações de apego em sua infância, não conseguem ser uma base segura de apoio emocional aos seus cônjuges. Há um antigo ditado que diz: "Apenas podemos dar algo a alguém se nos recordamos de já tê-lo recebido no passado"; ou seja, não é possível dar conforto a uma pessoa se nunca nos sentimos confortados por alguém em nossa história.

Assim, sempre existirão aqueles que, embora entrem em um relacionamento afetivo de maneira sincera, simplesmente não conseguem transmitir segurança ao outro, pois não têm o registro de terem vivido isso junto aos seus cuidadores no passado.

Quem nunca se relacionou com uma pessoa que fez juras de amor, afirmou ser sua alma gêmea, mas, simultaneamente, o acusou pelos altos e baixos do relacionamento? São indivíduos que nos responsabilizam de não nos entregarmos o suficiente para a relação, criando verdadeiras montanhas-russas emocionais, intercalando momentos de tranquilidade com momentos de muita tensão e instabilidade. No fim das contas, acabamos nos tornando profundamente desequilibrados e, na grande maioria das vezes, realmente doentes, não compreendendo em que poderíamos ter falhado.

Veja que essas pessoas podem até nos dar afeto, mas não sabem transmitir a sensação de apego (ou de conforto psicológico), deixando nosso sistema mental em contínuo estado de alerta – trata-se das chamadas relações tóxicas, pois nos induzem a uma insegurança contínua.

Assim, as relações que mais perduram com o passar do tempo são aquelas em que somos nutridos não apenas de afeto, mas também de apego. Apreciamos nos sentir "gostados", mas também de proteger e nos sentir protegidos.

A má notícia: sem que os dois elementos estejam presentes, possivelmente uma relação estará seriamente comprometida. A boa notícia: apego, assim como afeto, pode ser aprendido e desenvolvido, solidificando os laços que compõem uma relação, tornando-a mais perene.

As relações marcadas por um triângulo amoroso (relações extraconjugais) tornam evidente que em uma pessoa se acha o afeto e, na outra, o apego. Como precisamos dos dois aspectos psicológicos para nos mantermos equilibrados, ficamos aprisionados nas múltiplas relações. Conforme já dizia um antigo título de livro: "Amor apenas nunca será o suficiente".

O grande poeta português Fernando Pessoa dizia: "As viagens são os viajantes. O que vemos não é o que vemos, mas o que somos". Em termos afetivos, eu diria que: "As relações (em última instância) são as pessoas. O que damos não é o que queremos, mas o que somos".

Portanto, se você deseja realizar-se em alguma relação, cuide para que, em sua vida, o afeto e o apego andem juntos.

58

POR QUE EU QUERO QUE MEUS FILHOS FALHEM?

Eu sei, essa é uma colocação bastante polêmica, mas vamos compreender um pouco melhor minha posição.

Atualmente, os filhos são orientados a atingir a plenitude de suas competências com a chegada da maioridade. Assim como um investimento econômico ou uma previdência privada de longo prazo, os filhos devem, segundo a ótica dos pais, estar plenamente capacitados para enfrentar o mundo adulto tão logo estejam concluindo o ensino médio e adentrem a maioridade.

Dessa forma, de acordo com o nível sociocultural de cada família, algum tipo de oportunidade sempre será estendido aos pequenos, pois, desse modo, *mais bem preparados* eles estarão.

Ao exercer de maneira contínua e ininterrupta sua vigilância, os pais recebem, ironicamente, na língua inglesa, a denominação *helicopter parents*; ou seja, ao sobrevoarem o cotidiano dos filhos como se fossem helicópteros, asseguram que tudo fique, efetivamente, sob controle. Enquanto tudo estiver dentro do planejado, os anos passam e "todos ficam felizes" (pelo menos é assim que muitos pais acreditam ocorrer).

Entretanto, ao direcionar suas ambições à vida dos pequenos, sem perceber, muitos desses cuidadores simplesmente se esquecem de considerar que inevitáveis reveses se apresentarão. Usando de um pensamento mágico, esses pais não incluem entre os acontecimentos futuros a possibilidade de que os filhos, em algum momento de sua vida, venham a fracassar. Assim tem início um dos grandes dilemas familiares do século XXI. O descompasso criado entre as expectativas dos mais velhos e a realidade vivida por cada filho põe à mostra a óbvia falha de planejamento e realismo, colocando em risco todos os esforços destinados.

Calma, eu explico.

Com esse tipo de orientação, os jovens até podem se tornar, na fase adulta, intelectualmente treinados, mas também poderão estar despreparados para lidar com o cotidiano dos relacionamentos, do estresse, do corpo a corpo competitivo e das tão frequentes montanhas-russas emocionais.

Como foram extensivamente protegidos, esses jovens não tiveram a possibilidade de exercer ou praticar ações ligadas ao enfrentamento dos sentimentos de inabilidade pessoal, decepção e frustração. Dessa forma, anos de despreparo começam a pesar sobre seus pequenos ombros ao concluírem, erroneamente, sua condição de inexperiência e baixa autoestima.

Muitos se tornam capacitados para gerir várias ações profissionais, mas totalmente ineficientes no manejo das dificuldades pessoais. Nesse momento, os jovens até estão conscientes de suas competências técnicas, mas não se sentem fortes o bastante para lidar com as adversidades emocionais da vida.

Ao perceberem isso, muitos se lançam inadvertidamente ao consumo excessivo de álcool e drogas, às mais variadas formas de prostituição emocional, tão encontradas nas *baladas* (onde todos ficam com todos), tendo como único e simples objetivo anestesiar-se da percepção de que *algo* (não muito claro), lá no fundo, não vai bem.

Ou seja, sem perceber, alguns pais acabaram preparando seus filhos muito mais para a realização e muito pouco, ou quase nada, para as falhas e para o insucesso em certos momentos da vida.

Assim, você pode até achar que minhas colocações são polêmicas, mas, para ser bem honesto, eu quero, sim, que meus filhos falhem – e falhem bastante – em sua infância e adolescência. Desse modo, poderão, auxiliados por mim e pelos mais velhos, começar a construir e delinear suas capacidades de resiliência emocional e de enfrentamento e terão, no fim das contas, mais preparo e tolerância para lidar com os dissabores da vida quando adultos. Isso é o que se chama, popularmente, de *inteligência emocional*, e se torna, na maioria das vezes, mais determinante que a própria educação formal um dia recebida.

Quer uma pista para saber como está sendo o preparo de seus pequenos? Simples. Se eles estiverem emocionalmente próximos o bastante de você, seu trabalho está sendo bem feito, parabéns!

Entretanto, se depois de anos de empenho pessoal como pai ou mãe seus filhos tenham, de alguma maneira, se tornado distantes ou, em casos mais expressivos, se tornado seus inimigos, fique atento. Isso pode, na verdade, ser um forte indicativo de que as expectativas foram irrealistas, danificando a vida emocional daqueles que um dia nos propusemos a cuidar.

Na psicologia infantil existe a velha premissa *do retorno*. Aquilo que nossos filhos devolvem hoje, em forma de comportamento, seguramente é o mesmo que eles entenderam um dia ter recebido de nós como pais. Portanto, reveja enquanto é tempo e auxilie-os a se tornarem confiantes.

"Os bons dias nos dão felicidade. Os maus nos dão experiência. Ambos, entretanto, são essenciais para a vida". Autor desconhecido.

59

VOCÊ TEM FOMO, O MEDO DE ESTAR PERDENDO ALGO IMPORTANTE O TEMPO TODO?

Quando crianças, temos a impressão de que o mundo gira ao nosso redor e, assim, quando dormimos, temos a sensação de que ele também dorme conosco.

Se antes esse relógio imaginário não tinha ponteiros, agora as mídias sociais e as tecnologias de comunicação (como celulares, computadores e mensagens de texto) mostram que as horas passam; e, desse modo, advém a noção de que o mundo, ao contrário do que imaginávamos, não dorme.

Pesquisadores começam a perceber que esse sentimento de não estar acompanhando integralmente a vida no mundo virtual quando estamos desconectados tem contribuído de maneira significativa para o aumento da ansiedade.

Tal sentimento foi nomeado com a sigla FOMO – do inglês *fear of missing out*, isto é, *medo de estar perdendo algo*.

Embora não seja considerado um transtorno mental, a presença desse sentimento tem contribuído com o aumento do risco de episódios de ansiedade – consequentemente, de depressão – e levado à sensação de exclusão social, bem como a maior suscetibilidade à pressão de grupo e, finalmente, a um elevado risco de desenvolver o vício em tecnologias.

REDES SOCIAIS SÃO O PRINCIPAL CAUSADOR DE FOMO

O quadro de FOMO é mais observado em pacientes adolescentes e jovens adultos – idade do início da socialização –, em cuja vida cotidiana *smartphones, tablets* e computadores portáteis estão sempre presentes. Para esse público, estar atento a atualizações de informações, especialmente das redes sociais, é algo extremamente importante.

Como essa é uma fase em que a comparação com o grupo se torna muito relevante, observar a vida alheia e seus respectivos desejos sendo realizados – mudança de casa, cidade ou mesmo de vida – também pode dar início a um comportamento mais intenso de comparação pessoal; isto é, o quanto nos sentimos (ou não) satisfeitos com nossas próprias escolhas ou momentos de vida.

Dessa forma, tais pessoas desenvolvem um senso de urgência cada vez maior em relação a *precisar estar* tecnologicamente conectado.

Para se ter uma ideia do quanto isso é real, verificar as redes sociais é a última coisa que muitos indivíduos fazem antes de dormir e a primeira ao acordar.

Por exemplo, um estudo da Cisco ouviu pessoas de 18 a 30 anos em 18 países e mostrou que os brasileiros estão entre os mais compulsivos na hora de checar suas atualizações. Segundo a pesquisa, o *smartphone* fica ao lado da cama e é a primeira atividade do dia.

De acordo com o levantamento, que ouviu 3,6 mil pessoas, 60% delas conferem sistematicamente suas atualizações nas redes sociais. Dessas, dois terços dizem ficar ansiosas ou sentir um vazio quando não estão *on-line*.

INDIVÍDUO E COLETIVIDADE

O que acontece nas redes sociais inevitavelmente acabou por substituir a natural comparação que se fazia, há muitos anos, com o pequeno grupo escolar, por exemplo. Atualmente, isso evoluiu para o grande grupo de *amigos virtuais*, potencializando, de maneira exponencial, a competição interpessoal.

Portanto, muitos se conectam para saber quem fez mais coisas interessantes, postou mais fotos ou tem mais conhecidos; ou seja, as redes sociais se transformaram em um verdadeiro *termômetro social* de aceitação (ou rejeição).

Dessa forma, uma pessoa pode descobrir facilmente se foi ou não convidada para um evento, isto é, se foi ou não deixada de lado pelo seu grupo de referência. Assim, os sentimentos negativos também se tornam parte integrante do FOMO, pois a noção de exclusão é ainda mais impactante.

Agora, lamentavelmente, não apenas o indivíduo sabe que foi excluído, mas também todo o grupo, o que gera sequelas emocionais ainda maiores.

CONCLUSÃO

Uma das melhores formas de se combater o *receio de estar perdendo algo* é aprender a questionar o que efetivamente se deseja como sinônimo de convivência social.

Antes de compartilhar algo nas redes sociais, pare e pense se aquilo *realmente* expressa o que você deseja mostrar. Se existe real prazer em dividir ou se essa escolha é apenas uma estratégia para assegurar maior reconhecimento social.

Não conseguir deixar de lado um *smartphone* e olhar as atualizações continuamente nas mídias sociais pode ser indicativo de outros problemas, como baixa autoestima, depressão ou até o vício em internet.

Lembre-se de usar a tecnologia a seu favor. Desconecte-se dela sempre que possível e, preferencialmente, conecte-se com sua vida real. Saber lidar com a tecnologia no século XXI seguramente será um de nossos maiores desafios.

60
FILHAS TORNAM O CASAL MAIS SUSCETÍVEL À SEPARAÇÃO

Não é de hoje que se acredita que uma relação conjugal está mais protegida com a presença de filhos, em vez de filhas. Ter meninas, segundo alguns estudos de economia e sociologia, poderia ser fator de risco para o término de muitos relacionamentos instáveis.

Tal opinião tem base na premissa de que o pai sempre exibe uma preferência natural ao menino; ou seja, ter filhas, em vez de filhos, tornaria uma relação mais vulnerável às dissoluções em situações de crise.

Alguns estudos anteriores demonstraram que casais que têm meninos estão, de fato, mais propensos a permanecer em um casamento conturbado em comparação àqueles que têm meninas.

Porém, olhando para além dos aspectos econômicos e sociológicos apontados, o que efetivamente faria um casal com filhas estar mais sujeito a uma separação?

Em outra investigação, realizada na Duke University (publicada na versão *on-line* do periódico *Demography*), foi apontada uma possível razão para isso. Segundo os pesquisadores, as meninas são biologicamente mais resistentes que os meninos e podem ser mais capazes de superar as situações de estresse.

A evidência epidemiológica sugere que a *vantagem* de sobrevivência feminina já começaria, inclusive, no útero. Com embriões mais vigorosos, as meninas são mais capazes de suportar as pressões da gravidez, incluindo as tensões causadas por conflitos em um relacionamento. Parte da explicação se daria, portanto, pela robustez dos embriões femininos.

Tanto é procedente tal afirmativa que, durante todo o curso de uma vida, as meninas (e as mulheres) são geralmente mais resistentes do que os meninos (e os homens), o que faz as estatísticas mostrarem, por exemplo, que pessoas do sexo masculino morrem em proporções maiores do que as do sexo feminino.

Outro ponto levou os pesquisadores além das questões relacionadas ao divórcio. Veja que interessante. Tomando por base a análise de dados de uma amostra nacional de residentes dos Estados Unidos, em um período que compreendeu 31 anos (de 1979 a 2010), descobriu-se que o nível de conflito no relacionamento em determinado momento da vida de um casal também pôde prever o sexo das crianças nascidas em momentos posteriores.

Assim, mulheres que relataram níveis mais elevados de desavenças conjugais eram as que mais provavelmente, nos anos seguintes, dariam à luz meninas, em vez de meninos.

Portanto, o maior índice de separação de casais com meninas se deve, efetivamente, a um forte componente biológico. Possivelmente, pais insatisfeitos "intuam" o maior preparo biológico das filhas para situações de tensão, o que os torna mais inclinados à separação nos momentos de adversidade familiar se comparados aos casais que têm meninos.

Curiosos esses achados, não? Não aprendemos uma vida inteira que a mulher seria, na verdade, o sexo frágil? Parece que não.

Eu sei que os resultados podem parecer provocativos (ou até reducionistas), mas é a ciência explicando grande parte de nossos comportamentos.

61
A PSICOLOGIA DA MAQUIAGEM

A maquiagem tem estado muito presente na história da humanidade. Os primeiros registros de seu uso datam de aproximadamente 3000 a.C., quando os antigos egípcios usavam fuligem e outros produtos naturais para criar suas imagens.

Registros indicam que os homens de Neandertal usavam pigmentos coloridos há 75.000 anos, sugerindo que, possivelmente, a pintura do corpo tenha surgido antes mesmo das vestimentas, tendência observada atualmente em algumas tribos indígenas.

Embora possamos falar bastante a respeito desse e de outros recursos de embelezamento, a pergunta que mais nos interessa é: de onde teria surgido tal conduta?

A resposta mais imediata seria "tornar as mulheres mais bonitas", certo?

Pois bem, embora isso também seja verdade, todo comportamento atual deve ser sempre analisado antes sob uma perspectiva evolutiva. Assim, qual função esse recurso teria exercido para os nossos ancestrais?

Essa pergunta pode nos dar uma boa pista. Vamos lá?

No reino animal, por exemplo, a juventude é anunciada por alguns sinais físicos. Assim como um pavão que exibe sua plumagem, as fêmeas sempre usaram a juventude para convencer os parceiros de que eram uma boa escolha para gerar uma prole saudável e diferenciada, levando adiante os genes do macho.

Entre seres humanos, contudo, esses sinais, ainda que presentes, são menos perceptíveis. Estudos têm demonstrado que o rosto da mulher, por exemplo, torna-se mais bonito (para ambos os sexos) durante a fase fértil do seu ciclo menstrual.

Assim, como não temos as penas do pavão, usamos (além de roupas e um bom penteado) uma boa maquiagem, pois ela tem como princípio *exagerar* os sinais de fertilidade e disponibilidade, tornando a mulher mais atraente aos olhos do outro.

Você sabia, por exemplo, que o sexo feminino, em contraste com o masculino, tende a ter uma pele mais escura em torno dos olhos? Estudos conduzidos em Gettysburg College, na Pensilvânia, demonstraram que, quanto mais escuros estão os olhos em relação ao restante do rosto, mais atraente uma mulher parece, pois aparenta ser mais jovem. Assim, provavelmente, surgiram o rímel e a sombra.

Veja que interessante. Um *site* de relacionamentos chamado Zoosk analisou uma amostra de 1,2 mil perfis de mulheres e descobriu que aquelas que usavam sombra receberam 139% mais contatos do que as que não usavam.

Assim como acontece com os olhos, descobriu-se que as mulheres têm a coloração da boca mais escura que a dos homens. Desse modo, manipular a aparência dos lábios para que pareçam mais escuros deixa a mulher mais atraente. Além disso, quando está no período mais fértil (com maior concentração do hormônio estrogênio), ela tende a ter os lábios mais vermelhos, pois há um aumento do fluxo sanguíneo. Possivelmente, essa é uma das funções do batom (e também do *blush*): exagerar os sinais de fertilidade e vitalidade.

De acordo com um novo estudo da University of Manchester, os homens olham para uma mulher com lábios vermelhos por 7,3 segundos a mais. Caso a coloração do batom seja rosa, ela será capaz de prender a atenção de um homem por 6,7 segundos a mais do que se não estiver usando batom.

Já na pesquisa do *site* Zoosk, o batom veio em segundo lugar na preferência dos homens. As mulheres que usavam batom receberam 119% de avaliações positivas a mais do que aquelas que foram fotografadas sem batom.

Enfim, não são apenas as cores mais fortes que fazem alguma diferença, mas também a cor do rosto como um todo. Como a pele envelhece, naturalmente tende a se tornar mais descolorida, pois os efeitos do sol, somados a eventuais cicatrizes, criam um inevitável desgaste. Portanto, quanto mais uniforme for o tom de uma pele, mais juventude uma pessoa demonstrará ter. Daí, possivelmente, a função da base: homogeneizar a coloração.

Além dos sinais de juventude e de vitalidade, em um estudo da Procter & Gamble descobriu-se que os homens classificam as mulheres maquiadas como mais confiantes e inteligentes. Assim, usar maquiagem torna-se um bom recurso para ampliar as chances de obter prestígio e sucesso profissional.

Embora existam as funções biológicas dessa prática de autocuidado, conforme mencionei anteriormente, acredito que também exista uma grande pressão social para que as mulheres se tornem cada vez mais jovens e atraentes.

Dessa forma, o envelhecimento é diariamente combatido por nós (consciente ou inconscientemente) e por todos que estão à nossa volta (nem vou mencionar a mídia). Plásticas e mais plásticas, dietas exageradas, rotinas insensatas de exercícios físicos são usadas como formas de reverter aquilo a que nossa biologia inevitavelmente nos conduz.

As pessoas esquecem, entretanto, que é exatamente com a passagem do tempo que nos tornamos mais seguros e mais aquietados, e, principalmente, conseguimos guiar nossa vida com mais parcimônia. Isso ocorre porque dependemos menos das avaliações sociais e descobrimos, de fato, aquilo que nos faz bem. Portanto, nossas manchas e nossas rugas atestam, ao contrário do que muitos pensam, nossa capacidade de viver cada vez melhor.

Embora eu seja homem e, definitivamente, não entenda nada de maquiagem, eu lhe digo: goste-se, cuide-se e jamais perca a mão de sua vaidade. Há uma linha muito tênue que separa o cuidado do exagero, o belo do caricato. Afinal, de qual grupo você deseja efetivamente participar?

Não posso concluir sem deixar de mencionar a frase de Kahlil Gibran, que reflete muito do que penso a respeito disso tudo: "A beleza não está na cara; a beleza é uma luz que vem do coração".

A PSICOLOGIA DA MAQUIAGEM

62
A CONSTRUÇÃO DA IMAGEM CORPORAL

O reconhecimento de que temos uma imagem corporal tem seu início marcado no século XVI, quando Ambroise Paré relatou a existência de experiências estranhas em pessoas que haviam sofrido algum tipo de amputação física. Segundo o autor francês, uma espécie de alucinação fazia os indivíduos sentirem o membro extraído como se ele ainda estivesse presente, gerando sensações concretas de sua existência, como a de movimento ou até coceiras.

De lá para cá, embora algumas pesquisas tenham se debruçado sobre o tema, sua compreensão ainda é marcada por muita ambiguidade.

Atualmente, sabe-se que a imagem corporal não é decorrente apenas da biologia, como afirmou o autor séculos atrás, mas também sofre expressiva interferência social e emocional em sua construção.

IMAGEM CORPORAL

A representação que temos de nós mesmos é, segundo pesquisas, uma organização de vários elementos, ou seja, é decorrente da interação de nossos processos biológicos, somada às nossas emoções e mesclada aos nossos sentimentos.

Assim, não sei se você se deu conta, mas essa imagem corporal da qual falo é profundamente subjetiva (não concreta) e afeta de modo dramático a maneira como nos enxergamos fisicamente.

Isso quer dizer que a satisfação com a forma física passa diretamente pelos filtros das percepções, dos pensamentos e dos sentimentos, o que altera, obviamente, a forma como nos relacionamos com as pessoas à nossa volta.

Moral da história: o conceito que temos sobre nosso corpo físico é mutável o tempo todo, pois se trata de um processo dinâmico.

Também é por essa razão que, em certos dias, ao olhar no espelho, (até) gostamos do que vemos, enquanto, em outros, a imagem refletida é disforme, causando-nos vergonha e aversão.

O QUE FAZER?

A boa notícia é que podemos interferir na construção dessa imagem corporal, pois, no final das contas, esse é um conceito totalmente simbólico e pessoal. Assim, *interferir* positivamente para se sentir mais atraente não diz respeito apenas à perda de peso, mas também a procurar alterar outros aspectos da vida, ou seja, quanto mais estável emocionalmente estivermos, melhor e maior será a satisfação que teremos com nosso corpo (tradução: o conceito de beleza é predominantemente subjetivo).

A má notícia, no entanto, é que a maioria quase absoluta das pessoas ainda acha que se sentir melhor com seu corpo inevitavelmente passa por rotinas militares em academias, regimes insanos ou até plásticas sucessivas (no Brasil, somos campeões mundiais desse tipo de intervenção, caso você ainda não saiba).

Nem de longe estou dizendo que não devemos realizar alguma atividade física, zelar por uma alimentação saudável ou nos submeter a algum tipo de cirurgia caso exista indicação real. O que enfatizo, na verdade, é que talvez estejamos destinando esforços à mudança na dimensão errada.

Se você ainda pensa que irá gostar mais de seu corpo e deixá-lo mais bonito apenas e tão somente cuidando dele, sinto informar, mas a pesquisa científica afirma que você pode estar profundamente equivocado e, no fim das contas, não encontrar satisfação alguma.

Quando se tenta melhorar a imagem do corpo apenas emagrecendo, corre-se o risco de sentir que nunca se faz o suficiente. Está aí a anorexia nervosa para atestar um pouco do que estou falando; ou a vigorexia – prática exagerada de atividade física –, uma vez que a pessoa sente nunca atingir o suficiente em musculatura e vigor físico.

AFINAL, ONDE ESTARIA O PROBLEMA?

Vamos voltar ao começo? Eu não disse que a imagem corporal é uma construção subjetiva e envolve não apenas as dimensões do corpo, mas também a forma como lidamos com nossas emoções e sentimentos?

Pois bem, para uma parcela bastante expressiva das pessoas, compreender e manejar aquilo que sente é um problema dos mais graves. Muita gente ainda tem um conhecimento psicológico muito rudimentar a respeito de si mesmo (p. ex., aquilo que lhe faz bem, aquilo que lhe faz mal, quais são seus pontos fracos, o que precisaria desenvolver em sua personalidade, etc.).

Como trabalhar com essa subjetividade não é uma empreitada das mais simples, as pessoas, inconscientemente, tentam focar apenas o controle do corpo, procurando deixá-lo mais belo como forma de atingir o bem-estar, pois, em tese, o corpo é mais manejável (ou controlável) que as emoções.

Entretanto, ocorre um grande equívoco. A insatisfação com o corpo, na verdade, tem origem muito mais nos aspectos emocionais do que nos aspectos físicos da experiência. Assim, muitas vezes, o trabalho para a melhoria das medidas do corpo se torna ineficaz e raras vezes aparenta ter fim.

Isto é, como muitas pessoas nunca se sentem satisfeitas emocionalmente, tem início a peregrinação da mudança física como forma alternativa de trazer de volta o bem-estar psicológico perdido ou nunca alcançado.

Ficou mais claro agora? Tentar mudar o corpo como forma de se sentir mais atraente pode se revelar pouco eficiente no fim das contas.

Uma pesquisa norte-americana conduzida pelo Consumer Reports National Research Center perguntou a 1.328 psicólogos como eles tratavam a perda de peso de seus pacientes.

A resposta dos profissionais, em 44% das vezes, foi: "Compreender e gerir as emoções é essencial para buscar o emagrecimento". Além disso, em 43% das vezes, o *comer emocional* foi apontado como a principal barreira à perda de peso e à satisfação com seu próprio corpo. Entre os entrevistados, 92% concluíram que, para se produzir bem-estar físico, é necessário, inevitavelmente, trabalhar antes com as questões emocionais dos pacientes.

CONCLUSÃO

Algumas dicas podem lhe ajudar a ficar fisicamente mais bonito e atraente aos seus próprios olhos:

1. Procure estabelecer uma rotina que traga mais satisfação. Assim, corra atrás de alguns sonhos que o cotidiano se encarrega de levar embora. Não deixe de lado outras coisas que lhe dão prazer, como algum *hobby* que lhe ocupe e traga realização.
2. Estabeleça relações de maior confiança com algumas pessoas e fale de suas inseguranças e inquietudes. Quando temos alguém mais próximo à nossa volta, inevitavelmente nos sentimos mais protegidos e confiantes. Obviamente, isso reflete na satisfação que temos ao olhar no espelho. Procure recordar de situações em que você estava muito satisfeito e feliz em sua vida. Posso apostar que, nesses momentos, sua "beleza física" não teve muito apelo para a realização que você estava vivendo. Portanto, mude o foco enquanto é tempo.
3. Entenda que a vida é uma sucessão de períodos que se alteram e se entrelaçam, ou seja, sempre vivemos momentos de maior vigor intercalados com momentos de menor vitalidade física – o que é parte de nossa biologia. Portanto, trabalhe para que você possa se sentir belo, mas não deixe que isso ocupe espaço demasiado em sua existência. De fato, a beleza, dizem os filósofos, os terapeutas e os cientistas, relaciona-se muito mais com o jeito como vivemos do que com a forma física que adquirimos.

Pense e reflita. Tenho certeza de que, dessa forma, a vida e você mesmo poderão lhe parecer muito mais belos.

63

BREAKING POINT: ENTENDENDO A CRISE PSICOLÓGICA

Tão velha como a história da humanidade, talvez seja a história da crise psicológica. Desde o momento em que nos tornamos inteligentes, a consciência de que *algo* dentro de nós não vai bem nos acompanha. Registros bíblicos, bem como o Alcorão, já descreveram entre os primeiros seres humanos a manifestação de questões que teriam assolado seu espírito e os colocado em estado de desequilíbrio.

Ter comido o fruto proibido fez Adão e Eva serem expulsos do Jardim do Éden e, ao que tudo indica, terem se tornado mais lúcidos, o que teve uma consequência impactante, segundo apontam algumas escrituras.

Embora existam algumas centenas de explicações derivadas das teorias da psicologia moderna, creio que aprender a manejar os momentos de crise seja uma das habilidades mais importantes para assegurar nosso equilíbrio emocional.

Mas, em primeiro lugar, o que é uma crise? A palavra *crise* deriva do grego, *krisis*, que em português significa decisão, distinção, separação. Isto é, a crise se manifesta sempre que há necessidade de alguma mudança ou decisão a ser tomada.

SENTIR OU NÃO SENTIR?

Em termos bem simplistas, eu diria que vivemos uma adversidade psicológica ou uma crise quando nosso pensamento não consegue explicar o que sentimos. Vamos novamente: sempre que nossas emoções não conseguem ser interpretadas de forma clara por nossa lógica pessoal, saímos momentaneamente de nossa zona de conforto, ficando em descontrole.

Como nosso sistema de valores e crenças é construído desde que somos muito pequenos, lidar com circunstâncias que negam (ou anulam) nossa lógica interna torna-se perigoso, pois coloca em risco nossa integridade emocional. Já imaginou ter de viver sentindo coisas que não podem ser explicadas? Possivelmente nos tornaríamos confusos e perdidos. Assim, sempre buscamos situações previsíveis, que não confrontem nossas premissas mais básicas, o que nos faz evitar momentos de contrariedade e vulnerabilidade.

Por isso, sempre que somos visitados por emoções desconfortáveis, em primeiro lugar fugimos das situações que as evocam e procuramos não pensar nelas, para nos anestesiar momentaneamente e ter tempo de acomodar as novas informações. Muitas vezes, como não conseguimos controlar ou compreender os sentimentos, tentamos exercer algum controle sobre o meio ambiente, como forma de reduzir o mal-estar (comprando exageradamente, bebendo em excesso, apenas para enumerar dois exemplos).

Como a realidade externa muda mais rápido do que nossa capacidade de adaptação a ela, uma crise psicológica apenas indica que valores e crenças estão atrasados (ou desatualizados) e precisam urgentemente de revisão.

MUDAR OU NÃO MUDAR?

Outro elemento muito presente na crise psicológica é a confrontação com as situações de mudança imediata. Ter a consciência de que *algo* não vai bem seria um passo adiante em relação às situações anteriormente descritas, em que nem temos ainda percepção do que nos faz mal. Entretanto, é nessa fase que muitas pessoas simplesmente batem em retirada, esquivam-se das perguntas sem respostas, pois não conseguem estruturar mentalmente como seria sua vida após o período de modificação.

BREAKING POINT: ENTENDENDO A CRISE PSICOLÓGICA

Nesse momento, não é raro nos depararmos com indivíduos que adentram em uma condição de impasse psicológico e vivem assim por anos a fio. Apesar de seu entendimento, ficam sem se mobilizar na direção desejada. Esses são os candidatos mais indicados à psicoterapia. Entretanto, são os que mais se esquivam dela.

SERIA SIMPLES ESSE PROCESSO?

Ingenuidade de quem acha fácil mudar. Engana-se quem acredita que transformar nossa lógica ou entrar em contato com nossas verdadeiras emoções seja um processo simples e indolor. Einstein, a esse respeito, afirmou certa vez que seria mais fácil desintegrar um átomo do que mudar a opinião de alguém.

Assim, um dos aspectos que mais denota maturidade emocional é a capacidade de aprendizagem de cada um. Lidamos cotidianamente com pessoas que são impactadas por circunstâncias prejudiciais e sofrem por longos períodos, pelos mesmos motivos e, definitivamente, não mudam. Insistem em continuar pensando e reagindo sempre da mesma maneira. Einstein, novamente, colabora com outra premissa ao dizer que muitas pessoas se comportam sempre da mesma forma, mas esperam resultados diferentes.

Entretanto, para outros indivíduos, com maior capacidade de mudança, mais maduros e sensatos, bastam poucas ocorrências desfavoráveis para que a lição seja, de uma vez por todas, aprendida. Para essas pessoas, a crise se apresenta como nova oportunidade de crescimento, enquanto para as anteriores, apenas como sofrimento.

CONCLUSÃO

Dessa maneira, em vez de nos defendermos das crises e dos momentos de dor, deveríamos agradecer aos acontecimentos desastrosos, pois é apenas a partir deles que temos a possibilidade de rever nossa estrutura e nos tornarmos mais robustos.

Flertar com o abismo e com o desconforto emocional, embora muitas vezes seja desgastante, possibilita considerar a vida a partir de novas premissas.

E, o mais importante, nunca tenha receio de tomar decisões.

Nossa vida é semelhante à natureza, isto é, momentos de expansão são intercalados por momentos de recolhimento, a exemplo das estações do ano. Assim, em certas fases, estamos mais introvertidos e recolhidos, enquanto em outras ficamos mais ágeis para as decisões e o enfrentamento. Agradeça, portanto, a seus momentos de angústia, pois por meio deles você tem o privilégio de rever-se. Em vez de fugir e se esquivar, pergunte-se sempre: o que esta situação negativa está tentando me ensinar? Ou ainda: o que, efetivamente, estou evitando aprender?

Perceba que os dilemas que sofremos são muito semelhantes. As dificuldades se apresentam de forma sempre muito parecida; em momentos distintos, mas sempre com as mesmas bases. Assim, não espere que uma crise maior ocorra para iniciar seu processo de transformação interna.

"A mente que se abre à nova ideia jamais voltará ao tamanho original" (Einstein).

64

POR QUE AS PESSOAS MAIS ENGRAÇADAS SÃO, MUITAS VEZES, AS MAIS TRISTES?

Não é de hoje que nos deparamos com pessoas em nosso cotidiano que, conhecidas ou não, sempre estão muito animadas e se mostram bastante hábeis em evocar nos outros sentimentos de alegria e de diversão.

Particularmente, eu já soube um pouco mais a respeito de algumas delas, e o que mais me chamou atenção foi o fato de que uma parcela expressiva, em sua vida privada, convivia mais com sentimentos de tristeza e angústia do que, propriamente, o contentamento que tanto demonstravam em público.

Como profissional da psicoterapia, fiquei curioso com essa *ambivalência de humores* e fui averiguar se existia alguma pesquisa que tentasse explicar esse estado artificial de animação. Localizei alguns poucos estudos que haviam se debruçado sobre o tema, mas devo confessar que fiquei bastante surpreso com alguns achados. Quer saber?

Veja só. Uma pesquisa realizada pela University of Oxford – "Traços psicóticos em comediantes" –, investigou 523 comediantes e os comparou a um grupo-controle composto por 350 pessoas (não comediantes). Sabe o que descobriram? As pessoas que passeavam pelo humor apresentaram elementos criativos e *jeito de pensar* (estilo cognitivo) muito semelhante a pessoas com psicose, esquizofrenia e transtorno bipolar, segundo Gordon Claridge, do departamento de psicologia experimental da universidade. Segundo o pesquisador, muitas vezes, os comediantes utilizam seu ato cômico como uma forma de lidar com as agruras e inquietudes pessoais.

Em outra pesquisa, intitulada "A relação do humor com a depressão e a personalidade", publicada no *Psychological Records*, foi avaliada uma amostra de 38 homens e 90 mulheres, todos eram estudantes universitários. Os resultados? Novamente se encontrou uma forte correlação entre a construção do humor e a depressão.

Por fim, encontrei uma terceira investigação que buscava estabelecer a possível relação entre o humor (de uma amostra de adolescentes) e a depressão. Os autores sugeriram que o humor dessas pessoas pôde ser compreendido, muitas vezes, como alternativa para lidar com a depressão interior.

Precisamos ver esses dados com cautela, obviamente, pois nem sempre as pessoas mais animadas flertam com a falta de sentido e a tristeza, se comparadas ao resto da população. Entretanto, as pesquisas sugerem que, possivelmente, existe alguma relação entre fazer humor e o estado depressivo.

Pensando aqui comigo, creio que, ao fazermos piada a respeito de nosso próprio desgosto, usamos de um pequeno recurso para aliviar os embates que compõem a tragédia cotidiana humana e assim nos tornamos um pouco mais soberanos ao sofrimento. Quem sabe?

"O humor é necessário para a vida humana." ("Ludus est necessarius ad conversationem humanae vitae") – São Tomás de Aquino.

65
POR QUE A DEPRESSÃO ESTÁ ENTRE NÓS?

Atualmente, a depressão é considerada uma das doenças mais impactantes, atingindo uma em cada quatro pessoas. Segundo a OMS, essa será a patologia que mais incapacitará indivíduos em 2020.

Mais de 120 milhões sofrem com ela no mundo, e estima-se que, apenas no Brasil, já sejam 17 milhões os acometidos pela doença.

Não se sabe exatamente quais seriam as causas da depressão. Entretanto, sabe-se que ela é multifatorial, ou seja, tem componentes genéticos, biológicos e ambientais. Uma pessoa que, por exemplo, tenha registro em sua família de algum caso de depressão apresenta mais chances de manifestar a doença em sua vida.

Como clínico da psicoterapia, tenho pensado muito em como a vida atual (e os aspectos ambientais) poderiam estar contribuindo para o desenvolvimento da depressão.

Veja só, não temos relatos de que a doença fosse tão recorrente em épocas passadas. Eu sei que antigamente, talvez, ela não fosse ainda tão notória – uma vez que não havia um conhecimento tão estruturado sobre o assunto nem formas tão claras de diagnóstico e rastreamento –, fato que daria a falsa noção de que não estava entre nós. Entretanto, é possível que fosse impactante, mas de maneira mais silenciosa.

Contudo, vejamos: dificilmente, no começo do século passado, as pessoas eram assoladas com preocupações na proporção das que vivemos hoje. Pense comigo: será que nossos bisavós gastavam, em média, uma hora para chegar ao trabalho? É bem possível que não. E a volta para casa? Seria circundada por mais trânsito caótico após um longo dia de atividades? Possivelmente também não.

Será que eles ficavam preocupados de maneira aflitiva com a possibilidade de um assalto iminente como ocorre hoje em dia? Provavelmente não.

É possível que nossos antepassados retornassem logo no fim da tarde para casa, onde se relacionavam com a família, dividiam algumas tarefas domésticas e, na hora de ir para a cama, não tinham tanta dificuldade para dormir – por vezes pouco e mal –, a exemplo de como se vive atualmente, nos grandes centros.

Inclusive, após uma noite reparadora, possivelmente nossos antepassados se levantavam da cama bem mais animados, uma vez que não eram atormentados pelos celulares e *tablets* que apitam a noite toda. Também é possível que tomassem café com mais tranquilidade antes de sair para o trabalho, sem estarem já amargurados e aflitos por *e-mails* ou mensagens de texto que teriam recebido, antes mesmo de sair da cama, anunciando problemas que os aguardavam nas empresas.

Possivelmente, eles também não estavam tão apreensivos com as contas do cartão de crédito e com as pendências financeiras que cairiam no fim do mês, pois a mobilidade econômica para outras camadas sociais era praticamente inexistente. Assim, o sentimento de inferioridade e de incapacidade talvez os visitasse com menor proporção, pois se satisfaziam com aquilo que tinham.

Não havia também tanta pressa para viver, ainda que a expectativa de vida fosse menor, se comparada à que temos atualmente.

Talvez não houvesse tanta pressão no trabalho nem competição para mais resultados, alianças contra colegas e avaliações psicológicas que cotidianamente apontassem suas falhas ou "talentos" não desenvolvidos. Além disso, provavelmente não havia imposição para fazer um MBA, pois era comum permanecer em um mesmo cargo por anos a fio até que, em determinado momento, a promoção naturalmente acontecia.

Nossos antepassados também não sabiam da importância de se fazer alguma atividade física. Assim, não lhes pesava a obrigação de fazer algum tipo de exercício ou *spinning* em uma academia, três vezes por semana, com um professor que grita mais alto que a música que embala a atividade (e, possivelmente, mais alta do que a turbina de um avião). Isso decorre do fato de que não se preocupavam tanto com as medidas corporais, visíveis nas barrigas ou nas celulites, e os trajes de banho usados nas praias mais cobriam que mostravam.

Não havia imposição social tão grande para atingir um corpo perfeito. Eles eram aquilo que, em sua genética, herdavam, sem culpas, constrangimento ou frustrações.

Provavelmente, nossos antepassados também não tinham tantos problemas com os filhos. Sabia-se da autoridade dos pais e ninguém imaginaria desafiá-la. Não ouviam sobre usar a ritalina para tratar déficit de atenção ou sobre o *bullying* que seus filhos estariam praticando ou sofrendo. Possivelmente, por se relacionarem mais com a prole, sua presença conseguia aquietar as inseguranças infantis e juvenis, deixando de empurrar o problema para as escolas. Também naquela época, possivelmente, as mães não tinham crises de identidade por não colaborarem economicamente com as contas da casa.

Finalmente, as pessoas casavam e ficavam com a mesma pessoa por muito mais tempo, pois as separações eram coisas muito mais raras, o que com certeza lhes trazia menores níveis de inquietude pessoal. Simplesmente se ficava casado.

Assim, creio que a pressão de ontem era imensamente menor, e as pessoas viviam com aquilo que a realidade lhes disponibilizava. Talvez, muitas vezes estivessem descontentes com suas limitações, mas é provável que mais pacificadas em relação às suas possibilidades.

Com menos tensão interna, um sono mais reparador e relações interpessoais mais estáveis, possivelmente sofressem menos de estresse. Isso fazia seus organismos não se sentirem tão agredidos, o que resultava em uma busca por alimentos menos calóricos. Portanto, é possível que tivessem uma relação mais saudável com a comida e, ainda que comessem praticamente de tudo, não havia restrições, de modo que não sofriam tanto com a obesidade como hoje em dia.

Ao olhar para nosso cotidiano e para a vida que levamos, não seria surpresa que a depressão, mais dia ou menos dia, batesse à nossa porta.

Vivemos infelizes na maior parte do tempo, incompletos, pressionados, insatisfeitos e, o pior de tudo, profundamente angustiados. A pergunta que lhe faço, portanto, é: você realmente acha que é possível viver assim? Obviamente não. A evolução não nos preparou para viver da forma como a realidade moderna permite. Assim, talvez esteja na depressão uma das poucas respostas que o organismo humano ainda consegue dar à falta de perspectiva, de sentido e de controle sobre a vida.

A depressão, com a sua anedonia característica – a incapacidade de extrair prazer e satisfação das coisas –, está aí, com certeza, para sinalizar algo.

"É a depressão que você sente quando o mundo como é não se alinha com aquilo que você acha que deveria ser" – John Green.

Faça algo por você e por sua vida, em vez de sentir-se apenas vítima de uma existência desgovernada.

Reinvente-se. As escolhas estão aí exatamente para cumprir esse papel.

66
ALTERAÇÕES CLIMÁTICAS PROVOCAM IMPACTOS PSICOLÓGICOS

Sabe-se que toda mudança climática apresenta efeitos contundentes em nosso cotidiano. Entretanto, embora tenhamos o hábito de associar desastres naturais a enchentes, secas ou terremotos, um documento intitulado *Beyond Storms & Droughts: The Psychological Impacts of Climate Change* (em tradução livre, *Além de tempestades e secas: os impactos psicológicos das mudanças climáticas*), publicado pela American Psychological Association e pela Ecoamérica, alerta para repercussões não perceptíveis, embora não menos impactantes, que afetam nosso bem-estar psicológico.

Quem já não passou por uma chuva torrencial enquanto andava ou guiava o carro e experimentou apreensão ou medo incontrolável, levando tempo até conseguir superar as lembranças negativas da situação?

Pois bem, esse relatório se debruça exatamente sobre tais questões, mas vai além.

Veja só que interessante. Estatísticas mostram, por exemplo, que o aumento ou a diminuição de temperatura está diretamente associado a uma maior procura de serviços de saúde mental, pois tais alterações climáticas provocam grande estresse em pessoas mais frágeis (como em crianças e indivíduos na terceira idade). Além disso, representam uma carga adicional de atenção que recai sobre os respectivos cuidadores, os quais necessitam, por sua vez, dispor de mais cautela e precaução na transferência de seu zelo, impactando sua rotina.

As evidências não dizem respeito apenas aos países de clima mais extremo, onde as mudanças são mais severas, mas também afetam localidades com temperaturas estáveis e amenas.

Um ponto levantado diz respeito ao fenômeno denominado *solastalgia* – o qual pode ser descrito como a percepção de modificações do entorno físico decorrentes das mudanças meteorológicas.

Imagine, por exemplo, as oscilações que são vivenciadas por uma pessoa em casos de inundações repentinas. O fenômeno psicológico experimentado caracteriza-se pelos sentimentos de perda, choque e desolação. As consequências emocionais também se manifestam em ambientes com mudanças ambientais mais lentas, como em secas prolongadas, a exemplo de como acontece no Nordeste do Brasil.

Nas condições em que as alterações se mostram irreversíveis, como em ambientes afetados pela elevação progressiva das marés ou pelo aumento dos níveis de um rio, foi apontada a ocorrência de sentimentos de desesperança, frustração e fatalismo. Na literatura, tais episódios são denominados ecoansiedade (*ecoanxiety*) e são responsáveis, muitas vezes, pelo aparecimento de quadros de depressão, pois evocam sentimentos de falta de controle e resignação ante uma condição em relação à qual nada pode ser feito.

Outra variável apontada com frequência é a sensação da perda da autonomia. Imagine, por exemplo, os inconvenientes causados pelo frio ou pelo calor extremos, limitando nossa movimentação ou, ainda, danificando propriedades ou moradias, com danos, muitas vezes, irrecuperáveis (vamos nos recordar de que muitas pessoas simplesmente não têm recursos para reconstruir sua vida).

O relatório também aponta a perda de outra dimensão psicológica, denominada identidade pessoal. Certos objetos, como fotografias ou presentes, carregam um forte valor simbólico-afetivo e, muitas vezes, são perdidos em mudanças climáticas abruptas.

O impacto psicológico dessas oscilações pode ser tão drástico a ponto de levar ao desenvolvimento de estresse pós-traumático em certos indivíduos. O relatório apontou forte correlação entre episódios dessa natureza e consumo de álcool e drogas, bem como o aumento das taxas de suicídio.

Assim, da próxima vez que a televisão mostrar alguém recebendo ajuda por ter sido impactado pelo tempo e suas mudanças, lembre-se de que, além de bens patrimoniais, pode existir o sentimento de ter sido psicologicamente devastado pelo acontecimento.

Infelizmente, nossa vida emocional é muito frágil e bastante suscetível a qualquer tipo de alteração mais brusca, seja derivada das relações humanas, seja advinda do clima.

Assumindo que as previsões de mudança se concretizem no que diz respeito ao aquecimento global, ao degelo nos polos, ao desmatamento da Amazônia, à falta de chuva no Sudeste, etc., o que seria de nosso equilíbrio emocional? Como se já não bastassem os problemas do cotidiano, não é mesmo?

Seria bom ficar atento!

67

COMPREENDENDO A REJEIÇÃO PESSOAL

Como psicoterapeuta, percebi ao longo da carreira que um dos maiores motivos – se não o maior – que traz pessoas à terapia é o fato de, em algum momento de sua vida, terem vivido algum tipo de experiência envolvendo rejeição.

Filhos em relação aos seus pais, jovens em relação aos amigos, adultos em relação a seus parceiros afetivos ou ao grupo de trabalho. Não importa o contexto, permeando essas narrativas, sempre há a percepção de não ter sido considerado de maneira satisfatória por alguém.

Como na maioria dos fatores que explicam a essência dos comportamentos, possivelmente aqui também encontramos a necessidade de ser aprovado pelo grupo como originária de bases biológicas.

Voltando ao nosso passado distante, época em que vivíamos em um ambiente hostil, ser aceito pelo bando nos assegurou a possibilidade de viver mais e melhor. Estar próximo ao grupo, por exemplo, assegurou-nos melhor alimentação, procriação facilitada e, finalmente, proteção.

Atualmente, sabe-se que os três fatores unidos criaram em nosso cérebro um mecanismo automático – semelhante ao desejo de satisfazer nossas necessidades fisiológicas – acionável em situações nas quais alguma ameaça é percebida. Assim, quando o sistema mental emite esse *alerta*, o indivíduo busca rapidamente a reunião com o bando e desativa o sistema de busca de proteção.

Dessa forma, inclusive hoje, quando é detectado algum risco de não ser integrado à equipe, o sistema dispara, informando-nos a respeito do problema a ser resolvido (a exemplo de como sempre ocorreu ao longo da evolução).

Até aqui, nada de anormal. O princípio biológico de inclusão no grupo sempre cumpriu seu papel de maneira exemplar. Vale dizer que isso também ocorre com outros sistemas comportamentais, como evitar o frio, buscar o sono, etc.

Então, qual seria a ligação entre o mecanismo biológico de busca de proteção e um sentimento maior de rejeição pessoal?

Simples, eu explico.

Hoje, como não temos mais de brigar por um pedaço de comida ou proteger nosso território da invasão de animais selvagens, como acontecia com nossos antepassados, o cérebro, quando estimulado pelo desconforto, procura dar alguma justificativa ao sentimento.

Atualmente, como somos pensantes, o mecanismo comportamental não age mais solitariamente, e, assim, a mente tem necessidade de procurar *entender*, de alguma forma, a não aceitação do grupo (ou de alguém em especial).

Ao carregarmos uma série de complexos e recalques íntimos, nas situações de não integração ao grupo, acabamos ligando uma coisa à outra. Ou seja, basta que o botão do *perigo* seja acionado para que a mente gere infindáveis razões para dar sentido à experiência de rejeição.

Nesse momento, estamos sujeitos a fazer associações incorretas dos motivos. Isto é, *achamos* que não fomos aceitos por alguma razão particular e, assim, a caixa de Pandora psicológica se abre, desenterrando inquietudes de toda uma vida. "Isso [a rejeição] ocorreu porque não sou muito inteligente"; "porque estou acima do peso"; "por não ser tão desinibido"; "por não ter tanto dinheiro"; etc.

Nesse momento, não importando a justificativa que conseguimos dar à esquiva de alguém a nossa pessoa, acabamos por dar contorno ainda pior aos eventos, aumentando a sensação de inconveniência e fazendo, ao final, com que nos sintamos ainda mais inadequados.

É incrível, mas sempre temos à mão uma teoria pronta para explicar as mazelas de nossa existência.

É curioso observar esse motor interpretativo sendo desmontado na psicoterapia. Qualquer queixa de rejeição, desconsideração ou negligência social, sob uma análise cuidadosa e mais profunda, rapidamente desmorona e mostra-se um entendimento tendencioso (claro, sempre a favor do paciente). Finalmente, resultante de uma apreciação parcial e emocional dos fatos.

Em última instância, não quer dizer que não sejamos, muitas vezes, desconsiderados, mas nossa vulnerabilidade consegue deixar as vivências tão piores que, nesse momento, perdemos nossa capacidade de reagir.

Sob essas circunstâncias, um verdadeiro círculo vicioso é instaurado em nossa mente, fazendo velhos defeitos se ligarem a novos, inquietudes se ligarem a outras falhas, perpetuando de forma infindável o processo.

Resumo da ópera: mais e mais nos sentimos vítimas das situações.

Então, aqui começa o verdadeiro trabalho na clínica da psicoterapia: mostrar às pessoas que, na verdade, elas carregam uma tendência de interpretação duvidosa que precisa urgentemente ser modificada.

Ainda que as pessoas sejam hostis, elas, de fato, nos dão apenas aquilo que conseguem dar. Ao ler o mundo sob essa perspectiva, aprende-se que cada um oferece apenas aquilo que tem.

Assim, é possível que as pessoas não nos rejeitem, tecnicamente falando, mas apenas e tão somente não consigam dar aquilo que tanto precisamos. Se houver alguma falha, é mais sensato entender que, talvez, a *dificuldade* esteja no outro, não em você.

CONCLUSÃO

Da próxima vez que se sentir excluído, não permita que seus pensamentos preguem uma peça em você. Procure quebrar o ciclo das interpretações incorretas, mudando seu ponto de vista.

Tente não ocupar o papel de vítima de sua existência.

Posso apostar que, ao agir desse modo, você ficará efetivamente muito mais satisfeito com sua vida e com sua personalidade e, quem sabe, consiga até se sentir um pouco melhor.

COMPREENDENDO A REJEIÇÃO PESSOAL

Conforme já dizia um antigo ditado: "liberdade é quando não mais nos sentimos vítimas do meio ambiente".

Não dê a ninguém a força de ser responsável por seu bem-estar. Se agir assim, você não perpetuará o seu mecanismo de rejeição pessoal.

68
O EFEITO TINDER NOS RELACIONAMENTOS

Tinder é um aplicativo de relacionamentos que, ao selecionar fotos e alguns dados extraídos da conta do Facebook, permite que o usuário fique disponível para ser avaliado por interessados em um eventual relacionamento.

Em janeiro de 2016, a plataforma (Tinder) contabilizava 1,4 bilhão de mensagens por dia.

Sean Rad, diretor executivo da empresa, disse que o Tinder "veio para resolver um problema fundamental que as pessoas têm em relação à descoberta de outras pessoas". Segundo ele, uma parte expressiva das pessoas não consegue ter uma boa noção a respeito de quando alguém está, efetivamente, interessado nelas e, dessa forma, o aplicativo *resolve*, de maneira rápida e prática, o impasse situacional.

O Tinder também auxilia na quebra de outra grande barreira que, muitas vezes, precisaria ser contornada pelos que são prejudicados por elementos imponderáveis (o que dizer, como se apresentar, ser ou não mais espontâneo, etc.). Além disso, praticamente elimina alguns elementos da comunicação não verbal (gestos e posturas) que agem de maneira decisiva, influenciando positiva ou negativamente o resultado final da abordagem.

Com esses empecilhos resolvidos, o usuário ainda tem o conforto de fazer seu processo de escolha e seleção de casa ou da privacidade de seu ambiente, o que lhe transmite, obviamente, maior sensação de controle. Resumo da ópera: não precisamos mais dos ambientes físicos, caso desejemos conhecer alguém. Basta conectar-se ao aplicativo e pronto. Quase como um jogo, vamos marcando pessoas de nosso agrado até que, caso sejamos também selecionados, a conversa pode se iniciar. A mídia já noticiou amplamente a eficácia do Tinder. Algumas pessoas também me relataram a respeito das chances reais de criar novos relacionamentos por meio do aplicativo. Assim, partindo desse cenário, é possível considerarmos as questões conjugais resolvidas, certo?

"Talvez", respondo eu, pois as maiores lições do efeito Tinder são, em minha opinião, mais psicológicas do que poderíamos imaginar. Embora eu ainda não tenha formado uma ideia mais ampla a respeito da sua real utilidade, algumas questões já podem ser consideradas.

APLICATIVOS DE NAMORO PODEM SER MAIS ESTIMULANTES DO QUE AS PRÁTICAS DA VIDA REAL?

Em nossa era tecnológica, as formas de estabelecer novos laços invariavelmente passam pela internet e pelas redes sociais. Segundo um artigo publicado no *The Wall Street Journal*, de acordo com os advogados especializados em divórcio nos Estados Unidos, 80% dos casos recentes decorreram de relações que começaram *on-line*, o que inclui troca de *e-mails*, mensagens de texto e contatos frequentes pelo Facebook. Outra fonte aponta que, na França, 50% dos casos de divórcio tiveram origem nas redes sociais.

Portanto, é possível que o romantismo, elemento considerado uma das molas-mestras de qualquer relação, tenha se reduzido a algumas linhas de cantadas digitadas, mescladas com *emoticons*, que, nem de longe, captam a intensidade de nossas emoções, pois, além de reduzir nossa capacidade de expressão, não conseguem aferir o grau de aceitação do outro a nosso respeito.

A PERSONALIDADE ELETRÔNICA PODE SER POSITIVA?

Embora ela não seja real, essa identidade eletrônica é o meio pelo qual nos expressamos nas redes sociais. Essa versão psicológica de nós mesmos é cheia de vida e vitalidade, e não parece ser afetada pelas velhas regras de comportamento, trocas sociais e etiquetas do cotidiano.

Na vida digital, as pessoas se tornam, por exemplo, mais assertivas, menos contidas e, decididamente, mais desobedientes, pois a *e-personalidade* age como força que libera os indivíduos a transcenderem suas limitações, ao permitir que as inibições sejam facilmente superadas.

Assim, a personalidade eletrônica possibilita uma oportunidade para que as vivências da vida virtual se sobreponham às limitações encontradas no cotidiano. Em muitos casos, essa versão virtual complementaria a personalidade real, atuando como extensão de nossa *persona*. Tal desenvoltura poderia ser compreendida como modelo recriado (ou melhorado) de nós mesmos, uma vez que oferece um senso maior de eficiência interpessoal – algo que funciona com um "terceiro braço".

A grande questão, entretanto, é o momento no qual o encontro virtual deve ter seu seguimento consumado no mundo físico, e a dúvida, muito possivelmente, não será daquelas mais comuns que tanto temos, como decidir a respeito de qual roupa usar ou ainda que lugar sugerir, mas (aqui vem o problema) "qual" personalidade apresentar.

Devemos levar conosco uma versão de nosso perfil digital, aquele recheado de *glamour* e *selfies* realizadores – que serviu de base para que fôssemos escolhidos – ou agir de acordo com nossa personalidade real? Pois é... esse, efetivamente, é um grande impasse.

ESTARÍAMOS PERDENDO A CAPACIDADE DE INTERAÇÃO?

Se pensarmos tecnicamente, a corrida da atratividade tornou-se muito mais obra dos algarismos psicométricos de combinação do que nossa habilidade real de escolha ou de ser escolhido. Veja que, nesse caso, um programa define quem poderia nos interessar, tirando de nosso controle as possibilidades de direcionar o destino. Considerando que muitos usuários gastam uma quantidade expressiva de tempo cuidando de seus perfis nas redes sociais, aumentar o nível de atratividade pessoal se tornou praticamente fruto direto da habilidade de cada um de manejar esses perfis virtuais.

Assim, possivelmente, muitas dessas pessoas preferem julgar 50 fotos em dois minutos do que gastar 50 minutos avaliando um parceiro em potencial. Gastar 90% de seu tempo focando apenas na elegibilidade da aparência de alguém pode se revelar, ao final, um enorme equívoco.

O EFEITO TINDER NOS RELACIONAMENTOS

Acho que não seria nada mau lembrar que a originalidade e os atributos psicológicos não podem jamais ser substituídos por algum programa estatístico e que nossa personalidade ainda é uma das formas mais eficazes de se encontrar alguém. Seja ela do jeito que for.

Entenda que achar sua alma gêmea nunca pode ser reduzido a uma possibilidade algorítmica de um aplicativo da *web*.

Pense nisso.

O efeito Tinder nos relacionamentos pode ser maior do que se imagina.

69

AUTOCOBRANÇAS: COMO ANDAM AS SUAS?

Já é um clássico em várias linhas da psicologia descrever as relações infantis como causadoras de uma série de recalques e de inseguranças que nos acompanham até a vida adulta.

Concepções teóricas à parte, ao que tudo indica, além de manejar as situações do cotidiano – que por si só já nos dão um expressivo trabalho –, nossa cabeça ainda tem de se ocupar da árdua tarefa de gerenciar uma centena de complexos que roubam nossa atenção e criam, de fato, uma verdadeira enxurrada de pensamentos.

Não sei se você sabe, mas se estima que o ser humano é capaz de gerar aproximadamente 70 mil pensamentos por dia. Isso se traduziria em algo como três mil por hora ou, se você preferir ainda mais exatidão, 50 pensamentos por minuto.

Mas, excetuando as dificuldades do cotidiano, que pedem uma resolução imediata – como resolver uma pendência do trabalho ou decidir quando levar o carro ao mecânico –, nossa mente é habitada por um número expressivo de inquietudes que, simplesmente, não param.

Saiba, então, que uma parte delas advém de nossos complexos psicológicos, os quais parecem insolúveis.

Claro que não há uma explicação definitiva a respeito de suas causas, mas a biologia pode oferecer uma boa contribuição.

Eu explico.

É possível que, em nosso passado distante, época em que vivíamos em bando, houvesse necessidade de assumir o controle e obter um papel privilegiado perante os demais. Já sabemos que isso tem um nome: *macho ou fêmea alfa* – aqueles que detinham a prerrogativa de liderar.

Talvez por isso nossa cabeça fique sempre mirando nos atributos dos mais fortes, como forma de nos capacitar a seguir o exemplo de sucesso.

De qualquer forma, voltando aos dias atuais, à medida que crescemos, continuamos expostos a modelos de realização, e nossa mente, condicionada evolutivamente, ainda opera de maneira semelhante.

Ao nosso lado, é claro, sempre haverá alguém mais bonito, bem-sucedido, realizado e feliz. Assim, nossa cabeça, de maneira bastante inadvertida, vai colecionando exemplos de triunfo dos demais, ao mesmo tempo em que aumentamos nossa lista de fracassos pessoais.

Claramente, a grande maioria desses atributos não nos pertence, apenas e tão somente habita nossa consciência, sem que tenhamos muito controle sobre sua origem.

Ocorre então que, em determinado momento, um núcleo crítico se instala em nossa mente e, ao costurar os eventos de nossa realidade, começa a interferir em nosso funcionamento mental.

Dessa maneira, uma *voz* sempre nos acompanhará de forma crítica e ácida, lembrando-nos de nossas imperfeições. Basta que sejamos chamados a realizar algo novo para que uma nova ideia cruze o horizonte de nossa consciência dizendo tudo o que não somos capazes de fazer (ou que não daremos conta, que somos inferiores, feios, pouco realizados, etc.).

Para nossa infelicidade, em determinado momento, esse eixo censurador ganha tamanha força que se torna, como um rio, a calha principal das corredeiras de nossos pensamentos.

Em um nível mais extremo, é exatamente assim que vive uma pessoa com depressão quando é capturada por uma rede de significados mentais altamente destrutivos e castradores, os quais a impedem de enxergar as reais chances de sucesso.

Então, um indivíduo com depressão perde a satisfação com as coisas da vida (*anedonia*) ao prever um futuro bastante sombrio e melancólico. Desiste de lutar e, assim, reforça o mecanismo depressivo. O mesmo ocorre com as pessoas que apresentam distimia – quadro caracterizado por mau humor crônico.

Enfim, é óbvio que em muitos casos existe uma base genética que serve de combustível para que a roda da autocrítica seja abastecida e colocada em movimento. Entretanto, em grande parte das situações, a autoexigência é apenas condicionada e não nos pertence.

A ideia dessa discussão é que você se torne atento aos pensamentos que circulam por sua cabeça. Com um pouco de habilidade e parcimônia, recuse-se a aceitar conceitos negativos que, definitivamente, não lhe dizem respeito.

Portanto, da mesma maneira que um dia nos acostumamos a pensar a vida sob uma ótica negativa, tente se condicionar a pensar nas coisas sob uma perspectiva positiva, banindo interpretações destrutivas de seus planos e de você mesmo.

No fim, você irá perceber que, digamos, pelo menos 80% de todos os pensamentos negativos são, definitivamente, resultantes de uma construção pessoal infundada. Ao distinguir o real do imaginado, desenvolvemos mais habilidade para enfrentar, de fato, o que é nosso, o que nos faz mal verdadeiramente e pede, portanto, uma resolução mais imediata.

Adquirir uma postura interpretativa mais neutra ou positiva, em vez de uma negativa, pode ser entendido, em última análise, como questão de treino.

Dessa forma, evite transitar pelas masmorras dos castelos mentais. Posso assegurar que, agindo assim, sua autocobrança vai diminuir de maneira expressiva, enquanto sua autoconfiança aumentará de forma vigorosa.

A vida é para ser vivida de forma leve.

70

PSICOLOGIA DA LIDERANÇA: POR QUE UM LÍDER SE CORROMPE?

Não é de hoje que convivemos com a máxima de que o poder pode corromper seus líderes, seja nas estruturas menores ou nas grandes organizações.

Da Antiguidade aos dias atuais, acadêmicos têm procurado estudar as causas da corrupção e o quanto ela permeia todas as formas de poder. Assim, uma pesquisa publicada no *The Leadership Quarterly* procurou analisar exatamente esse processo.

Ao nomear um novo líder, nossas escolhas, muitas vezes, são baseadas em fatores projetados na forma de características ideais que esses indivíduos deveriam ter, como honestidade, integridade e lealdade, por exemplo. No entanto, a dúvida que a investigação procurou averiguar foi: uma vez que chegam ao poder, seriam essas pessoas capazes de se manter leais aos princípios pelos quais foram escolhidas?

Para analisar essa questão, os autores realizaram dois experimentos (um com 478 participantes e outro com 240 participantes), em que buscaram averiguar se o poder poderia, de fato, corromper alguém ou, ao contrário, se os corruptos seriam os mais atraídos pela liderança.

Depois de preencherem alguns testes psicotécnicos para avaliar as diferenças individuais (p. ex., honestidade), os indivíduos foram convidados a integrar um experimento chamado *jogo do ditador*. Nele, os participantes receberiam, em certo momento, o controle total a respeito dos pagamentos que deveriam ser feitos para si mesmos e para seus pares.

Além disso, o jogo permitia que os "chefes" tivessem a escolha em decisões que visassem mais o benefício social ou que não favorecessem tanto o grupo. Nesse caso, diminuindo os pagamentos realizados aos outros participantes do jogo, enquanto seu próprio salário, obviamente, poderia ser aumentado.

Os resultados mostraram coisas interessantes.

A primeira delas foi que o poder pode, sim, afetar o comportamento de um líder e o faz agir de maneira cada vez mais antissocial (pelo menos no experimento). O mais curioso foi notar que, quanto mais poder esses membros recebiam ao longo das provas, mais violadas eram as normas sociais dos testes.

Assim, os pesquisadores observaram que o poder teve a força de reduzir a percepção psicológica negativa de atos ruins praticados pelos líderes sobre os demais membros do jogo.

Os resultados mostraram, ainda, que mesmo aqueles que tinham uma predisposição inicial para a integridade e que declararam que um líder não deveria transgredir as regras sociais também sucumbiram aos efeitos corruptores do poder. Ou seja, mesmo aqueles que defendiam um comportamento mais honesto não foram, ao longo do tempo, protegidos contra os efeitos da corrupção.

Outra hipótese procurou relacionar a presença do hormônio testosterona ao comportamento antissocial. É interessante destacar que essa variável já havia sido observada em outras pesquisas a respeito do comportamento egocêntrico. Assim, quanto maiores eram os níveis de testosterona, menor a empatia desses líderes em relação aos sentimentos e às emoções dos outros, o que poderia reforçar ou ser um elemento-chave em ações de alguém ligadas à corrupção.

E a conclusão?

Quanto maiores forem as possibilidades de uma organização controlar os atos de seus dirigentes, menores serão as possibilidades de ocorrer excessos na governança. Obviamente, tal controle pode diminuir a agilidade das decisões e aumentar os custos. Entretanto, esses custos seriam inexpressivos se comparados aos comandos inadvertidos dos líderes corruptos e suas consequências.

Seria possível considerar que nosso passado histórico de assumir o comando do bando nos tenha predisposto a uma inclinação natural para ganhar a qualquer preço?

Ou ainda: quais seriam as implicações desses achados na prática da política pública?

Enfim, é algo para pensar.

Dessa forma, finalizam os autores da investigação: "As organizações devem limitar o quanto os líderes podem beber do cálice sedutor do poder".

71

A SOLIDÃO E SUAS CONSEQUÊNCIAS

Sabe-se que nossos ancestrais viveram em grupo desde os primórdios da existência.

Juntos, estavam mais protegidos contra as ameaças do ambiente, ou seja, fazer parte de um grupo sempre propiciou uma maior e melhor possibilidade de sobrevivência.

Pense comigo. Atacar um indivíduo sozinho pode ser uma tarefa fácil, no entanto, imagine se ele estiver fazendo parte de um grupo maior? Possivelmente, nesse caso, inimigos ou animais selvagens não sejam tão bem-sucedidos em suas investidas.

Estar unido aos demais também assegurou mais sucesso na hora de buscar alimentos. Quanto mais pessoas, melhores são as chances de criar estratégias para a obtenção de comida. E a caça? Quanto mais parceiros, obviamente, mais satisfatórias as possibilidades de alcançar bons resultados.

E, finalmente, o terceiro elemento da conservação da espécie: a geração de filhos. Quanto mais expressivo for o grupo, mais garantidas estarão as possibilidades de procriação.

Portanto, ao que tudo indica, a evolução moldou em nosso cérebro uma tendência inata e bem específica que nos faz procurar sempre estar próximo dos demais.

Assim, em resposta a essas necessidades, é possível que nossa biologia pessoal tenha sido igualmente afetada pelas questões evolutivas.

Robin Dunbar, antropólogo da University of Oxford e psicólogo evolucionista, há tempos tentava compreender melhor essa possibilidade. Sua questão central era entender a razão pela qual os primatas têm cérebros grandes.

Segundo suas hipóteses, quanto maior for o grupo, maior será a medida do cérebro.

Pelo fato de os primatas viverem em sociedades relativamente complexas e pelo tamanho do neocórtex de um animal – o lobo frontal, especificamente –, poderíamos prever, teoricamente, o tamanho de seu grupo de convívio.

Suas premissas apontaram na direção de que a interação com o ambiente, portanto, provocou mudanças claras em nosso organismo.

Então, seria correto afirmar que o processo inverso (de afastamento e de isolamento dos demais) poderia gerar efeitos negativos, ou seja, atuaria de maneira oposta aos nossos impulsos biológicos e de sobrevivência.

Algumas pesquisas revelam dados bastante interessantes a respeito dos sentimentos de não pertencimento e solidão.

Eu explico melhor.

SOLIDÃO

1. Por exemplo, sentir-se excluído do grupo (mesmo que por estranhos) pode ser psicologicamente doloroso. Um trabalho recente de Zhong e Leonardelli descobriu que os indivíduos que se sentem isolados descrevem seu ambiente físico, em termos de temperatura, como mais frio. Assim, essas pessoas desejam, nessas condições, consumir bebidas mais quentes para se aquecer e diminuir a sensação de falta de calor.

   Portanto, é possível que sintam o ambiente mais frio em razão de estarem, na verdade, mais frias em sua temperatura corporal.

Outro experimento mostrou que ser excluído em um jogo *on-line* foi o suficiente para baixar a temperatura dos dedos dos jogadores. Então, seria possível considerarmos que, em nosso passado evolutivo, estar distanciado do grupo seria o mesmo que ser mantido longe do calor do fogo?

2. A solidão pode sinalizar ao cérebro que o corpo está sob estresse e provocar reações imediatas como o aumento da pressão arterial e do colesterol, por exemplo.

   Um estudo publicado pela Northwestern University mostrou que adultos que vão para a cama sozinhos, sentindo-se isolados, apresentam, na manhã seguinte, aumento dos níveis de cortisol – hormônio ligado ao estresse, obesidade e outros problemas de saúde (como doenças cardiovasculares).

   Portanto, o estudo concluiu que o sentimento de solidão provoca reações corporais ruins e nefastas para a saúde, sejam elas psicológicas ou físicas.

3. John Cacioppo, um pesquisador da University of Chicago, e seu grupo examinaram o impacto da solidão na saúde física e emocional de adultos mais velhos. Eles descobriram que a solidão perturba o sono, aumenta a depressão e diminui a sensação geral de bem-estar subjetivo. Os autores concluem a investigação afirmando que a solidão aumenta em 14% as chances de morte prematura entre adultos mais velhos, a exemplo de como a obesidade atuaria.

4. Segundo o psicólogo norte-americano Guy Winch, a solidão suprime o funcionamento do sistema imunológico, fazendo-o funcionar com menos eficiência, estabelecendo um risco de desenvolvimento de vários tipos de enfermidades. Um experimento avaliou calouros de um colégio que foram submetidos a vacinas de gripe. O grupo que se sentia mais solitário apresentou reações mais inefetivas ao procedimento.

5. O sentimento de solidão não depende de quantos amigos ou relacionamentos temos, mas depende inteiramente da qualidade subjetiva das trocas emocionais que fazemos com as pessoas ao nosso redor. Podemos estar cercados por um grupo imenso de pessoas e, mesmo assim, nos sentirmos sozinhos.

6. Ainda segundo o psicólogo norte-americano Guy Winch, mais de 60% das pessoas solitárias estão, na verdade, casadas. Quando os membros de um casal não compartilham seus sentimentos mais

profundos um com o outro, isso pode deixá-los sentindo-se desconectados um do outro, o que aumenta a sensação de solidão. Pessoas em tais relações, afirma o psicólogo, verdadeiramente acreditam que o cônjuge não pode oferecer-lhes a profunda sensação de conexão que tanto gostariam de ter, fazendo-os se afastar cada vez mais do outro.

7. A crença na solidão, segundo Aaron Beck, pode distorcer as percepções a respeito dos relacionamentos. Esse viés cognitivo de interpretação negativa pode, muitas vezes, levar pessoas solitárias a se retirar ainda mais do circuito relacional, afastando-se dos indivíduos que poderiam aliviar seu isolamento (perpetuando assim seu distanciamento dos demais).

Em psicoterapia, isso é denominado profecia autorrealizadora. Ou seja, sem percebermos, colaboramos inconscientemente para que resultados muito temidos de fato aconteçam, criando um mecanismo que se autorreforça e se perpetua.

CONCLUSÃO

Para diminuir os sentimentos de solidão, seria interessante tentar sempre criar mais conexões pessoais.

Ao desenvolver o estreitamento dos laços com alguém diferenciado e preferido, cria-se a possibilidade de falar a respeito de nossas impressões e emoções mais íntimas. Ao fazer isso, a mente se organiza e as emoções se abrandam, constituindo um processo altamente curativo; o que, diga-se de passagem, é a base da psicoterapia moderna. Há centenas de publicações a esse respeito.

Caso você ainda não saiba, *ter consciência* dos problemas que nos atingem, cientificamente falando, não se mostra tão eficaz quanto poder *dividir* com alguém tais inquietudes.

Portanto, se você deseja melhorar seu bem-estar e reduzir seu sentimento de solidão, converse com alguém, pois isso realmente pode restaurar seu equilíbrio.

"Os seres humanos são criaturas sociais, e sentir-se valorizado pelos outros é a própria base da vida" – Dalai Lama.

72

BAIXA AUTOESTIMA: ALGUNS ESTUDOS

A construção da autoestima é um processo que tem início em nossa infância, o que não é novidade para ninguém. Há tempos, esse tema atrai a atenção de muitos clínicos e pesquisadores.

Cada abordagem ou sistema psicológico sempre defendeu uma possível razão para explicar as *experiências* que não saíram muito bem na vida de alguém e podem, potencialmente, comprometer seu equilíbrio na vida adulta.

Já se tornou um clássico, inclusive, que muitos profissionais da saúde mental tenham desenvolvido o péssimo hábito de culpabilizar a mãe ou o pai dos pacientes pelas mazelas do passado (costumo chamar isso de *terceirização do problema*).

No entanto, antes de continuar, seria interessante compreender melhor esse conceito.

O QUE É AUTOESTIMA?

Em psicologia, o termo autoestima foi usado pela primeira vez por William James, em 1892, ao descrever a sensação geral que uma pessoa apresenta em relação ao seu valor pessoal.

Segundo alguns teóricos, a autoestima é semelhante a um traço de personalidade, o que significa dizer que ela tenderia a ser estável e duradoura. Portanto, pode envolver uma variedade de crenças que incluem a opinião sobre a própria aparência, sobre as necessidades, as emoções e, finalmente, os comportamentos.

Mas como ela pode se tornar negativa?

PESQUISAS EMPÍRICAS

Uma baixa autoestima tem sido correlacionada a um número de resultados negativos vividos em fases iniciais, tais como depressão, abandono, estilos parentais evitativos, baixo rendimento escolar, preconceito, obesidade, etc.

Alguns sinais de baixa autoestima são:

- Visão negativa da vida
- Atitude perfeccionista
- Desconfiança dos outros
- Medo excessivo de correr riscos
- Sentimentos de não ser amado
- Deixar que os outros tomem decisões
- Medo de ser ridicularizado
- Altos níveis de ansiedade

Como efeito disso, pessoas com autoestima mais baixa são as mais cercadas por ideias de fracasso, tendendo a exagerar situações de vida como fundamentalmente negativas. Por exemplo, muitos desses indivíduos interpretam comentários neutros como crítica pessoal, por isso, muitas vezes, se tornam pessimistas e descrentes das relações interpessoais.

Além disso, como se sentem incapacitados, alguns estão mais propensos a sofrer de ansiedade social decorrente dos sentimentos de perigo e de ameaça constantes, o que torna a interação com os demais sempre mais complicada e difícil em função do alto nível de desconforto emocional que naturalmente os acompanha.

O resultado? Uma inabilidade de expressar-se espontaneamente, o que reforça seu senso de inadequação.

Bem, e as pessoas com uma boa autoestima?

Simples, faça todo esse raciocínio no sentido inverso. Como esses indivíduos sempre se sentiram confortáveis com si mesmos e com seu entorno (ou seja, viveram mais emoções neutras ou positivas), isso lhes transmitiu a possibilidade de ter maior foco no crescimento e na melhoria das coisas, permanecendo naturalmente mais abertos e sociáveis.

AUTOESTIMA NA INFÂNCIA

Se fosse resumir esse processo, diria que as crianças, naturalmente, não sofrem por uma baixa autoestima. Ninguém nasce se sentindo menor ou inferior. Entretanto, à medida que nos desenvolvemos, somos rodeados por centenas de experiências que oferecem maior ou menor nível de tensão ou de dificuldades. Quem já passou pela infância, sabe do que estou falando. Há lares para todos os gostos.

Como temos urgência de buscar a proteção dos mais velhos – processo fundamentalmente biológico –, quanto mais atentas estiverem as pessoas a respeito de minhas necessidades, melhores e maiores serão as sensações de proteção que eu construirei, tendo-as como participantes de minha identidade.

Assim, ambientes positivos geram maior prestígio pessoal, melhor autoestima e, portanto, mais chances de sucesso na vida. Já um ambiente empobrecido de trocas, crítico e engessado emocionalmente, menos confortável, fará o sujeito se sentir mais hesitante.

E o resultado? Mais desencorajado ele ficará para fazer coisas novas, o que diminui suas chances de se tornar uma pessoa mais bem estruturada.

É por isso que a baixa autoestima se relaciona com escolhas pobres de parceiros, gravidez precoce, *bullying*, uso abusivo de álcool e drogas, etc., ou seja, pessoas com mais dificuldades de administrar as circunstâncias chamam para si situações e pessoas mais adversas.

O QUE FAZER?

Bem, esta é a parte que mais nos interessa.

Costumo dizer que a vida e as pessoas nos ofereceram aquilo que efetivamente podiam em determinado momento de sua existência. Portanto, acho realmente injusto culpar os cuidadores (ou alguém mais) por nossas dificuldades atuais.

Veja, aqui temos um verdadeiro paradoxo.

Se não foi culpa dos outros, talvez também não seja nossa culpa ter experienciado ambientes negativos, uma vez que certas configurações familiares são apenas repetições de estruturas do passado que se mantêm inalteradas com o passar do tempo.

Saiba, portanto, que nossos pais reproduzem conosco aquilo que aprenderam com seus pais (nossos avós), os quais também assimilaram a educação de seus pais (nossos bisavós), criando uma legítima cadeia de interações. Sabia que 74% dos estilos parentais se mantêm inalterados por até quatro gerações?

Assim, nossa responsabilidade, neste momento, seria a de não perpetuar o sofrimento, evitando passá-lo adiante.

Recordo-me sempre de uma frase antiga que diz: "Não importa o que fizeram conosco, mas, sim, o que fazemos com aquilo que fizeram de nós".

Dessa forma, o primeiro passo para quebrar essa cadeia e alterar a autoestima é fazer as pazes com o passado. Ao fazer isso, estamos mais aptos a desenvolver novas conexões afetivas (mais respeitosas e suportivas, caso você não aprecie as anteriores). Ao produzir isso, aumentamos nosso senso de autoeficácia e bem querer pessoal, que é o elemento-chave de nossa experiência de satisfação e prazer.

Segunda dica: entenda que nossas imperfeições e dificuldades não nos diminuem, em absoluto, apenas nos ajudam a trabalhar na direção de um aprimoramento pessoal.

Finalmente, tenha confiança em si mesmo e em sua vida. Não é porque certas coisas no passado não saíram como planejado que o futuro lhe aguardará com as mesmas armadilhas. A vida pode, sim, ser positiva. Agora, isso depende absolutamente de nós mesmos.

Concluindo: "É durante as fases de maior adversidade que surgem as grandes oportunidades de fazer o bem a si mesmo" – Dalai Lama.

73

A TECNOLOGIA E NOSSOS FILHOS: UMA RELAÇÃO BEM DELICADA

É quase impossível achar alguém que não tenha se curvado às benesses que a tecnologia pode oferecer. Principalmente quando o assunto são os computadores e os *smartphones*.

Entretanto, todo o *glamour* que acompanha o lançamento dos novos equipamentos por instantes nos faz esquecer os riscos que o uso constante desses aparelhos pode trazer à nossa vida.

Uma pesquisa realizada recentemente pela AVG, fabricante mundial de *softwares* de segurança, com quase quatro mil adolescentes de 10 países, incluindo o Brasil, apontou que um em cada três jovens se arrependeu de postagens feitas nas redes sociais por ter *ultrapassado os limites*, isto é, por divulgar assuntos considerados impróprios ou muito pessoais a terceiros.

Assim, ao que tudo indica, a utilização da tecnologia ocorre sem que se questione muito a respeito de suas consequências.

Um dos fatores que podem contribuir com os descuidos da vida virtual é o fato de os adolescentes sentirem-se dotados de uma habilidade quase inata no manejo da tecnologia, passando a desvalorizar seus riscos.

Segundo um executivo da empresa: "As pessoas querem tirar o máximo das redes sociais ao compartilhar conteúdos, mas devem estar cientes de que nem tudo é o que parece ser, e ameaças podem surgir". E finaliza: "Se não agirmos agora para aconselhar e educar essa juventude, podemos estar diante de uma bomba-relógio".

Minha ideia vai ao encontro dos preceitos que sugerem que os pais, além dos adolescentes, são igualmente responsáveis pelo mau uso da internet. De forma que, obrigatoriamente, precisariam acompanhar o que acontece na vida digital dos pequenos.

Por acaso, não é assim que acontece (ou, em tese, deveria acontecer) quando um filho sai para viajar ou se encontra com algum estranho? Perguntas que respondam quem é a pessoa, quando e como o filho vai e volta, por exemplo, são usuais nessas circunstâncias. Assim, o cuidado, a rigor, que os pais exibem na vida virtual deveria ser o mesmo da vida real. Todavia, não é o que se observa.

Os filhos ficam à deriva em suas navegações, decidindo por conta própria o que fazer e para onde ir, como se a internet pudesse ser mais segura que o mundo real.

Esse risco ocorreria, potencialmente, apenas com os adolescentes? Parece que não.

ANTES DOS 7 ANOS

Outra pesquisa feita pela mesma corporação apontou que os *gadgets* têm estado no topo da lista de pedidos de Natal, sendo que 33% dos entrevistados afirmaram querer comprar um dispositivo móvel para seus filhos.

A investigação, que entrevistou mais de mil famílias nos Estados Unidos, no Canadá e no Reino Unido, também descobriu que 73% da amostra considerou poder presentear seus filhos com um dispositivo móvel que ainda não haviam usado, apesar de estarem *cientes* dos riscos (82%).

Quer saber o que é mais alarmante? Os dados revelaram também que 64% dos pais com filhos menores de 7 anos admitiram deixá-los passar tempo na internet sem sua supervisão.

Bom, não é? Se o que pode ocorrer com adolescentes já não é muito animador, imagine o que poderia acontecer às crianças?

CONCLUSÃO

Além das questões frequentemente discutidas na mídia, como a ocorrência do *ciberbullying*, os contatos com estranhos e o acesso a conteúdos impróprios na rede, há toda uma categoria de problemas ligados à aprendizagem, ao bem-estar e à saúde mental de nossos pequenos que podem se tornar devastadores.

Seria bom ficar atento.

Lembre-se, portanto, de que a responsabilidade dos pais não finaliza quando o pacote do presente de Natal é aberto pelos filhos.

Meu conselho? Não estimule precocemente o convívio das crianças com a tecnologia e, quando isso vier a ocorrer, esteja consciente e bem atento.

Zelar envolve supervisionar de perto, independentemente de serem crianças ou adolescentes.

SE VOCÊ COME EXAGERADAMENTE, SERIA BOM LER ESTE TEXTO

Grande parte de nosso tempo, estamos inconscientes a respeito de nosso comportamento, bem como de nossos sentimentos e emoções.

De acordo com um estudo publicado pelo *Journal of Marketing Research* – intitulado "Emotional Ability Training and Mindful Eating" –, o processo de escolha de nossa alimentação também não foge a esse princípio, pois, muitas vezes, comemos mais para satisfazer nossas necessidades emocionais do que, propriamente, nutricionais.

Muitos estudos, inclusive, já demonstraram que os esforços do *marketing* são direcionados exatamente para capturar esse tipo de deficiência. Isto é, fisgar aqueles que praticam a chamada *alimentação hedonista*, voltada primordialmente ao prazer.

Por exemplo, quando vamos a um restaurante, o fazemos para comer o prato predileto ou saborear aquela sobremesa tão esperada. Assim, em decorrência de hábitos psicológicos e culturais, comemos para festejar momentos alegres e para aplacar os sentimentos de infelicidade, tristeza ou angústia. Portanto, um aspecto emocional claramente permeia nossa conduta alimentar.

Dessa forma, tal investigação procurou compreender como os consumidores se portam na hora de exercer suas preferências nutricionais e, também, qual seria a influência das emoções pessoais sobre esse processo de escolha.

A PESQUISA

Os pesquisadores defenderam a hipótese de que a *inteligência emocional* – definida pela habilidade que uma pessoa exibe em perceber aquilo que está sentindo em determinado momento –, se treinada, poderia vir a se tornar uma poderosa aliada no processo de manejo de uma alimentação saudável, menos direcionada pelo impulso e pelo prazer circunstancial.

O experimento consistiu em pesar esses indivíduos e dividi-los em dois grupos. O primeiro recebeu um treino que ajudava a reconhecer suas emoções básicas e, portanto, desenvolver mais inteligência emocional. O segundo (o grupo-controle) não recebeu essa capacitação. Após esse procedimento, os participantes foram expostos a uma variedade de produtos e embalagens de alimentos (*guloseimas*, primordialmente).

Sabe o resultado? Aqueles que receberam treinamento e conseguiram aprimorar o entendimento de suas emoções demonstraram maior propensão à escolha de itens mais saudáveis, o que resultou na diminuição da alimentação *emocional*. Isso, por sua vez, aumentou o autocontrole e diminuiu a quantidade de calorias consumidas; a do grupo-controle, no entanto, foi bastante maior.

Três meses mais tarde, os participantes de ambos os grupos foram novamente pesados. Aqueles que receberam capacitação para reconhecer suas emoções tinham, em média, perdido mais peso, se comparados àqueles que não haviam recebido orientação alguma e que, ao contrário, apresentaram ganho de peso.

CONCLUSÃO

Os autores concluíram a investigação sugerindo que programas educacionais de consumo deveriam colocar menos foco na leitura dos rótulos nutricionais e, em vez disso, estimular a prática de exercícios psicológicos que possam melhorar a consciência emocional. Finalizaram afirmando que, com uma melhor compreensão de como se sentem, as pessoas estarão mais aptas a usar suas emoções em decisões que sejam melhores e mais saudáveis, pois não apenas irão comer melhor, mas também conseguirão se sentir mais saudáveis e satisfeitas emocionalmente, o que aumentará seu bem-estar geral.

Portanto, da próxima vez que for se alimentar:

1. Pergunte-se: o que eu estou sentindo agora? Tente com isso fazer contato com suas emoções imediatas e identificar se o que você está prestes a ingerir vai, efetivamente, aquietar sua fome física (p. ex., comer porque a barriga está *roncando*) ou se servirá para preencher um vazio emocional (fome psicológica).
2. Após identificados o sentimento e a natureza da fome, caso seja emocional, pense se não há alternativa factível para contornar ou manejar esse sentimento de maneira mais equilibrada. Por exemplo, se você está se sentindo irritado ou entediado, pergunte-se: "Além da comida, o que eu poderia, de fato, fazer para me ajudar?".
3. Uma vez que sua emoção esteja identificada e alguma alternativa de ação possa ser planejada, seguramente seu episódio de fome emocional será mais controlado e consciente.

Antes de fazer qualquer coisa, pergunte-se sempre como está se sentindo. Posso assegurar que, ao realizar esse pequeno exercício, você terá alguns instantes para reconhecer seu estado emocional interno e, com isso, seu comportamento poderá modificar-se de maneira expressiva.

No fim, você saberá responder se, diante de uma alimentação desequilibrada, você não se controla ou, na verdade, escolhe não se controlar (comendo demasiadamente).

Vamos tentar?

75

CICATRIZES DE TINTA: A PSICOLOGIA POR TRÁS DAS TATUAGENS

A palavra "tatuagem" originou-se do inglês, *tattoo* (tatuagem, tatuar), sendo atribuída sua paternidade ao capitão inglês James Cook (1728), que escreveu em seu diário a expressão *tattow* – também conhecida como *tatau* –, uma onomatopeia do som produzido na execução dos desenhos, em que eram utilizados ossos finos, que serviam de agulhas, batidos com uma espécie de martelinho de madeira para introduzir a tinta sob a pele.

Dessa forma, já não é de hoje que os seres humanos se ornamentam. Na arte pré-histórica, por exemplo, encontram-se vestígios da existência de povos que cobriam seus corpos com desenhos. Em muitas pinturas rupestres, nota-se a existência dessa prática.

Uma hipótese a respeito da origem da tatuagem seriam as marcas de cicatrizes adquiridas em guerras, lutas ou caças. Como elas se tornavam motivo de orgulho e reconhecimento ante o grupo, quem as possuísse carregava sinais de força e de virilidade.

Acredita-se que, a partir dessa ideia, as cicatrizes progressivamente foram substituídas pela representação voluntária no corpo, ou seja, o homem passou a produzir suas próprias cicatrizes, agora na forma de desenhos e símbolos riscados sob a pele com o uso de tintas e espinhos vegetais.

Até bem pouco tempo, a tatuagem estava associada à marginalidade e ao comportamento de risco; como também às classes socioeconômicas mais baixas, à prostituição e, finalmente, ao crime. Entretanto, lentamente a prática passou a ser adotada por artistas da música, do cinema e por pessoas comuns.

Algumas estatísticas apontam que, atualmente, um em cada cinco norte-americanos tem alguma tatuagem no corpo (*The Harris Poll*, realizada em 2012 com 2.016 adultos).

No entanto, porcentagens à parte, aqui vai uma pergunta:

POR QUE NOS TATUAMOS?

As justificativas podem ser as mais variadas, assim como os desenhos utilizados. Entretanto, uma coisa é certa, tatuagens têm a capacidade de modificar a autoestima, ou seja, as marcas sobre o corpo oferecem a quem as utiliza um tipo de *poder* ou distinção em relação aos demais.

Nesse sentido, é possível que seu papel se assemelhe ao dos amuletos no imaginário humano; a saber, o de que, quando carregados, transmitem força, coragem e determinação.

Além disso, a tatuagem pode servir para que as pessoas se sintam mais atraentes, chamando mais atenção em meio a um grupo.

Em um estudo feito em 2012, com uma amostra de 540 pessoas na Alemanha, um em cada cinco participantes apresentou pelo menos algum tipo de desenho no corpo.

Nessa pesquisa, buscou-se compreender como era a personalidade daqueles que se tatuavam em relação aos não tatuados.

E os resultados? As pessoas tatuadas apresentaram os maiores escores de extroversão e necessidade de se sentirem únicas, exclusivas.

"Assim, embora as pessoas se tatuem por várias razões, é predominante a necessidade de se sentirem especiais" – conclui Swami, um dos pesquisadores.

Vários outros estudos também apontaram resultados interessantes. Veja só:

– Um estudo realizado na Polônia, em 2012, com 120 adultos entre 20 e 35 anos de idade, mostrou que a população que apresentava alguma modificação corporal (tatuagem ou *piercing*) tinha, em média, uma iniciação sexual mais precoce, se comparada àqueles que não haviam feito nenhum tipo de modificação ou desenho no corpo. Além disso, apresentavam uma vida sexual mais ativa.

– Outro estudo, realizado em 2011, na Austrália, com uma amostra de 8.656 sujeitos de ambos os sexos e com idades entre 16 e 64 anos, concluiu que 14,5% dos entrevistados já tinham tatuagens.

No geral, os homens foram mais propensos que as mulheres a ter uma tatuagem. Entretanto, as maiores taxas foram encontradas entre mulheres na faixa dos 20 anos (29,4%) e há mais probabilidade de uma pessoa ser tatuada entre os 20 e os 39 anos. Para finalizar, a investigação apontou que a tatuagem estava relacionada a mais comportamentos de risco – incluindo o tabagismo –, maior número de parceiros sexuais durante a vida, consumo de *Cannabis* (entre mulheres) e desenvolvimento de depressão (em homens).

Segundo o *site* The Harris Poll, entre aqueles que têm tatuagem, a maioria afirmou não ter se arrependido de fazê-la (86%), e três em cada 10 disseram que ter uma tatuagem os fazia sentirem-se mais *sexy* (30%), rebeldes (25%), saudáveis (9%), inteligentes (8%) e, finalmente, mais atléticos (5%).

Já entre os que não se tatuaram, as opiniões diferem.

Pelo menos dois em cada cinco disseram que as pessoas com tatuagens são menos atraentes (45%) ou *sexy* (39%). Um quarto disse que as pessoas com tatuagens são menos inteligentes (27%), são menos saudáveis (25%) e menos espiritualizadas (25%). Para finalizar, metade das pessoas sem tatuagem afirmou sentir as pessoas com tatuagens como mais rebeldes (50%).

CONCLUSÃO

Bem, independentemente de se gostar ou não de uma tatuagem, o que eu percebo em minha experiência clínica é que as pessoas que se tatuam, na verdade, o fazem nos momentos de muita angústia e de demasiado sofrimento pessoal.

Entendo assim ser inevitável que a vida nos deixe suas marcas (cicatrizes) das mais diferentes formas e maneiras, e tatuar-se nos faz lembrar dos períodos de grandes dificuldades (e superação). Nesse sentido, aproximamo-nos das funções primitivas já descritas.

Outros, entretanto, carregam as cicatrizes na mente. Por exemplo, as pessoas que viveram situações próximas à morte (como combatentes de guerra e sobreviventes de assaltos ou cataclismos) e são visitadas por pensamentos recorrentes (ou lembranças intrusivas) de vivências das situações-limite, desenvolvendo o conhecido transtorno de estresse pós-traumático. Finalmente, há aqueles que as carregam não no corpo ou na mente, mas as exibem no coração; como os que viveram uma depressão decorrente dos quadros de abandono, luto, indiferença e aniquilação emocional. Portanto, acredito que a vida sempre nos deixará algum tipo de marca. Obviamente, essas descrições são apenas metafóricas, mas servem para nos lembrar que a vida nos tatua cotidianamente por meio das dificuldades. E, algum dia, finalmente, poderemos exibir essas tatuagens com alegria, como vestígios de nossa força e de nossa capacidade de sobrevivência.

Assim, cicatrizes, de tinta ou não, estarão sempre por aí.

76

OITO SINAIS DE QUE A DEPRESSÃO PODE ESTAR POR PERTO

Caso você ainda não saiba, a depressão é uma das doenças mais incapacitantes, afetando cerca de 350 milhões de pessoas no mundo, segundo estimativas da Organização Mundial da Saúde.

No Brasil, a prevalência de depressão é de aproximadamente 25% da população (parcela que teve, tem ou terá a doença), sendo que 10% dessas pessoas sofrem, atualmente, com o problema.

Embora esteja mais desmistificada, a depressão ainda não é de fácil detecção por leigos e por muitos profissionais da saúde, o que estende seus impactos por anos.

Sabe-se, por exemplo, que se sentir deprimido é algo normal na vida das pessoas – vez ou outra. Contudo, quando nos sentimos tomados por sentimentos de tristeza, raiva ou sentimentos maiores de desesperança, talvez seja o momento de prestar mais atenção, pois isso pode estar indicando algo mais complexo.

Além disso, ao nos depararmos com pessoas deprimidas, muitas vezes notamos sua perda de capacidade para avaliar corretamente a necessidade de buscar ajuda, o que agrava o problema.

Você sabe por que isso ocorre?

Em primeiro lugar, por total desconhecimento. Em segundo, por vergonha e, finalmente, por acreditar que em algum momento *se vai melhorar*. Equívocos como esses, na verdade, apenas ajudam a agravar o quadro.

Nesse sentido, listei alguns sinais que podem ajudar a identificar a doença e a eventual necessidade de ajuda.

1. Você está comendo mais ou menos que o habitual

Em função de estarmos absorvidos pelos pensamentos negativos, nosso cérebro fica mais voltado à resolução dos problemas em vez de à execução de nossas tarefas diárias, ocasionado uma perda de interesse em relação à alimentação. Assim, ao comer menos e pior, acabamos perdendo peso.

No entanto, como a depressão também traz uma série de emoções intensas e desorganizadoras, comer mais que o habitual pode igualmente ser uma maneira de aplacar a instabilidade emocional. Como resultado, pode-se começar a comer demais e, com isso, ganhar peso.

2. Dormir pouco ou muito

Quando estamos deprimidos, também nos sentimos mais cansados, sem energia, o que nos faz ter necessidade maior de dormir (ou de tirar muitos cochilos). Além disso, o sono pode ser mais interrompido, pois, ao acordar no meio da noite, ficamos absorvidos por preocupações, o que piora a qualidade do descanso e a capacidade de recuperação de nosso corpo. Sem falar no despertar precoce, outra condição presente na depressão.

3. Pequenas coisas o deixam de mau humor

Eis um aspecto que pouca gente conhece: estar deprimido aumenta a irritabilidade – principalmente nos homens –, deixando-nos mais agressivos e impacientes. Assim, depressão também pode nos deixar mais mal-humorados e sem paciência com pessoas e situações de nosso entorno.

4. Você não consegue se concentrar

Pelo fato de estarmos preocupados com o futuro e com nossa (in)capacidade de resolver as deficiências, ficamos mais *desfocados* e sem atenção na solução das pendências do cotidiano, trabalho, vida acadêmica, etc. Além disso, esquecer compromissos frequentes pode se tornar algo comum.

5. Você não desfruta mais das coisas que antes o faziam feliz

Como já estamos sentindo os efeitos da depressão ao não dormir bem, é possível que a depressão nos deixe ainda mais apáticos a respeito das atividades e dos *hobbies* que um dia nos deram muita satisfação e alegria.

Como resultado, ficamos mais isolados. Nesse momento, cria-se um círculo vicioso, em que afastar-se do que nos fazia bem acaba por impossibilitar o combate aos estados de tristeza e, portanto, aumenta nossa condição de desesperança.

Dessa maneira, desenvolvemos o que se chama *anedonia*, a incapacidade de sentir qualquer tipo de prazer nas coisas que compõem nossa rotina.

6. Você se sente sem valor pessoal

Seria quase óbvio perceber que essa sequência de eventos negativos impacta nosso valor pessoal e, dessa maneira, sentimo-nos mais incapacitados e desprovidos de valor como pessoas. Portanto, ao flertar constantemente com a negatividade, prolongamos nosso estado de limitação, diminuindo nossa autoestima e desenvolvendo um novo sentimento que pode nos abater ainda mais: a culpa.

Dessa maneira, se tínhamos ainda alguma esperança de que algo poderia mudar, passamos a ter uma certeza: somos mesmo incapazes, e a vida nos reserva apenas mais infortúnio e desprazer.

7. Você fica sem energia e constantemente cansado

A depressão suga nossa força e nossa energia. Assim, atividades simples – como tomar um banho, por exemplo – podem se tornar um evento de grande esforço e de consumo de nossas energias, desanimando-nos na realização de qualquer outra obrigação.

8. Você começa a ter pensamentos de suicídio e de morte

Pensamentos recorrentes sobre acabar com o sofrimento se tornam frequentes em alguns casos. Engana-se quem pensa que o deprimido deseja, de fato, acabar com sua vida. Na verdade, ele deseja terminar com seu sofrimento, por não suportar mais viver uma condição de martírio e de falta de perspectivas.

É comum, nessas situações, que comecem a se manifestar ideias a respeito de como a família e os amigos ficariam sem sua presença, bem como quais seriam as formas mais efetivas de colocar um fim a tudo. Nesse ponto, recomenda-se buscar ajuda imediata.

CONCLUSÃO

A essa altura, já conseguimos ter noção um pouco mais clara dos contornos que compõem a depressão.

Entretanto, acredito que um dos elementos que comprometem o reconhecimento da doença, bem como o seu tratamento, são as concepções incorretas a seu respeito.

A primeira delas seria pensar que, na manifestação da depressão, encontramos o resultado de uma fraqueza mental (ou de caráter) e que, apenas por meio da fé e de muita força de vontade, uma pessoa poderia ser curada – o que é completamente incorreto. É muito comum receber pessoas que chegam envergonhadas para buscar ajuda dizendo que não se sentem mais *pessoas de verdade*, dada sua "deficiência".

Uma segunda compreensão equivocada seria a de que a depressão não é uma doença. Estudos mostram que pessoas deprimidas apresentam alterações significativas no cérebro e nos neurotransmissores, o que pode, efetivamente, comprometer o equilíbrio emocional.

Uma terceira premissa equivocada é a de que, para se obter a cura da depressão, apenas medicações seriam indicadas e que, na maior parte das vezes, elas geram efeitos colaterais indesejáveis (como ficar dopado), levando a estigmas e constrangimentos sociais por toda uma vida.

Lamentavelmente, desconhece-se que a psicoterapia pode, de fato, ser um poderoso recurso (muito poderoso, diga-se de passagem) no tratamento. Além disso, as medicações evoluíram muito, deixando para trás a maior parte dos efeitos indesejáveis.

Minha recomendação?

Bem, não espere que os sintomas piorem para buscar ajuda. Faça algo por você, em vez de apenas sentir-se vítima de uma existência desgovernada.

"É a depressão que você sente quando o mundo como é não se alinha com aquilo que você acha que deveria ser" – John Green.

77

A PSICOLOGIA DAS *SELFIES*: AUTOEXPRESSÃO OU SINAL DE PROBLEMA?

De acordo com o *site* Fstoppers – uma importante comunidade profissional de fotografia e vídeo –, cerca de 10% de todas as fotos já tiradas o foram nos últimos meses. Outra fonte revela que apenas o Facebook foi o principal destino de 4% dessas imagens.

Portanto, quando falamos de fotografia em tempos modernos, os números não são nem de longe inexpressivos. Nada menos que 880 bilhões de retratos foram feitos apenas em 2014. E, vale dizer, uma parcela relevante foi tirada de nós mesmos, na forma de autorretratos, ou *selfies*.

Evidentemente, não é de hoje que nos representamos por intermédio das imagens. A arte rupestre, por exemplo, seria uma boa demonstração dessa tendência. Entretanto, quando somos informados de que essas *selfies* chegam a contabilizar a marca de um bilhão a cada dia – segundo aponta o stylecaster.com –, é possível que esse número diga alguma coisa a mais.

Que as *selfies* tenham se tornado uma versão moderna de comunicação e valorização social até seria compreensível, mas até que ponto fotografar a si mesmo de maneira insaciável seria ainda um resquício artístico de tendências pré-históricas? Na verdade, não sabemos responder.

Os autorretratos digitais, uma nova forma de expressão social, além de marcar um momento ou registrar um acontecimento, têm como uma das forças motrizes mais significativas a promoção pessoal. O fenômeno cultural da *selfie* expõe, assim, um desejo humano de se sentir notado, apreciado e, finalmente, reconhecido. Portanto, mescla arte, conexão social e padrões de autoimersão (segundo estudos da Georgia University). Indo um pouco além, eu me pergunto: quais seriam os efeitos reais evocados pelas *selfies*?

A primeira e mais forte função, creio, seria transmitir a sensação (falsa, diga-se de passagem) de intimidade e amizade com o fotografado. Desse modo, a documentação visual criada pelo autor revela-se, muitas vezes, mais poderosa que a memória – que se dilui –, uma vez que ocorre dentro de um lapso, perdendo-se no tempo.

Além disso, a imagem que hoje é postada na forma digital pode ser compartilhada e aperfeiçoada em uma riqueza infinita de detalhes, constituindo aquilo que se denomina *exuberância do momento*.

Dados apresentados pela Samsung, por exemplo, demonstram que essa tendência é tão expressiva que 36% dos instantâneos tecnológicos não são publicados da forma como foram obtidos, mas retocados por seus donos antes de seguirem para seu destino final, as redes sociais – como Facebook (48%) e WhatsApp (27%).

É como se cada um, atualmente – celebridade ou não, não importa –, pudesse assegurar momentos de *glamour* e de singularidade pessoal no palco da vida. Se, antes da criação da internet e das redes sociais, uma fotografia poderia ser exposta apenas a um pequeno grupo, hoje essa marca nem sequer pode ser estimada. As fotos que vão para a *web* tornam-se eternas nas memórias da rede mundial.

Existem opiniões diversas a esse respeito. Há quem fique satisfeito ao saber que suas experiências podem permanecer, de fato, como que eternizadas; mas também existem posições contrárias.

Em um artigo da revista *Psychology Today*, Pamela Rutledge, diretora de psicologia e mídia do Research Center, em Boston (Massachusetts), afirmou que: "as *selfies*, muito frequentemente, têm o poder de desencadear busca excessiva por atenção e dependência social, indicativas da baixa autoestima e do narcisismo".

Isso sugere, então, que o limite entre o sensato e o imprudente, quando o assunto é autopromoção visual, pode ser algo bastante frequente.

Um estudo do Reino Unido, envolvendo 2.071 sujeitos com idades entre 18 e 30 anos, revelou que, quando se trata de tirar fotografias, 39% preferiram fotografar a si mesmos, em vez de a seus familiares, amigos ou animais de estimação.

Assim, a forma como alguém se apresenta ao mundo se tornou elemento-chave, em que, na superfície, a tendência comum do fenômeno poderia ser compreendida como espécie de autoafirmação por meio da imagem, o que tem o poder de exacerbar algumas características inegavelmente de origem egocentradas.

No entanto, é possível que as *selfies* tenham se tornado uma manifestação social que evidencia a obsessão pela aparência, somada à exibição da vida privada na forma de *reality shows* pessoais, arquitetando, como resultado final, um senso autoinflado que permite às pessoas acreditarem que seus amigos ou seguidores estariam, de fato, interessados em vê-los deitados na cama, almoçando, abraçando alguém ou, ainda, saberem que roupa estão usando.

Esse comportamento poderia ser interpretado, na verdade, como se as pessoas estivessem de frente a um espelho, olhando-se o dia todo; e, o pior, deixando que os outros as vejam fazer isso, sem qualquer senso de constrangimento, vergonha ou intimidação pessoal.

Entretanto, caso você ainda não saiba, isso pode ter implicações bastante adversas.

Explico.

Essa forma de narcisismo excessivo, apontam alguns estudos, pode ter efeitos devastadores sobre as relações pessoais e no local de trabalho.

Um estudo recente do Reino Unido concluiu que o fenômeno *selfie* pode ser prejudicial à convivência como um todo, uma vez que o compartilhamento excessivo de fotografias pode fazer os pares verem as pessoas como menos simpáticas.

Desse modo, o mesmo estudo descobriu que o aumento da frequência de postagens esteve relacionado à diminuição na intimidade com o grupo de referência, pois aumentou a competição entre os amigos.

Resumo: o efeito final de uma *selfie* pode ser totalmente contrário ao esperado – um tiro no pé –, ao trazer ao fotografado o ciúme, o despeito e, finalmente, a rivalidade interpessoal.

CONCLUSÃO

Muitas vezes, ficamos tão ocupados controlando a imagem que iremos revelar ao mundo que acabamos perdendo o verdadeiro contato com os momentos que constituem a singularidade da vida concreta.

Ao capturarmos algo que, na câmera, tem prioridade em relação ao que acontece à nossa volta, isso pode ser indicativo de um problema real. Isto é, passamos a ficar conectados com as imagens, mas desconectados de nós mesmos, criando um verdadeiro dilema: como esperar que os outros prestem atenção em mim, se eu mesmo não consigo descrever o que está acontecendo à minha volta?

Documentar a experiência não pode, jamais, ser mais importante do que vivê-la.

Pense nisso.

78

CELULARES, FILHOS E SUA SAÚDE: O QUE VOCÊ DEVERIA SABER, MAS DESCONHECE

É desnecessário dizer o quanto a tecnologia mudou nossa vida de maneira drástica na última década, o que decorre do barateamento e da popularização dos computadores e, principalmente, dos telefones celulares.

Para se ter uma ideia, a população mundial hoje é estimada em sete bilhões de pessoas, e 6,9 bilhões são proprietárias de uma *linha móvel*. Portanto, os celulares estão presentes em locais do planeta onde, muitas vezes, nem a água potável ou o saneamento básico chegaram.

No Brasil, por exemplo, estão registradas 276 milhões de linhas de celulares – segundo dados da Agência Nacional de Telecomunicações (Anatel) – para uma população de 201 milhões de habitantes (segundo o Instituto Brasileiro de Geografia e Estatística [IBGE]).

Obviamente, esse convívio estreito com a tecnologia móvel criou uma série de efeitos no cotidiano das pessoas. Os positivos, já conhecemos muito bem, mas os negativos são ainda muito pouco evidentes.

Alguns pesquisadores dizem (mas, na verdade, nem precisariam) que o celular atual se tornou um verdadeiro portal pessoal que oferece praticamente tudo que necessitamos (música, fotografia, mensagens, redes sociais, etc.), absorvendo parte importante de nosso interesse e atenção.

Tanto é verdade que basta uma rápida olhada para ver o que ocorre com parte expressiva das pessoas que transitam por metrôs, *shoppings*, cinemas, restaurantes, teatros, praias ou aeroportos. Tais ambientes são ideais para que se possa observar a relação estreita ou, se você preferir, de descontrole ou excesso que foi criada com a tecnologia da comunicação.

Muito tenho lido a respeito dessas consequências e gostaria de dividir isso com você, pois algumas são efetivamente polêmicas.

Vamos lá. Embora ainda sem uma classificação oficial pela medicina, a *nomofobia* (medo de ficar sem o celular) é uma das denominações mais frequentes apontadas pela literatura ao descrever episódios de ansiedade e desequilíbrio emocional das pessoas ao serem separadas de seus telefones móveis. Alguns dos sintomas incluem:

a) incapacidade de desligar o telefone;
b) verificação obsessiva de chamadas não atendidas, *e-mails* e mensagens de aplicativos (como WhatsApp e Instagram);
c) preocupação contínua com a duração da bateria;
d) incômodo ao ir a lugares onde o telefone celular não funciona corretamente ou sentir-se mal quando o telefone está sem sinal.

Em 2012, Andy Kemshall, cofundador da SecurEnvoy, disse, a respeito dessa classificação, que: "O primeiro estudo sobre 'nomofobia', realizado há quatro anos, revelou que 53% das pessoas sofriam com a condição e, agora, o [novo] estudo revela que, apenas no Reino Unido, essa marca subiu para 66%, não mostrando sinais de diminuição".

Outra pesquisa descobriu que, em uma semana normal, o usuário médio verifica seu telefone aproximadamente 1,5 mil vezes, ou seja, usa seu *gadget* em média durante 3 horas e 16 minutos por dia – o equivalente a quase um dia inteiro por semana. Quase 4 em cada 10 usuários admitiram sentir-se perdidos sem seu celular. Muitos também confessaram usar o telefone sem perceber que estão fazendo isso, e dois terços disseram entrar e navegar no Facebook sem pensar.

Portanto, do ponto de vista da saúde mental, sabemos atualmente que muitos efeitos observados são semelhantes aos do vício em álcool e drogas e aos do jogo patológico.

CELULARES, FILHOS E SUA SAÚDE...

Nesse sentido, uma questão que vem ocupando espaço importante nas publicações internacionais diz respeito ao seguinte questionamento: as radiações dos celulares fariam mal à saúde? Um estudo divulgado em 2011 pelo *Journal of the American Medical Association* (JAMA) estimulou o debate ainda mais quando investigou o papel que os telefones celulares desempenham na atividade cerebral. Embora o relatório não tenha sido conclusivo a respeito dos possíveis efeitos, especula-se que exista, sim, alguma consequência negativa para a saúde.

Embora essa questão permaneça sob investigação, o periódico *Journal of the American Academy of Pediatrics* já havia confirmado que as crianças são especialmente sensíveis a todos os campos eletromagnéticos, uma vez que seu sistema nervoso é ainda muito frágil. Além disso, seus ossos e seu crânio são mais facilmente penetráveis pelas ondas.

A esse respeito, o oncologista sueco Lennart Hardel afirma que crianças e adolescentes são cinco vezes mais propensos a ter um tipo particular de câncer no cérebro em função da radiação emitida por celulares. Conhecido como glioma, trata-se de um tumor cerebral para o qual o único fator de risco ambiental claro até o momento é a exposição à radiação. Dessa forma, o oncologista sugere que os telefones celulares não deveriam ser usados de maneira excessiva antes dos 20 anos de idade.

E não é apenas o oncologista que afirma isso. Recomendações aos pais a respeito dos campos magnéticos aparecem em países como França, Rússia, Bélgica, Austrália, Índia e Canadá. Na Inglaterra, por exemplo, um relatório divulgado pelo The National Radiological Protection Board (NRPB) – United Kingdom, um órgão consultivo do governo, exigiu a adoção de uma *abordagem preventiva* para o uso de celulares por crianças. O material reconhece que não há nenhuma evidência de que a radiação do celular seja prejudicial, mas adverte que a possibilidade também não pode ser descartada.

Na França, a proibição fez parte de um pacote legislativo chamado Compromisso Nacional para o Meio Ambiente, aprovado pelo parlamento em julho de 2010, o qual exige que todos os celulares sejam vendidos com um fone de ouvido (para evitar o contato direto com a radiação), bem como proíbe anúncios de celulares que sejam dirigidos a crianças e adolescentes menores de 14 anos. Além disso, proíbe o *marketing* e a venda de telefones feitos especificamente para crianças com idade inferior a 6 anos.

Pesquisadores do National Institutes of Health (NIH), nos Estados Unidos, descobriram que menos de uma hora de uso do celular pode acelerar a atividade cerebral na área mais próxima à antena do telefone. E concluem: "O estudo é importante porque documenta que o cérebro humano é sensível à radiação eletromagnética emitida por telefones celulares" – conforme o pesquisador Dr. Volkow.

Sabe-se que os celulares funcionam no espectro eletromagnético e emitem radiação de micro-ondas a partir de suas antenas, a maioria das quais incorporadas aos telefones. Embora em menor intensidade que as radiações emitidas por um forno, afirma-se que a preocupação não está relacionada à intensidade da energia, mas ao sinal pulsante que impactaria o organismo humano.

Na investigação publicada no periódico *Environmental Health Perspectives*, foi analisado o efeito das ondas eletromagnéticas emitidas por celulares em ratos de laboratório. Quer saber qual foi a conclusão? "Altamente significativa" para a lesão neuronal no córtex, no hipocampo e nos gânglios basais nos cérebros de ratos expostos.

DICAS DE UTILIZAÇÃO

1. Evite contato direto de seu corpo com telefone celular, computador e outros eletrônicos (a maioria dos fabricantes, inclusive, sugere manter sempre alguns centímetros entre você e seu aparelho). Procure carregar seus equipamentos em sua mala, bolsa ou qualquer outro lugar que mantenha uma distância mínima de você.
2. Prefira sempre usar fones de ouvido ou a função viva-voz (mas não se esqueça de manter o telefone longe de sua barriga, caso seja mulher e esteja grávida).
3. Se puder, prefira enviar mensagens de texto em vez de fazer ligações.
4. Não durma com seu telefone sob o travesseiro ou perto de você na mesa de cabeceira.
5. Se o seu filho for usar um telefone celular ou *tablet*, mude para o modo avião, pois é mais seguro.
6. Quando possível, limite o tempo de uso de seu telefone celular (2 minutos no máximo). Prefira o telefone fixo para chamadas de longa duração.
7. Evite fazer chamadas em carros, elevadores, metrôs e ônibus. Qualquer coisa que contenha metal à sua volta, como o carro ou o elevador, por exemplo, fará com que as ondas aumentem de intensidade.

8. Não use seu telefone celular quando o sinal for fraco ou quando você estiver viajando a velocidades mais altas em um carro ou trem. Isso automaticamente aumenta o poder máximo como tentativas automáticas de o aparelho se conectar a uma nova antena de retransmissão.

CONCLUSÃO

Enfim, ainda que muitas pesquisas estejam em andamento, e o debate seja inconclusivo, penso ser importante, dentro do possível, diminuir sua exposição e a de seus filhos à radiação.

Vamos nos recordar de que a indústria do tabaco levou nada menos que 150 anos para ter estampados em seus maços os avisos sobre os riscos de seu consumo.

Nossa saúde e a de nossos filhos agradecerão.

79

A INTERFERÊNCIA DA TECNOLOGIA SOBRE OS CÔNJUGES: UM ESTUDO

Bons eram os tempos em que os casais discutiam por dinheiro, filhos ou pelas questões que envolviam a intimidade afetiva.

Um estudo da Brigham Young University, intitulado *Technoference: The Interference of Technology in Couple Relationships and Implications for Women's Personal and Relational Well-Being*, foi além, ao analisar como a tecnologia pode vir a interferir nos relacionamentos.

A INVESTIGAÇÃO

O estudo avaliou uma amostra de 143 mulheres que viviam com seus parceiros "tecnológicos" e foram solicitadas a completar um questionário *on-line* a respeito.

A maioria das participantes declarou que os dispositivos tecnológicos (p. ex., computadores e *smartphones*) foram responsáveis pelas interrupções mais constantes do casal nos momentos destinados ao lazer, às conversas e às refeições conjuntas – situações em que, diga-se de passagem, se aprofundam muitas questões pessoais.

Especificamente, os níveis mais elevados de interferência tecnológica (*technoference*) foram associados aos maiores escores de conflito no relacionamento e de menor satisfação geral com a vida a dois. As participantes também relataram que:

– a tecnologia interfere no tempo livre do casal – 62%;
– seu parceiro acessava o telefone enquanto conversavam, ao receber uma notificação de mensagem – 35%;
– seu parceiro frequentemente enviava mensagens de texto a outras pessoas enquanto ocorriam as conversas do casal – 25%.

Para concluir, descobriu-se que a presença da perturbação tecnológica foi, com a passagem do tempo, um dos elementos mais associados aos relatos de depressão e de desapontamento geral com o relacionamento, segundo essas parceiras.

CONCLUSÃO

Antes de tudo, vale dizer que essa investigação é uma das primeiras a relatar o que a tecnologia pode realmente fazer com os cônjuges, e não apenas com os usuários diretos dos aparelhos eletrônicos, o que já se conhece muito bem.

Talvez pareça exagero dizer que breves interrupções na comunicação de um casal sejam ruins para a vida a dois, mas, na verdade, não é. Explico.

Quando usamos os eletrônicos, é muito comum que adentremos um estado de consciência alterado, também denominado na literatura psicológica como *experiência de fluxo*. Tal vivência ocorre quando fazemos algo que é muito prazeroso e, ao mesmo tempo, gratificante. Dançarinos, jogadores de xadrez, alpinistas e todos aqueles que expressam grande concentração em uma atividade de sua preferência podem experimentar esse estado.

Tratando-se da tecnologia, é bem possível que ocorra exatamente o mesmo. Ou seja, *sentimos* que ficamos *ausentes* por pouco tempo quando, na verdade, perdemos a noção do tempo gasto, desagradando nossos parceiros que sentem exatamente o contrário: que ficamos ausentes por tempo demais.

Além disso, ao ter a atenção voltada aos eletrônicos, pode-se transmitir a ideia de que a pessoa ao lado não é tão importante para nós, provocando sentimentos de negligência e desconsideração contínuos. Algumas dicas podem ser úteis para lidar com esse tipo de situação:

- Coloque o telefone em outro lugar, como uma prateleira ou sobre alguma mesa mais distante, quando estiver ao lado de seu cônjuge ou seus familiares.
- Se você precisa fazer algo ao telefone ou no computador que legitimamente seja importante, dê uma explicação antes para, em seguida, checar suas informações.
- Não fique na defensiva quando for informado do excesso de uso – essa é uma forma de alguém lhe dizer que gostaria de mais atenção sua.

Pense nisso na próxima vez que for usar seu *smartphone* ou computador (e esteja, obviamente, ao lado de alguém). Podemos, sem perceber, estar aproximando as pessoas distantes, mas afastando as pessoas que estão próximas.

A INTERFERÊNCIA DA TECNOLOGIA SOBRE OS CÔNJUGES...

80

PETS E NOSSA SAÚDE

Não é segredo para ninguém que os seres humanos têm uma conexão especial com os animais. Pat Shipman, paleantropologista da Penn State University, sugere que essa conexão homem-animal vai muito além do simples afeto.

A pesquisadora propõe que a interdependência dos seres humanos ancestrais com outras espécies animais – a chamada *conexão animal* – desempenhou um papel crucial na evolução humana ao longo dos últimos 2.600 anos.

Estabelecer uma ligação íntima com outros animais, no entanto, é uma tendência não observada em nenhuma outra espécie e, nesse sentido, o convívio próximo nos trouxe uma série de vantagens.

HOJE EM DIA

Não sei se você sabe, mas no mundo todo o convívio com os animais, principalmente os animais de estimação, atinge marcas espantosas. No

Brasil, por exemplo, registrou-se a marca de 106,2 milhões de *pets* em 2014 – o equivalente a quase um animal de estimação para cada duas pessoas.

Intuitivamente já sabemos, e nem seriam necessárias pesquisas para atestar, que a relação desenvolvida com animais de estimação pode ser bastante positiva. Embora manejar essa rotina não seja das tarefas mais fáceis, todo o esforço, no fim das contas, vale muito a pena.

Segundo vários estudos, os donos de animais de estimação são mais saudáveis, têm maior autoestima e relatam menores níveis de solidão, se comparados a quem não tem animais em casa.

E não é só isso: segundo a American Psychological Association, ter um *pet* também está correlacionado a maior extroversão e menores níveis de medo.

Entende-se que eles podem servir como uma importante fonte de apoio emocional, tornando as pessoas mais conscientes, não apenas em relação à saúde de seus amigos de estimação, mas também à sua própria saúde. É como se a rotina de cuidados com nossos amiguinhos fosse também progressivamente incorporada por nós, melhorando nossa saúde.

Embora ainda não haja evidências, acredita-se que as relações com os animais apareçam, muitas vezes, em função dos relacionamentos insatisfatórios que se desenvolve em certas fases da vida. Isso os torna figuras importantes de apoio e troca de afeto. Além disso, aumentam o senso de pertencimento, um verdadeiro antídoto para episódios de isolamento e rejeição.

Portanto, os animais podem beneficiar a vida de seus proprietários, tanto psicológica como fisicamente.

PETS E CRIANÇAS

Vários estudos apontam o impacto positivo que animais de companhia podem oferecer não apenas aos adultos, mas também às crianças.

Quer saber alguns exemplos?

Um estudo mostrou que crianças que tiveram um cão durante o primeiro ano de vida apresentaram melhor resposta imunológica (31% menos infecções) do trato respiratório que aquelas que não tinham animais de estimação, ou seja, a exposição a animais de estimação no início da vida pode estimular expressivamente a imunidade infantil.

Crianças de famílias com cães também tiveram menos infecções de ouvido – 44% menos que as crianças que não tinham animais em casa –, inclusive, segundo os pesquisadores, usaram menos antibióticos.

PETS E NOSSA SAÚDE

Mais efeitos?

Crianças expostas a um animal de estimação demonstram mais empatia com seres humanos se comparadas às não expostas. Ao que tudo indica, trocar afeto com nossos parceiros de quatro patas exercita a capacidade de expressar emoções e sentimentos.

Além disso, crianças que têm *pets* estão mais envolvidas em atividades como esportes, passatempos, clubes ou realização ativa de tarefas, se comparadas às que não os têm.

Famílias pesquisadas em outra investigação relataram um aumento significativo na felicidade de seus membros após a aquisição de animais de estimação.

Outros exemplos? Crianças com autismo, na companhia de seus *pets*, apresentaram mais comportamentos sociais que as sem animais em casa.

Crianças que tinham animais de companhia, para citar outra investigação, pontuaram significativamente mais em escalas de empatia e orientação pró-social que as sem eles.

Enfim, os exemplos e os benefícios são inúmeros e, como vimos, não acontecem apenas agora, são bastante antigos.

CONCLUSÃO

A biologia dos seres humanos, desde o nascimento, impele à troca de afeto e de emoções como parte importante de nosso desenvolvimento psicológico. Portanto, quanto mais interações, mais capazes nos tornamos na vida adulta.

Nada de novo até aqui. Entretanto, vale lembrar que uma parcela expressiva das pessoas apresenta maiores níveis de embotamento emocional, o que as impede de praticar essas trocas sociais. Assim, creio que, nesse momento, os animais de estimação façam seu papel, pois acompanham, estimulam e mantêm em operação muitas necessidades emocionais.

É possível que os *pets* consigam suprir aquilo do que a vida, muitas vezes, nos privou: o afeto.

Desafio alguém a se recordar de um bom momento de sua infância que não esteja preenchido com a memória de algum animal de estimação. Portanto, lá estarão eles, sempre cumprindo seu papel, apaziguando nossas inquietudes e nos ajudando a ser mais saudáveis.

81

O DANO EMOCIONAL DA INFIDELIDADE

Atualmente, quando tudo se tornou relativo, creio ser uma das tarefas mais difíceis ter opinião conclusiva a respeito de várias questões que permeiam nosso cotidiano, desde como educar os filhos, passando por compreender as distintas práticas religiosas ou políticas e, finalmente, ter uma ideia formada a respeito dos relacionamentos afetivos.

Nesse mar de ambiguidades, em que aparentemente tudo se tornou permitido, adotar uma conduta ou um comportamento claro não é nada fácil.

É exatamente nesse cenário que muitos parceiros traem seus cônjuges, tornando-se infiéis. A partir de pseudodesculpas, o adultério toma seu assento e vira um verdadeiro fantasma para a relação a dois.

Uma publicação intitulada *Descobrimento sexual do Brasil* revelou dados alarmantes sobre o perfil de infidelidade dos brasileiros, homens e mulheres.

A prevalência de um caso entre 6.846 participantes da pesquisa mostrou que 50,6% dos homens brasileiros admitiram ter tido um envolvimento com outra mulher, enquanto 25,7% das mulheres admitiram tê-lo com outro homem. Ou seja, no Brasil, a cada cem homens casados, 50 tiveram um *caso*, e a cada cem mulheres casadas, quase 26.

Assim, seja por meio da traição virtual, que, muitas vezes, segue para a vida real, ou, se você preferir, no caso daquelas relações fortuitas e inacabadas que se mantêm com a passagem do tempo, uma coisa é fato: cria-se um padrão contínuo de segredos e mentiras que tem, como pano de fundo, o engano e a desconfiança.

Infelizmente, a maioria das pessoas que decidem quebrar seu voto de monogamia, embora intuitivamente saiba dos danos, não percebe os efeitos profundos que seu comportamento pode criar na vida emocional do cônjuge.

Outro estudo, publicado no *Sexual Addiction & Compulsivity*, revelou que as esposas de homens que têm um alto padrão de infidelidade, quando confrontadas pelos eventos de deslealdade de seus parceiros, experimentam sintomas de estresse semelhantes aos vividos por indivíduos com o transtorno de estresse pós-traumático – aquele presente em pessoas que sofreram eventos como sequestros, guerras ou cataclismos naturais –, um verdadeiro trauma.

Não é à toa que pessoas que passaram por essa experiência descrevem a descoberta como se *uma faca tivesse atingido seu coração*. Assim, o dano emocional causado pela infidelidade pode ser de difícil superação, mesmo com ajuda especializada.

CONCLUSÃO

Acredito, no entanto, que, se ambos os parceiros estão efetivamente comprometidos com o restabelecimento da confiança e da mudança mútua de comportamento, é possível que um relacionamento possa, sim, ser salvo, apesar da ocorrência de um caso extraconjugal. Estão aí os profissionais da saúde para auxiliar e as pesquisas para mostrar que é viável.

Entretanto, para outras pessoas, a violação da confiança (reiterada ou não) torna-se devastadora, impedindo que a reconstrução da segurança emocional seja atingida.

Em minha prática clínica, testemunhei casos em que o trauma repetido foi tão intenso que teve o poder de modificar a personalidade dos parceiros traídos.

Portanto, antes de seguir por esse caminho, pare e pense. Se um relacionamento se tornou tóxico, faça algo por ele (e por vocês que o integram) e, assim, aja de maneira clara e verdadeira.

Entendo que a vida, às vezes, nos prega peças, e ter de sair de certas armadilhas pode não ser uma tarefa fácil. Entretanto, ainda que hoje tudo possa ser relativizado, comporte-se tendo sempre em mente sua dignidade pessoal – esse princípio revela-se um importante norte em nossa vida.

82

COMIDA E CULPA: UMA RELAÇÃO BEM DELICADA

Como não poderia deixar de ser, a busca por uma boa alimentação remonta aos primórdios de nossa existência. Quando obter algo que pudesse nos nutrir envolvia a caça ou a coleta em campos e florestas, a cada dia em que nossos ancestrais despertavam, com eles nascia uma nova jornada de busca de provisões – exatamente como ainda ocorre no reino animal.

Foi assim, após longos períodos de procura e com o avanço da civilização, que nosso sustento pôde ser obtido de maneira simples e fácil. Dizem os historiadores que a comida, na forma como a conhecemos hoje, em termos de sua disponibilidade e fartura (basta andar alguns minutos até achar o que precisamos), surgiu há menos de dois séculos.

Na verdade, o acesso criou uma série de facilidades para nossa vida cotidiana. Todavia, se considerarmos nosso tempo de vida sobre o planeta (e a escassez pela qual passamos), não seria difícil compreender a razão pela qual temos uma natural atração pelos alimentos mais calóricos.

Nosso organismo ainda não teve tempo de absorver a mudança no ambiente (comida facilmente acessível) e, ao prever possíveis tempos de privação – a exemplo de como sempre ocorreu –, faz-nos buscar de maneira instintiva mais comida do que efetivamente precisamos. Como consequência, passamos a comer muito mais do que nosso organismo necessita, criando um descompasso nutricional.

O problema não é apenas evolutivo, mas também educacional. Quando jovens, fomos orientados a comer tudo e elogiados por isso, pois fazê-lo nos ajudaria a ficar "grandes e fortes" (era uma coisa boa, lembra?). No entanto, à medida que nos tornamos adolescentes, a mensagem começou a ser alterada: não deveríamos comer muito, caso contrário, poderíamos engordar.

Tínhamos sido *boas* crianças, pois sempre terminávamos a comida do prato, mas depois passaram a nos dizer que não éramos tão bons assim, pois tínhamos comido tudo, sem restrições e isso era ruim.

Ou seja, essas ordens parentais antagônicas, somadas à nossa biologia em plena transformação, ajudaram-nos a desenvolver uma grande confusão na idade adulta acerca da alimentação.

Além disso, atualmente sabemos muito mais sobre nosso processo alimentar que em qualquer outra época da existência (p. ex., conhecemos os efeitos do açúcar e da gordura), mas o verdadeiro equilíbrio entre informação nutricional e sensatez comportamental se tornou algo definitivamente delicado.

Adicione a isso a mudança no padrão de beleza que a mídia e a sociedade preconizam há tempos. A beleza mudou progressivamente seu contorno e, com isso, vieram roupas cada vez menores em função de corpos mais delgados – conduzindo-nos exatamente ao sentido oposto ao de nossa genética e história evolutiva. Assim, não deveria ser motivo de espanto que, com o passar do tempo, a anorexia e a bulimia nervosas tenham se tornado mais evidentes do que nunca em nossa sociedade.

Em tempos modernos, ao que tudo indica, não conseguimos ainda achar a equação ideal que nos guie a respeito de como nos posicionar sobre alimentação sem medo.

Passamos então a contar calorias – uma verdadeira tabuada –, de forma que até crianças já estão adestradas na identificação da "dose" recomendada de ingestão calórica a cada refeição. Temos informações a respeito dos vários tipos de dieta, do sódio em excesso, e por aí vão centenas de recomendações que sabemos tão bem de cabeça, salvaguardando-nos da obesidade (já que ela é, inclusive, uma epidemia mundial).

COMIDA E CULPA: UMA RELAÇÃO BEM DELICADA

Em decorrência dessa imensa paranoia social, surge um dos maiores efeitos colaterais da modernidade: a culpa. Comer não é mais apenas um ato prazeroso, mas carregado de arrependimento, medo e vergonha. Atualmente, raras vezes vemos alguém se alimentando de maneira livre e leve, ou seja, sem pensamentos intrusivos de pesar ou remorso. Embora historicamente tenhamos superado a escassez e possamos finalmente comer, devemos nos controlar o tempo todo – o que, seguramente, nos rouba o deleite de uma boa mesa –, resultado da má relação que desenvolvemos com a comida.

COMO AGIR?

Como psicólogo, diria para se afastar da noção de que há *bons* e *maus* alimentos. A comida não é boa nem má. Creio, atualmente, que há demasiado julgamento moral quando se trata de alimentação. O ganho de peso vem, na verdade, muito mais de uma alimentação emocional e de hábitos pobres do que, propriamente, daquilo que ingerimos em determinado momento de nosso dia.

Colocamos muita pressão sobre nós mesmos para ter uma dieta perfeita e equilibrada. Assim, se comemos de maneira adequada, somos *bons* e saudavelmente corretos, mas se comemos de maneira inadvertida (um pedaço a mais de *pizza* ou bolo, por exemplo), deixamos a mesa nos sentindo mal, como se toda a refeição não tivesse valido a pena – um verdadeiro suplício mental.

Acha que isso é tudo? Não é.

A tendência *fitness* ajuda a reforçar o sentimento de mal-estar ao fazer as pessoas pensarem que, além de comer controladamente (e, em muitos casos, fazer ginástica de maneira compulsiva), agora devem seguir também em direção aos alimentos orgânicos e mais naturais.

CONCLUSÃO

Entendo que a vida seja uma questão de equilíbrio, ou seja, fazer coisas que nos façam bem na maior parte do tempo. A comida não serve apenas para alimentar nosso organismo, mas também para alimentar nosso espírito.

Então, creio que precisemos deixar de tropeçar nos momentos que, em teoria, deveriam ser de celebração. Em nosso imaginário, nossos hábitos alimentares, definitivamente, precisam se modificar. Reflita a respeito.

ALGUMAS DICAS

1. Lembre-se de que comer é uma questão de equilíbrio. Se você normalmente cuida de sua saúde e de sua alimentação, uma fatia de bolo com a família ou um amigo realmente não vai lhe prejudicar em nada. Não olhe para cada alimento como se ele fosse uma transgressão. Nem tudo o que você come precisa ser "perfeito" ou ter baixo teor de gordura ou calorias.
2. Pare de julgar a si próprio com base em suas escolhas alimentares. O que você come não define a pessoa que você é. Se está acima do peso, por exemplo, vá com calma até atingir aquilo que lhe faria realmente feliz (tudo o que é duradouro leva tempo para ser construído).
3. Aprenda com a experiência. Se você sabe que é uma pessoa muito esfomeada e, às vezes, descontrola-se, fracione suas refeições. Isso poderá ajudar a restituir seu equilíbrio. E, acima de tudo, observe seu lado emocional. Esse, sim, precisa de atenção.

Finalmente:

4. Identifique as coisas que você faz com amor. Lembre-se de que a *culpa* nasce exatamente do fato de não estarmos verdadeiramente lá, presentes na hora da refeição, mas com a cabeça em outro lugar ou em outra preocupação.

Bem, o que eu quero dizer com tudo isso?
Simples! Que a saúde e seu corpo (assim como a sua felicidade), na verdade, são um estilo de vida não definido por aquilo que você come, mas pelo que você, de fato, é na maior parte do tempo.
Pense nisso.

83
CONSEQUÊNCIAS PSICOLÓGICAS DA CORRUPÇÃO

De fato, não é novidade para ninguém que o Brasil se afunda na corrupção. Todos os dias, de maneira incansável, somos bombardeados por notícias de desvios, subornos e atos ilícitos, dos mais baixos aos mais altos escalões.

Não duvido que tenha se tornado, de alguma maneira, folclórico, conviver com informações dessa natureza no País. Entretanto, além de corroer, como um câncer, a saúde e nosso equilíbrio econômico, acredito que estar exposto a esse tipo de ocorrência pode gerar efeitos psicológicos ainda maiores nas cabeças em formação.

Vários estudos já atestam a necessidade de, quando crianças, sermos conduzidos por pessoas que nos eduquem a partir de valores claros e bem delineados a respeito do mundo ao nosso redor e de nosso comportamento. Por exemplo, pais que conseguem transmitir aos filhos valores precisos que envolvam segurança (apoio psicológico) e limites são os mais afortunados na criação de uma boa base de saúde mental para a vida futura de seus pequenos.

Por sua vez, em lares onde os cuidadores alternam seus cuidados, ou seja, ora tornando-se presentes, ora ausentes, seja por repetição dos modelos familiares, doença ou até por negligência emocional, abre-se espaço para que a insegurança e a incerteza se tornem parâmetros na vida emocional dos filhos. É desnecessário elencar aqui as centenas de pesquisas que relacionam os modelos pobres de afeto materno e/ou paterno ao uso abusivo de álcool e drogas, comportamento antissocial, depressão, etc.

Assim, se a pessoa em seu microentorno (leia-se: família) sentir-se desassistida, podem ocorrer efeitos nefastos à sua saúde mental futura. Qual seria, então, a consequência de estarmos expostos a atos contínuos e repetidos de corrupção? Mais especificamente, que tipo de impacto isso poderia causar no imaginário psicológico das pessoas?

Para se pensar, não é mesmo?

Sabemos que o cérebro facilmente se adapta às mais variadas situações, ou seja, a mente opera dentro do que se denomina de *plasticidade cerebral*. Isso quer dizer que tudo aquilo que, a princípio, se mostra absurdo aos nossos julgamentos, rapidamente, com a repetição, passa a ser entendido como algo comum e "normal".

Quer um exemplo?

Jovens que utilizam *videogames* violentos tornam-se tolerantes a situações de agressividade. Pesquisas mostram que essas crianças, especificamente quando expostas a ocorrências de crueldade e selvageria interpessoal, são as que mais tempo levam para recorrer à intervenção de um adulto, se comparadas às que não foram expostas às mesmas situações. Ou, ainda, as crianças sujeitas a situações de barbárie são as que se apresentam mais anestesiadas a transgressões sociais (em função de um processo psicológico denominado *habituação*).

Portanto, conviver com agressão e desrespeito torna crianças e jovens insensíveis a esse tipo de situação.

Bem, e conviver com ambivalência de valores e corrupção?

Por partes. Vamos antes a um possível início?

ORIGENS

Embora não sejamos historiadores, sabemos que muitos de nossos colonizadores tinham o Brasil como local de exploração de madeira, pedras preciosas e mão de obra escrava. Desde nossos primórdios, o País foi tido como um território de proveito e de utilização de recursos encontrados em abundância.

Durante muitos séculos, essa foi a mentalidade prevalente, ou seja, tudo que fosse de valor e pudesse ser explorado era passível de ser exportado aos territórios ultramarinos.

Creio que essa ideia se instalou fortemente em nossa gente. Assim, ainda que o Brasil Império tenha acabado há séculos, a mentalidade social ainda é permeada pela tentativa de se obter benefícios e vantagens a qualquer custo. As pessoas ultrapassam pelo acostamento, jogam lixo pela janela do carro e sonegam impostos, ou seja, prevalece quase sempre a lógica da vantagem individual em detrimento da coletividade.

CONSEQUÊNCIAS

Então, é possível que, à medida que as gerações testemunharam atos de desrespeito social ao longo dos séculos, nos mais variados níveis, nossos princípios morais tenham, de alguma maneira, se alterado e, sem perceber, tenhamos nos tornando mais tolerantes a esse tipo de situação.

Talvez nosso senso de cidadania tenha sido deformado ao nos ser transmitida a ideia errônea de que vivemos em um local onde cada um está autorizado a fazer aquilo que mais lhe satisfaz ou beneficia (quem não se recorda da história do *jeitinho* brasileiro?).

Como consequência, em nosso imaginário imperam a individualidade e a lei da sobrevivência. Isto é, semelhantemente a uma casa onde habitam crianças sem que os pais possam exercer sua autoridade, sentimo-nos vivendo em uma terra sem lei e sem princípios.

No inconsciente coletivo atual, não seria de se estranhar, portanto, que os filhos não mais respeitem tanto seus pais, alunos sintam-se à vontade para agredir professores, *black blocs* acreditem ser legítimo danificar propriedades alheias, torcedores sintam-se no direito de vandalizar estádios e oponentes, pessoas pensem que minorias devem ser perseguidas e por aí vai. Assim, onde quer que você foque sua atenção, seguramente achará algum tipo de ocorrência dessa natureza.

CONCLUSÃO

Eu sei que pode parecer meio pretensioso de minha parte tentar juntar todos esses fenômenos em apenas um texto, tenho plena consciência, mas receba esses parágrafos como uma tentativa, ou até um ensaio mental, de entendimento de nossos dias. Não tenho dúvidas de que a coletividade atual vive um estado de grande depressão psicológica. Estamos desacreditados de tudo e de todos, buscando desesperadamente alguma alternativa que sirva de remédio à grande desilusão social que nos aplaca e, de alguma forma, impede que voltemos a acreditar em alguma coisa.

Voltando à realidade, como atenuar a exposição de nossos filhos a modelos deteriorados e antiéticos de comportamento social?

Minha resposta mais simples é: delimite regras.

Não tenha receio de usar suas crenças e valores como parâmetros firmes e claros de educação e convivência social. Um ponto fixo em meio à escuridão sempre oferece boa orientação nesse mar de ambivalência de princípios que hoje habitamos. Se você sente que isso falta na sociedade, comece criando e reforçando a ordem em sua própria casa.

Combater a corrupção, a falta de cidadania e de ética pode sim ser feito a partir de nossa relação com a família, os filhos, os funcionários e os amigos.

Você sabe como? Dê o exemplo.

Quando somos fiéis aos nossos valores, ajudamos os pequenos e o entorno a não se anestesiar com o absurdo de nossa realidade. Desse modo, criamos um trilho definido de ética, juízos positivos e bons conceitos.

CONSEQUÊNCIAS PSICOLÓGICAS DA CORRUPÇÃO

84

CÉREBRO: QUANTO MAIS APRENDEMOS, MENOS SABEMOS

Eis um dos grandes paradoxos quando o assunto é o estudo do cérebro.

Ainda que cientistas sejam capazes de estudar o funcionamento dos neurônios e das redes neuronais, eles ainda não conseguem ter uma boa compreensão do quadro geral onde situar todas as informações.

Não sei se é de seu conhecimento, mas existem aproximadamente cem bilhões de neurônios responsáveis por quase um trilhão de conexões neurais. Pesquisadores tentam estudá-los individualmente ou em pequenos grupos, mas a tarefa parece estar longe de ser conclusiva.

"Talvez o maior desafio", afirma o neurocientista Rafael Yuste, "é que as funções cerebrais podem ser vistas a partir de tantas possibilidades, como, por exemplo, partindo dos impulsos elétricos, passando pela bioquímica, pela estrutura física e chegando às redes de conexão entre os níveis, que a compreensão global se torna praticamente impossível".

Das muitas metáforas usadas para compreender o cérebro, a ideia de *mapa* provavelmente ainda é a mais útil, talvez porque essa forma de representação seja mais familiar como maneira de obter uma boa visualização.

"Há um século, os mapas cerebrais eram como mapas da superfície da Terra, do século XVI", disse David Van Essen, pesquisador. E complementa: "Nessa época, grande parte era desconhecida ou ainda erroneamente delineada, mas agora nossas caracterizações são um pouco mais reais, ou seja, algo parecido com um mapa do século XVIII".

Se você acha isso rudimentar, eu lhe diria que há mais de 40 mil cientistas tentando compreender o cérebro a partir do Human Connectome Project – um consórcio de universidades norte-americanas apoiado pelo National Institutes of Health (NIH), do mesmo país, que tem como objetivo criar uma descrição interativa das conexões do cérebro.

Assim, cada forma de olhar para as conexões cerebrais revela segredos cada vez mais surpreendentes, mas o quadro total e completo do cérebro humano ainda parece estar fora do alcance da ciência, acredita-se.

Voltando à metáfora dos mapas como forma de representar nosso cérebro, dizem os pesquisadores que apenas agora começa a ficar mais claramente delineado o grau de conhecimento relativo aos continentes, às cadeias de montanhas e aos rios. A grande esperança é a de que o Human Connectome Project possa avançar expressivamente ao longo dos séculos XIX e XX para, finalmente, oferecer algo mais parecido com o que conhecemos hoje por Google Maps – uma descrição altamente interativa e pormenorizada de nosso entorno físico, mas a partir das estruturas cerebrais.

Já que falamos em cérebro, quer saber uma das mais importantes descobertas a seu respeito?

O CÉREBRO PODE SER AFETADO PELO INTESTINO

Pois é, à primeira vista, pode parecer bem estranho, mas essa é uma das grandes conclusões que levam a uma mudança importante nos paradigmas de estudo.

Voltando à questão: o que isso teria a ver com nosso cérebro?

Eu explico.

Por caminhos ainda não compreendidos, nossa microbiota (flora intestinal) é capaz de modificar o funcionamento cerebral. Acredita-se que essa influência se dê por meio de substâncias liberadas por bactérias, produzidas por nosso próprio intestino, que caem na corrente sanguínea, vindo a interferir em nosso estado emocional.

Como cada pessoa tem um conjunto próprio de espécies de fungos e bactérias vivendo em seu corpo, uma vez que cada mucosa tem sua flora individual, aspectos ambientais – como com quem você vive, se há animais em casa e o que come – podem interferir em seu funcionamento mental.

"Isso abre uma maneira completamente nova de olhar para o funcionamento do cérebro, bem como reformula o conceito de saúde e de doença" – afirmou o professor de medicina e psiquiatria Dr. Emeran Mayer. Pesquisas anteriores já haviam demonstrado uma ligação positiva entre as variações nos micróbios do intestino e quadros de autismo, depressão e ansiedade. Assim, neste momento, os neurocientistas tentam desenvolver uma compreensão mais aprofundada de como esse sistema não apenas exerce influência, mas também afeta o desenvolvimento das atividades cerebrais.

Para concluir, eu diria que, muito embora ainda estejamos engatinhando em nossas investigações, espero que o futuro traga renovados conhecimentos e que as pesquisas científicas possam abrir, cada vez mais, a porta para uma vida emocional equilibrada, estável e duradoura.

85
REJEIÇÃO: O QUE VOCÊ DEVERIA SABER

Não é de hoje que sabemos muito bem que a rejeição pode causar expressivo desconforto emocional, ou seja, viver situações de abandono provoca um profundo incômodo psicológico.

Contudo, antes mesmo de causar algumas consequências negativas ao nosso bem-estar, algumas pesquisas apontam que os efeitos da rejeição podem provocar resultados expressivos em várias esferas de nossa existência.

Quer entender melhor? Eu explico.

A REJEIÇÃO "TRAFEGA" NAS MESMAS VIAS CEREBRAIS QUE A DOR FÍSICA

Estudos de ressonância magnética demonstraram que, durante uma experiência de exclusão, as áreas do cérebro que se tornam ativas são as mesmas de quando sentimos uma dor física. Assim, neurologicamente falando, essa é uma das possíveis explicações para que a rejeição, em muitos casos, *doa muito*.

PARACETAMOL (TYLENOL) REDUZ A DOR CAUSADA PELA REJEIÇÃO EMOCIONAL

Um estudo testando a hipótese de que a rejeição seria semelhante à dor física fez pesquisadores ministrarem uma dose de paracetamol a alguns participantes, enquanto ao grupo-controle foi ministrada uma pílula de açúcar (placebo). Após essa primeira etapa, foi solicitado aos grupos que recordassem determinada experiência de rejeição. As pessoas que receberam paracetamol relataram uma dor emocional menor, se comparadas aos indivíduos que tomaram placebo, confirmando a hipótese inicial de semelhança à dor física e possibilidades futuras de compreensão e tratamento.

REJEIÇÃO E REDUÇÃO TEMPORÁRIA DO QUOCIENTE DE INTELIGÊNCIA (QI)

Um grupo de pessoas foi convidado a recordar uma recente experiência de rejeição que tivesse vivido. Ao serem submetidos à lembrança da experiência, os indivíduos foram testados em suas funções cognitivas. O resultado? Aqueles que conseguiram se recordar melhor das experiências de dor apresentaram pontuação significativamente mais baixa em testes de QI (redução imediata em 25%), testes de memória de curto prazo e em testes de tomada de decisão.

Na verdade, especula-se que, quando sofremos uma rejeição dolorosa, necessariamente não ficamos menos inteligentes, o que é óbvio, mas nos tornamos limitados de forma momentânea em nossa habilidade de pensar analiticamente (habilidade reduzida em 30%, nesses casos), o que compromete nosso funcionamento cognitivo geral.

REJEIÇÃO E AGRESSIVIDADE

Inúmeros estudos têm demonstrado que viver episódios de rejeição (ainda que das formas mais leves) pode desencadear agressividade interpessoal.

Além disso, a rejeição também foi associada a menores escores de autocontrole, ou seja, quanto mais intensas e repetidas forem as situações de evitação e segregação, maiores serão os comportamentos impulsivos e as atitudes autodestrutivas. Isso quer dizer que a rejeição provocou aumento não apenas na agressividade interpessoal, mas também na intrapessoal (aquela voltada contra o próprio indivíduo).

REJEIÇÃO E AUTOESTIMA

Como seres sociais, quanto mais distantes (ou apartados) estivermos do grupo de referência, pior nos sentiremos. Essa afirmativa é válida não apenas em relação ao entorno social, mas também em relação a nós mesmos.

Embora possamos ter noção clara de que, muitas vezes, não somos os responsáveis diretos pela evitação ou esquiva grupal, em pessoas mais jovens, inicia-se um processo de culpabilização e desvalorização, o que aumenta as chances de desenvolvimento de depressão e ansiedade.

Por fim, uma das marcas mais comuns da baixa autoestima, extrema sensibilidade a rejeições, exclusões ou críticas, contribui para que essas pessoas criem, cada vez mais, expectativas irreais e/ou aumentadas em relação aos cuidados que os outros deveriam lhes dispensar (mas que não o fazem).

REJEIÇÃO E NOITES MAL DORMIDAS

Outra pesquisa revelou que adolescentes expostos a situações de rejeição apresentaram pior qualidade de sono. Muitas vezes, uma noite não reparadora também pode ser responsável por menor concentração, o que resulta em pior desempenho escolar no dia seguinte, aumentando o sentimento de não pertencimento social.

Portanto, sentir-se rejeitado pode, igualmente, além de afetar certas funções biológicas básicas, como uma boa noite reparadora, perpetuar em nossa mente o senso de esquiva e de discriminação pessoal.

REJEIÇÃO E ESTRESSE PÓS-TRAUMÁTICO

A intensa experiência emocional de abandono pode criar, segundo pesquisas, um trauma suficientemente intenso para impactar o funcionamento psicobiológico dos indivíduos. Após uma experiência de abandono na infância ou na idade adulta, por exemplo, algumas pessoas relatam sintomas semelhantes ao do estresse pós-traumático.

Uma marca dessa interferência pode ser vista, por exemplo, na ocorrência de uma ansiedade antecipatória contínua, que afeta não apenas as expectativas em relação ao presente, mas também as da vida futura do indivíduo.

REJEIÇÃO E RELAÇÕES AMOROSAS

A dor de ter passado por situações de abandono ou negligência emocional pode, muitas vezes, deixar marcas por toda a vida. Pesquisas apontam uma forte correlação entre a rejeição prévia e a escolha futura de parceiros românticos inadequados, em que a omissão, a desatenção e o descuido são marcas registradas.

Dependendo da intensidade da rejeição, observa-se excessiva necessidade de aceitação ou aprovação do parceiro afetivo. Tais pessoas afirmam sistematicamente que *dão muito de si* para a relação, mas *não recebem o suficiente*, criando os casos de codependência, traduzidos por meio do amor e do ciúme patológicos.

CONCLUSÃO

Obviamente, os achados descritos anteriormente apenas representam elementos das situações de rejeição e esquiva emocional. Cada pessoa irá demonstrar melhores ou piores condições de lidar com as adversidades da vida.

Até mesmo a capacidade de enfrentar dificuldades (também conhecida como *resiliência* humana) é resultante direta das relações afetivas prévias. Assim, quanto maiores e melhores tiverem sido as relações de apoio e cumplicidade emocional (com menores níveis de rejeição), melhor e maior será a capacidade psicológica de enfretamento observada na vida adulta.

O que sabemos, de fato, é que o sentimento de rejeição pode, em certos casos, vir a ser devastador. Cuidar disso, independentemente de nossa idade, é garantia de uma vida futura melhor.

Como cuidar disso? Há várias maneiras. Por exemplo, buscar ajuda dos profissionais da saúde, ou simplesmente se interessar por isso, já é um ótimo começo.

"Existem muitas evidências de que os seres humanos, de todas as idades, serão mais felizes e mais capazes de desenvolver seus talentos quando estiverem seguros de que, por trás deles, existe uma ou mais pessoas que virão em sua ajuda caso surjam dificuldades" – John Bowlby.

86

DUAS ARMADILHAS MENTAIS QUE IMPEDEM O BEM-ESTAR

Nossa mente é povoada por uma série de questões que nos acompanham por toda a vida. Sem percebermos, somos ocupados por princípios e valores que, embora decorrentes de nossa educação e nossa mente mais primitiva, não expressam, em certos momentos, aquilo que realmente desejamos ser na vida adulta.

Muito embora exista um sem-número de teorias psicológicas que procuram dar boas respostas a essas inquietudes, em última instância somos os maiores responsáveis pelos flagelos psicológicos que nos atormentam.

A seguir, descrevo duas das questões mais frequentemente observadas nas queixas do consultório de psicoterapia, as quais, talvez, possam ser úteis no escape dessas armadilhas mentais.

COMPARAÇÃO

Possivelmente, a comparação ocupa o primeiro lugar no *ranking* dos suplícios psicológicos. Sem que percebamos, sempre e continuamente estamos nos comparando a alguém (obviamente melhor), o que nos faz viver um contínuo estado de insatisfação. Pessoas que tenham mais sucesso, mais recursos econômicos ou atributos físicos superiores sempre serão nossos modelos. É como se esse *manequim existencial* pudesse ser um parâmetro verdadeiro e legítimo daquilo que precisamos atingir em algum momento, mas, na realidade, dificilmente conseguimos.

Nessa hora, cometemos um dos maiores equívocos lógicos, simplesmente não consideramos que, por trás de cada história de sucesso, muito possivelmente haverá uma infinidade de coisas que contribuíram para que aquelas pessoas pudessem chegar lá.

No que diz respeito à beleza física, por exemplo, é provável que a genética lhes tenha dado uma mãozinha e, mesmo após anos de academia, dificilmente chegaremos onde tais pessoas chegaram – e ainda com a metade de nossos esforços.

Mais sucesso profissional? Desconhecemos a quantidade de indicações e de ajuda que muitas dessas pessoas tiveram.

Veja que nem de longe estou diminuindo o mérito de cada história de realização, ao contrário, mas nesses momentos nos esquecemos de que cada um construiu sua própria sucessão de acontecimentos que o fez, possivelmente, chegar tão longe. Portanto, as comparações apenas servem para, momentaneamente, nos diminuir e nos paralisar.

Assim, evite olhar para o lado e comparar sua vida à dos outros. Foque exclusivamente naquilo que você acha importante desenvolver *em sua vida* e siga adiante. Aquilo que a vida lhe oferece é único e, portanto, incomparável aos demais. Mesmo que sua existência seja marcada por menos oportunidades, pouco dinheiro ou pouca beleza física, construa sua própria jornada de sucesso.

AUTOCRÍTICA

A autocrítica é outra armadilha bastante frequente.

É praticamente universal carregarmos uma "voz" que, sendo quase imperceptível aos nossos pensamentos, se faz presente em situações bem delicadas da vida. Decorrente das comparações que fazemos com os outros e que, naturalmente, nos geram mal-estar, é muito comum que uma *voz crítica* surja nos momentos estrategicamente mais sensíveis de nosso viver.

Por exemplo, ao conhecer uma pessoa nova, lá estará a voz dizendo que não somos bons o suficiente, que não somos inteligentes o bastante e, o pior, que não somos tão atraentes como precisaríamos de fato ser. As desculpas que prontamente damos a nós mesmos ao ouvir essas vozes incluem: "Pois é, meu cabelo não é tão bonito assim", "Meu corpo é que está acima do peso", ou ainda "Sou muito tímido ou fechado e dificilmente agradarei alguém", etc.

Desse modo, basta que a voz crítica entre em cena para que, desesperadamente, tentemos justificar as prováveis causas de nossa limitação. E não pense que isso é relativo apenas à nossa beleza corporal. Quem nunca esteve em uma situação de tensão (ou de avaliação) em que sentiu a entrada de um pensamento automático que dizia "não sou tão bom" ou, ainda, "sou incapaz de superar essas dificuldades"?

Nesse momento crucial, nosso maior erro é acreditar cegamente que, por trás de cada pensamento negativo, existe uma *verdade* a nosso respeito. Nosso equívoco é achar que, por trás dessas vozes, existem verdades e que, *realmente*, somos incapazes.

O resultado disso é que, em situações nas quais deveríamos seguir adiante e enfrentar nossos medos, simplesmente recuamos e nos resignamos.

Ao fazer isso, sem perceber, perpetuamos um senso de incapacidade extraído das comparações inadvertidas que, no fundo, nos fazem acreditar que somos limitados.

Então, vamos à velha pergunta: o que fazer diante de tudo isso? Simples. Não acredite nos pensamentos que falam a respeito de suas incapacidades.

Esses conteúdos são, em sua maioria, decorrentes de uma série de condicionamentos históricos (infância, escola, família, etc.) e, em última instância, não mais refletem nossa realidade.

Ninguém é feio, burro ou desprovido de sucesso. Apenas e tão somente ainda *não tentamos* de verdade criar nossa própria história.

CONCLUSÃO

A questão é bem clara. Ou você acredita nas incapacidades que habitam sua cabeça ou procura se movimentar através delas.

Posso assegurar que o resultado final de sua existência depende diretamente dessa escolha.

Conforme diz um antigo ditado: "Não importa o que fizeram conosco. O que importa é o que fazemos com aquilo que fizeram de nós". Eu sei que você até pode me chamar de reducionista ou simplista. No entanto, eu vou lhe dizer a verdade: eu não ligo. É assim mesmo que *eu* penso. Ninguém, em última instância, pensará como eu e, definitivamente, não vou me envergonhar por ser assim ou assado, compreende?

Aprenda a caminhar pelo pântano das opiniões contrárias. Asseguro que você um dia terá, finalmente, o tão procurado sucesso e, o mais importante, terá garantido mais do que nunca seu mais autêntico e verdadeiro bem-estar.

Pense nisso.

87

CULPA: NOSSA INCESSANTE COMPANHEIRA

Não é de hoje que o ser humano pensa e, diga-se de passagem, pensa muito. Ao fazer isso, inevitavelmente se autoavalia. Agimos assim desde que somos pequenos, e tal hábito se mantém inalterado por praticamente toda a vida. Creio, inclusive, que até se acentue um pouco em idades mais avançadas.

Pensamos, de maneira ininterrupta, a respeito de nosso presente, passado e futuro. Arriscaria dizer que, entre os três, nosso passado exerce certa predominância atencional.

Imagino que esse fascínio ancestral seja decorrente do péssimo hábito que desenvolvemos a respeito de raciocinar sobre certos acontecimentos. Dos bons aos maus, estes últimos, diga-se de passagem, ocupam um espaço importante em nossa vida.

Isso você deve saber muito bem, pois ocorre em relação aos mais variados segmentos, como finanças não bem administradas, oportunidades profissionais desperdiçadas, viagens não concretizadas, relacionamentos familiares malconduzidos, afetos românticos não vividos (ou vividos de maneira incompleta), e, finalmente, para dar contorno a uma centena de memórias inconvenientes, emolduramos nossas reflexões com um verniz de fracasso e imperfeição pessoal.

Nesse processo nostálgico, um elemento se torna verdadeiramente preponderante: *a culpa* por ter feito algo de maneira imprópria. Culpabilizamo-nos por não ter dito, por não ter agido, por não ter sentido e, finalmente, por não termos nos posicionado de alguma maneira específica. Tais lembranças, obviamente, conferem-nos uma reminiscência de malogro e de incapacitação que se perpetua em nossa mente de maneira indelével.

Esse péssimo hábito acaba nos pregando uma boa peça, pois, quanto mais vivemos, mais frustrados ficamos, uma vez que, quanto mais maduros e experientes nos tornamos, mais inadvertidas se tornam as ações analisadas à luz de nossa maturidade.

Como em um jogo de xadrez, no tabuleiro de nossa existência, examinamos, a partir da vida adulta, erros cometidos na condução de uma centena de peças e decisões passadas.

Dessa forma, nossa mente fica povoada de arrependimentos e de remorsos que se tornam quase perpétuos em nossa realidade psicológica.

Vejo isso diariamente em meu consultório. Entretanto, cabe aqui uma questão.

O QUE FAZER?

Essa é, definitivamente, uma boa pergunta.

Um aspecto que deveria ser considerado e ativamente praticado por nós em nossos pensamentos é a possibilidade de *relativizar* nossas imprudências passadas.

Eu explico. Não é difícil.

Decorrente não sei de quais princípios, o fato é que nos tornamos exímios julgadores. Tudo que fizemos de errado salta aos nossos olhos. Fico pensando se isso se deve a uma moral cristã, provida dos pecados da conduta, ou se é algo influenciado por conceitos de ética ou filosofia. Criticamos severamente tudo e todos. Sabemos de cabeça o certo, o errado, o bom e o mau, de modo que essas classificações, muitas vezes apontadas para nossa infância e adolescência, tornam-se tóxicas do ponto de vista retrospectivo, pois ficamos sempre no foco do deslize.

Sobreviver nessa trilha de autoacusações que nos leva a um início não muito claro não se mostra das tarefas mais simples.

Todavia, se conseguíssemos olhar para nossa história sob uma ótica mais compreensiva, as circunstâncias ganhariam um novo ponto de vista.

Embora colecionemos recordações negativas, lembremo-nos de que sempre agimos a partir do que efetivamente tínhamos em cada ocasião. Compreende?

Veja só. Eu costumo pensar que meus erros se deram única e exclusivamente por minha falta de discernimento e sensatez, típicas da pouca idade e experiência de vida.

Dessa forma, coloco meus equívocos em perspectiva. Obviamente, não devemos nunca perder de vista nossa integridade e nosso bom senso. Entretanto, ainda que seja interessante nossa mente crítica nos alertar a respeito do que deve ser corrigido a partir do passado, também é interessante – como mente adulta – que entenda que somos pessoas em experiência plena, ou seja, sujeitas a contínuos erros de percurso que são corrigidos a partir das experiências.

Dessa forma, culpabilizar-se menos pelos equívocos é um ótimo começo. Lembre-se de que toda análise posterior sempre será potencialmente tendenciosa ao julgamento negativo. Assim, tente desfazer essa tendência. Posso assegurar que sua autoestima irá agradecer bastante.

Caso você ainda se arrependa muito de algo, felizmente tem a oportunidade de corrigir o que, de fato, precisa ser alterado.

O que quero dizer com tudo isso? Simples: tente ser o seu melhor amigo, não um juiz impiedoso e implacável.

Agindo assim, olhamos a vida com mais leveza e, ao mesmo tempo, alteramos sem perceber a maneira pela qual acreditamos ser vistos pelo mundo.

Experimente pensar assim, vez ou outra. Acredito que isso irá ajudar bastante.

A maioria dos sentimentos de culpa é fruto de nossa própria imaginação.

88

UMA QUESTÃO DE TEMPO: O PARADOXO DA VIDA

É realmente curioso notar o que acontece conosco quando nos debruçamos sobre as distintas memórias do que já vivemos. Não sei se é seu caso, mas no meu, por exemplo, fico me perguntando a razão pela qual o tempo, em diferentes fases da existência, aparenta ter distintos significados e duração. Quando somos pequenos, é fato que os anos custam muito a passar. Nossos aniversários de infância e as festas de fim de ano são momentos únicos; com eles, centenas de memórias são colecionadas desses períodos.

Recordamo-nos com detalhes das vivências, das roupas que usávamos, das pessoas envolvidas e de tudo que permeou esses importantes acontecimentos.

Sejam boas ou más, essas reminiscências de nossa primeira década passam lentas, cheias de acontecimentos e de recordações até que, finalmente, chegamos à adolescência. Nesse momento, alcançar os 18 anos de idade se torna um de nossos maiores objetivos.

É interessante notar que desfrutamos, nesses estágios, de um sentimento muito estranho em relação ao tempo, isto é, se, antes, pouco nos apercebíamos de sua existência, agora nos aborrecemos com sua lenta e demorada passagem que, literalmente, nos desgasta. Sentimos, assim, que os momentos, efetivamente, não passam, o que nos permite repetida e continuadamente fazer planos a respeito do que estudar, onde um dia vir a morar, para onde viajar e, o mais importante, o que poderemos nos tornar. De tanto imaginar e sonhar, de alguma maneira fazemos as pazes com o tempo e, assim, ele nos permite chegar aos 18 anos de idade.

Nessa ocasião, o que não sabemos ainda é que, passado esse período, nossa relação com a temporalidade começa a sofrer uma significativa alteração. Os 21 anos, outro marco importante, rapidamente chegam e, com eles, a década dos 20 anos é vivida de maneira um pouco diferente das anteriores.

Não sei se é o seu caso, mas dos 20 aos 30 anos, o tempo já não nos aborrece mais tanto. Estamos tão absorvidos com as definições das questões afetivas e profissionais que nem ligamos muito para a sua duração e, dessa forma, a barreira dos 30 anos também é cruzada.

Nossas inquietudes pessoais, das mais variadas, nos absorvem de tal forma que, dos 30 aos 40 anos, o tempo é sentido com um pouco mais de agilidade. Caso você ainda não saiba, essa experiência irá ocorrer de forma cada vez mais intensa nas décadas seguintes até que, na terceira idade, muitas pessoas dizem que a vida passou *em um piscar de olhos.*

Assim, não é muito difícil perceber que o tempo se apresenta, do início ao fim da vida, de forma bastante distinta. De modo que sofremos um verdadeiro afunilamento temporal, ou seja, vivemos lentamente no início da vida, mas rapidamente na vida adulta.

A pergunta que seria muito oportuna neste momento é: existe algum elemento responsável pela diferença de percepção temporal em nossa vida mental nas diferentes idades?

Desconheço uma boa resposta científica a respeito. Entretanto, uma questão bem simples a ser considerada seria sobre a quantidade de vida que carregamos em cada fase, o que resultaria em uma percepção do tempo distinta.

Eu explico.

Quando somos crianças, os eventos são carregados de tanta novidade que despertam expressiva curiosidade e atenção, uma vez que, como situações únicas de nossa história, delineiam momentos significativos em nossa vida. Entretanto, à medida que o tempo passa, as vivências deixam, aos poucos, de nos sensibilizar, pois passam a fazer parte da grande coleção mental de lembranças.

UMA QUESTÃO DE TEMPO: O PARADOXO DA VIDA

Um raciocínio simples que pode ajudar a compreender o que estou tentando dizer é o seguinte: imagine, por exemplo, com 7 anos de vida, a relevância e o valor que contém cada aniversário. Eventos únicos que nos preenchem de emoções e de vida. Todavia, com 40 ou 50 anos, a importância de *uma* simples celebração, obviamente, dilui-se nas sucessões de tantos e tantos anos (e outras celebrações) já vividos.

Dessa forma, um dia apreciado em 50 anos de uma vida é completamente distinto da sensação extraída de um dia aproveitado aos 5, 6 ou, digamos, 7 anos de idade.

Como a vida vai passando e as situações vão perdendo a força de nos impregnar do ponto de vista emocional, temos a sensação de que os momentos importantes diminuem. Assim, "o tempo passa mais rápido", uma vez que poucas são as coisas que conseguem ser fortes o suficiente para nos marcar de forma expressiva – o que é um processo totalmente natural e adaptativo.

O QUE FAZER?

Uma sugestão derivada do pensamento oriental para frear um pouco a roda da vida seria o desenvolvimento daquilo que se denomina *mindfulness*, a capacidade de despertar a atenção ou a consciência plena dos eventos que compõem nosso mundo interno, manifesto por meio de pensamentos, emoções e sentimentos.

Ao prestar mais atenção às coisas, reduzimos a velocidade percebida e, assim, a sensação da passagem do tempo de nossa existência nos devolve a capacidade de voltar a nos surpreender com as coisas simples que compõem o cotidiano. A meditação, por exemplo, é vista como um poderoso exercício nessa direção. Outra sugestão? Faça apenas uma coisa de cada vez, colocando toda a sua atenção no que está fazendo.

Com isso, podemos exercer um tipo de controle sobre a aceleração temporal e voltar, então, a sentir a vida com nossos próprios olhos e com nosso próprio coração, desanestesiando-nos.

"O tempo não existe. O que chamamos de tempo é o movimento de evolução das coisas [...] ou existe imutável e nele nos transladamos" – Clarice Lispector.

CONCLUSÃO

Se o tempo existe ou não de fato, isso talvez tenha pouca importância no carrossel da vida. O que importa, na verdade, é que consigamos utilizar esse lapso temporal da consciência plena para nosso aprimoramento pessoal.

Na verdade, se pensarmos bem, tudo é realmente apenas questão de tempo. Decidir como passar por ele depende absolutamente de nós.

89
O EFEITO DA EXPOSIÇÃO À VIOLÊNCIA NA TELEVISÃO

É de conhecimento de todos que se expor às mais distintas situações gera um efeito progressivo de tolerância psicológica, ou seja, quanto mais estamos sujeitos a determinada vivência (seja positiva ou negativa), mais emocionalmente *dessensibilizados* nos tornamos a ela.

Há relatos de esse mecanismo ser observado desde situações extremas, vividas na guerra, até aquelas em que médicos de resgate descrevem não mais se abalar com experiências de quase morte de seus pacientes socorridos.

Além disso, não temos controle a respeito da maioria dos eventos de vida a que estamos sujeitos, certo?

Entretanto, com a perspectiva da televisão e dos *videogames*, uma nova questão foi levantada: expor crianças à violência as deixaria mais tolerantes, a exemplo do que já acontece com outras situações?

Não sei se é de seu conhecimento, mas desde 1970 a perspectiva da imitação tem sido colocada em pauta pelo psicólogo Albert Bandura, em sua teoria da aprendizagem social. Bandura postula que podemos aprender certos comportamentos por intermédio da aprendizagem vicária (ou indireta) executada por terceiros.

No entanto, nem seria necessária uma pesquisa dessa importância para nos dizer que as crianças efetivamente imitam aquilo que veem, pois esse é um fato altamente intuitivo.

QUAIS SÃO OS EFEITOS DA VIOLÊNCIA EXPOSTA PELA TELEVISÃO?

Desde o aparecimento da televisão, pais, professores e profissionais da saúde querem entender o impacto dos programas sobre as crianças, especialmente os que trazem conteúdos recheados de violência. Assim, alguns comitês, em especial o Surgeon General's Scientific Advisory Committee on Television and Social Behavior, debruçaram-se sobre essa questão.

De especial preocupação, as descobertas de 15 anos desse trabalho apontaram *de forma consistente e perturbadora* que estar exposto a esse tipo de conteúdo cria um impacto sobre atitudes, valores e comportamento de espectadores mirins. O relatório resultante da investigação, somado a outro documento publicado pelo National Institute of Mental Health, identificou os grandes efeitos da exposição à hostilidade na televisão, a saber:

- As crianças podem tornar-se menos sensíveis à dor e ao sofrimento alheio.
- As crianças podem ficar mais inseguras e amedrontadas em relação ao mundo que as rodeia.
- As crianças podem ficar mais propensas a se comportar de maneira agressiva ou hostil em relação aos demais.

Outra pesquisa, feita pelos psicólogos L. Rowell Huesmann e Leonard Eron, entre outros, revelou que crianças expostas a muitas horas de violência na televisão foram as que apresentaram os maiores níveis de comportamento agressivo na adolescência.

E os efeitos não pararam por aí. Huesmann e Eron descobriram que os adultos que haviam sido expostos a conteúdos violentos na idade de 8 anos, se comparados a um grupo neutro, foram os que apresentaram maior propensão a se envolver em atos criminosos na vida adulta.

Obviamente, seria ingênuo de nossa parte pressupor que a exposição a esse tipo de conteúdo seria a única responsável pela agressividade na vida

O EFEITO DA EXPOSIÇÃO À VIOLÊNCIA NA TELEVISÃO

adulta. Entretanto, entendemos que estar sujeito a ele pode prejudicar os jovens que já exibem essa tendência, como um elemento coadjuvante do desenvolvimento de comportamento agressivo.

E OS *VIDEOGAMES*? QUAL É SUA RELAÇÃO COM A VIOLÊNCIA?

Obviamente, a agressividade na televisão virou, nos dias de hoje, uma brincadeira de crianças se tivermos em mente o conteúdo dos atuais jogos de *videogame*.

Diferentemente da exposição à televisão, em que não temos controle sobre o conteúdo (posição mais passiva), nos *videogames* pode-se repetir a experiência quantas vezes for desejado, criando, em tese, um aumento do efeito da anestesia emocional provocado pela dessensibilização.

Pesquisas apontam que 97% dos adolescentes com idade variando entre 12 e 17 anos, nos Estados Unidos, por exemplo, divertem-se com *videogames*.

Assim, a respeito do efeito da exposição a esse tipo de violência, uma revisão bibliográfica realizada em 2010 pelo psicólogo Craig A. Anderson concluiu que: "A evidência sugere fortemente que a exposição a jogos violentos é um fator de risco causal para o aumento do comportamento agressivo, cognição agressiva e, finalmente, diminuição da empatia".

Portanto, uma vez que já sabemos dos efeitos da violência na televisão sobre crianças e adolescentes, seria correto afirmar que o mesmo ocorre com os *videogames*?

Sim, seria.

Metanálises apontam para o aumento da violência, da hostilidade e dos comportamentos antissociais em função da maior exposição a conteúdos violentos nos *games*.

Além disso, não podemos nos esquecer do papel importante que os *neurônios-espelho* exercem em nosso comportamento. Você, por acaso, sabe qual é a função desses neurônios?

Eu explico.

Quando vemos alguém fazendo algo, automaticamente simulamos aquela ação em nosso cérebro, ou seja, é como se estivéssemos mentalmente realizando aquele gesto. Isso quer dizer que o cérebro funciona como um *simulador* silencioso. Nossa mente involuntariamente ensaia toda ação que observamos em nosso entorno, deixando-nos *prontos para agir*.

Essa capacidade se deve aos neurônios-espelho, distribuídos por partes essenciais do cérebro.

Assim, quando observamos alguém realizar uma ação (bocejar, por exemplo), esses neurônios disparam e, por isso, também bocejamos. Essas células cerebrais são essenciais no aprendizado de atitudes e ações, pois permitem que as pessoas executem atividades sem necessariamente pensar nelas, apenas acessando seu banco de memórias individual.

Nesse sentido, a mente dos jovens que vivenciam mais violência tende a ficar mais "exercitada" no que diz respeito às ações que envolvem esse tipo de atitude. Se considerarmos que os jovens da "geração digital" gastarão mais de 20 mil horas nesses jogos até os 18 anos, a perspectiva não é nada saudável.

CONCLUSÃO

Caso os dados expostos anteriormente ainda não sejam fortes o suficiente para gerar uma reflexão, saiba que a quinta e última publicação do manual de psiquiatria denominado *Manual diagnóstico e estatístico dos transtornos mentais* (DSM-5) propôs a inclusão de uma nova categoria de doença psiquiátrica denominada transtorno do jogo pela internet. Ou seja, um novo transtorno mental decorrente do uso excessivo dos *videogames*.

Isso sugere que profissionais da saúde e pesquisadores do mundo todo já estão atentos aos efeitos nocivos que a exposição desmedida a esse tipo de mídia pode trazer a nossas crianças e adolescentes.

Enquanto a categoria diagnóstica é estudada, seria interessante ficarmos atentos à forma como nossos filhos "se distraem" e "relaxam" após um dia mais intenso. Sem perceber, podemos estar auxiliando que determinado comportamento negativo seja facilmente instalado na cabeça de nossos pequenos.

Como profissional da saúde, eu lhe diria: todo cuidado é pouco. Fique atento.

90

DIFERENCIANDO RAIVA DE AGRESSIVIDADE

Aristóteles (384-322 a.C.), importante filósofo grego, certa vez afirmou: "Ficar com raiva é fácil. Mas ficar com raiva da pessoa certa, no momento certo, pela razão correta e do jeito mais adequado, isso não é nada fácil".

Assim, de um jeito ou de outro, ainda que de maneira intuitiva, compartilhamos da ideia desse pensador, ou seja, que o manejo de nossos sentimentos não é das tarefas mais simples.

É possível, na verdade, que esse seja um dos maiores paradoxos da vida. Temos controle sobre quase tudo, isto é, dominamos a tecnologia, exploramos o fundo do mar, manejamos foguetes que nos levam a outros planetas, mas exibimos ainda um controle bastante rudimentar a respeito de nossas próprias emoções.

E isso não diz respeito apenas à Grécia Antiga, pois ainda hoje essa é uma questão bastante atual.

ORIGEM

Desde pequenos, somos expostos a uma série de conselhos dos mais velhos e experientes a respeito de como nos posicionar em várias situações da vida. Ouvimos desde cedo que *ser governado pelas emoções*, por exemplo, pode vir a ser, efetivamente, complexo.

Dessa maneira, somos ensinados a *contar até dez* antes de falar nos momentos de tensão, nunca prometer algo quando estivermos muito felizes e por aí vai, ou seja, nossa fronteira emocional deve ser tratada com certa cautela. A mensagem implícita que nos passam é a de que ser guiado pelas emoções pode ser bastante arriscado.

No entanto, também escutamos recomendações contrárias de que deveríamos ouvir mais nossas intuições e impressões internas e que nossas emoções, de fato, deveriam ser cuidadosamente ouvidas e seguidas por nós.

Assim, é possível que nosso amadurecimento emocional transforme-se em um imenso paradoxo, isto é, devemos ter conhecimento para, em certas situações, desconfiar de nossas emoções enquanto, em outras, usá-las pode ser bastante útil.

Veja que essa confusão não é um privilégio da infância, ela se estende por toda a vida.

Progressivamente, isso leva ao afastamento de nossos sentimentos mais primitivos e, dessa forma, tornamo-nos emocionalmente mais insensíveis às nossas reações pessoais. É incrível observar o quanto estar conectado às impressões mais internas torna-se um processo altamente confuso e desordenado.

Com toda essa desorganização instalada, ficamos ainda mais perdidos. Quer um exemplo? Quando estamos enraivecidos, acabamos por nos tornar deprimidos; quando estamos amedrontados, tornamo-nos frios; e assim sucessivamente. Uma equação emocional completa.

Caso não seja de seu conhecimento, saiba então que nossas emoções têm um enorme valor biológico de adaptação, isto é, ouvir aquilo que sentimos exerce uma função vital, a de ajudar a sinalizar a melhor forma de agir nas situações de nosso entorno.

Entretanto, quanto mais indiferentes nos tornamos a respeito de nossa vida emocional, mais confusos ficamos, e esse processo torna-se cada vez mais embaralhado, pois passamos a agir de maneira automática.

Muito complicado? Vamos novamente.

A RELAÇÃO ENTRE DUAS EMOÇÕES

Quando uma pessoa experimenta determinada emoção e se sente ameaçada ou constrangida por ela, o passo seguinte será o de anestesiá-la, como forma de manejo e de controle. Assim, as emoções primárias rapidamente se transformam em outros sentimentos.

Então, as pessoas acabam ficando com medo de suas raivas, com vergonha de seus medos ou, ainda, com raiva de suas tristezas. E isso é muito ruim, pois nos faz ficar ainda mais desorientados.

Em meu consultório recebo dezenas de pessoas cuja tristeza, dor e medo, por exemplo, transformaram-se em raiva; o medo, em frieza; a inveja, em raiva; ou, ainda, a raiva, em medo.

Portanto, esse processo de bloqueio das emoções cobra um preço altíssimo que, no fim das contas, nos empurra ainda mais para o abismo da confusão emocional.

Então, qual é a relação estabelecida entre raiva e agressividade?

Simples! Agredimos e ficamos violentos quando, na verdade, estamos sentindo medo ou tristeza, mas raramente raiva.

Esse processo difuso de entendimento e de funcionamento emocional precário rouba anos de uma existência sadia, ou até uma vida inteira, pois comunicamos, ao outro, sentimentos equivocados a respeito de nós mesmos e, dessa forma, perpetuamos ciclos de relações inafetivas.

Perceba que as construções ou relações dessas duas categorias emocionais podem ser plurais.

Portanto, a pergunta mais importante aqui é: o que fazer?

Para você ter uma ideia da importância da compreensão dessas questões, sabe-se atualmente, por exemplo, que, em 85% dos casos de depressão, a emoção que mais atua na manutenção do problema é a raiva, e não a tristeza, como erroneamente enfatizam muitos profissionais da saúde.

Assim, tenha sempre uma coisa em mente: sempre haverá uma equação emocional subjetiva a ser identificada caso desejemos nos compreender e, assim, viver melhor.

Achar o *ponto* certo de expressar determinada emoção pode não ser uma tarefa das mais fáceis, pois requer atenção e treino.

Muitas vezes, ressalto aos meus pacientes a importância de falar sobre sua raiva, pois eles a veem cotidianamente confundida pelos comportamentos agressivos – e, conforme expliquei anteriormente, uma coisa não tem nada a ver com a outra. Sentir raiva é uma coisa aceitável e, acima de tudo, muito positiva, pois sinaliza que fomos transgredidos e que algo precisa ser feito. Entretanto, ser agressivo já não cumpre uma boa função psicológica e social. Compreende?

Eis uma dica sobre se organizar e se preparar para decifrar isso: escreva suas emoções.

Pegue um pedaço de papel, escreva, por exemplo, como está se sentindo no momento em que estiver com muita raiva ou desconforto. Descreva o que ocorreu, o que pensou, como se sentiu e, finalmente, aquilo que desejaria dizer ao outro. No dia seguinte, pegue uma nova folha em branco e escreva exatamente a mesma coisa do dia anterior, sem consultar, entretanto, a primeira narrativa. Faça isso por quatro dias consecutivos.

Você irá perceber, à medida que monta e remonta seu texto, que este irá ampliar-se, e a percepção mais imediata de suas emoções (e sua relação com outras emoções) irá tornar-se cada vez mais estruturada, deixando-lhe mais consciente de suas reais emoções.

No fim, no quinto dia, sem escrever nada, apenas veja a sua primeira redação e compare-a com a última. Tenho certeza de que você irá se surpreender muito com a diferença e com a amplitude de sua descrição emocional.

Ao narrarmos nossas aflições de maneira repetitiva, ampliamos progressivamente nossa capacidade de perceber a nós mesmos.

Essa técnica de intervenção psicológica segue a linha daquele velho ditado gaúcho que diz: "É no andar da carroça que as abóboras se ajeitam".

Portanto, experimente e confira a eficácia desse recurso psicoterapêutico. Posso assegurar que, em cada emoção descoberta, um grande cenário (re)aparece.

CONCLUSÃO

Minha dica, portanto, é: torne-se consciente de suas emoções. Ao fazer isso, restituímos nosso controle emocional, exatamente como descrito por Aristóteles séculos atrás.

Saiba que: "Cada possibilidade nova que tem a existência, até a menos provável, transforma a existência inteira" – conforme já dizia Milan Kundera.

Talvez não possamos mudar muitas das situações que vivemos; entretanto, é possível mudar a forma como nos sentimos diante delas.

Curamo-nos emocionalmente no exato momento em que deixamos de nos sentir vítimas da vida e de nossas próprias emoções.

91

POR QUE BUSCAR UMA PSICOTERAPIA?

Antes de mais nada, para promover ou auxiliar na recuperação de problemas emocionais ou de saúde mental.

O fato é que crescemos acreditando que buscar ajuda dos outros em momentos de angústia pode ser indicativo de muita fragilidade. Por alguma razão, fomos criados para pensar que devemos ser completamente autossuficientes e, nesse sentido, buscar ajuda pode ser entendido como um imenso sinal de fraqueza, de falta de vontade ou de caráter.

Entretanto, não sei se é de seu conhecimento, uma em cada quatro pessoas no mundo será afetada por algum transtorno mental no curso de sua vida.

E quais doenças (ou transtornos mentais, como também são chamados) seriam essas?

Para citar algumas: transtornos depressivos, transtorno bipolar, transtorno obsessivo-compulsivo, transtorno de pânico, transtornos alimentares (bulimia ou anorexia nervosas), transtornos da personalidade, transtorno de estresse pós-traumático, transtorno de déficit de atenção/hiperatividade, esquizofrenia, entre outros, apresentam ótimas respostas ao tratamento psicoterapêutico.

Contudo, esses transtornos são muito diferentes, pois apresentam distintas formas e condições, isto é, são caracterizados por uma combinação anormal de pensamentos, emoções e comportamentos. Assim, afetam de maneira drástica as relações que uma pessoa estabelece com o seu entorno.

A depressão, por exemplo, é um dos transtornos mentais mais comuns, sendo considerada uma das principais doenças. Veja só, no mundo, cerca de 400 milhões de pessoas de todas as idades sofrem com a depressão e, em 2020, estima-se que ela estará no rol das doenças mais incapacitantes do mundo.

No Brasil, por exemplo, 7,6% dos adultos já foram diagnosticados com depressão, o que equivale a dizer que 11 milhões de pessoas sofrem com esse problema.

Explicações sobre sua causa partem do componente genético – que pode predispor algumas pessoas à doença. Entretanto, fatores externos da vida atual, como o estresse e a grande competitividade da vida profissional, podem favorecer o aparecimento da doença que, diga-se de passagem, tem aumentado nos grandes centros, segundo apontam várias pesquisas.

Caso você não saiba, no Brasil, as mortes por depressão cresceram 705% em 16 anos.

Preocupante, não acha?

O problema é que, embora, muitas vezes, os tratamentos estejam disponíveis e sejam eficazes para aliviar o sofrimento, quase dois terços das pessoas com algum transtorno mental jamais procurarão ajuda de um profissional da saúde. Isso se deve, principalmente, ao preconceito (ou seja, falta de informação), ao estigma ou ao medo de ser discriminado, o que impede o tratamento correto, perpetuando o sofrimento por uma vida toda.

As evidências dos benefícios da psicoterapia são tão positivamente avaliadas que valem a pena ser citadas. Um exemplo: duas sessões de 1 hora e 30 minutos (apenas) foram associadas a uma diminuição de 33% no desenvolvimento de transtornos mentais em adolescentes, conforme concluiu uma importante investigação conduzida por universidades do Canadá e da Europa.

E a investigação não parou por aí. A cada seis meses, os adolescentes envolvidos fizeram testes para averiguar os resultados, que, além da diminuição da depressão, mostraram que a ansiedade, o transtorno de pânico e os problemas de interação social também diminuíram bastante.

POR QUE BUSCAR UMA PSICOTERAPIA?

MAS, AFINAL, COMO ENTENDER O FUNCIONAMENTO DE UMA PSICOTERAPIA?

Em psicoterapia, os profissionais aplicam técnicas cientificamente validadas para ajudar as pessoas a desenvolverem hábitos mais saudáveis. Como é fundamentada no diálogo, ela fornece um ambiente de apoio que permite ao paciente falar de maneira aberta e sem barreiras com o profissional da saúde. Esse processo tem como objetivo identificar (e mudar) alguns padrões de pensamento, de resposta emocional indesejada e de comportamentos inadequados que, muitas vezes, se prolongam demais, impedindo que se atinja o bem-estar.

BEM, MAS QUANDO BUSCAR AJUDA?

Por causa dos equívocos sobre psicoterapia, muitas pessoas ficam relutantes em buscar esse tipo de recurso. Entretanto, alguns a procuram quando se sentem deprimidos, ansiosos ou permanentemente irritados. Outros podem também recorrer a ela como auxílio para tratar doenças crônicas que interferem em seu bem-estar emocional ou físico.

Há também os que têm problemas de curto prazo e precisam de ajuda específica, como, por exemplo, em situações de divórcio, desemprego ou morte de algum membro da família.

Outros sinais que servem de indicativos para buscar uma boa psicoterapia são:

1. sensação prolongada de mau humor, desamparo ou tristeza;
2. preocupação excessiva e agressividade;
3. uso abusivo de álcool ou drogas (bem como outros vícios);
4. ansiedade desmedida ou medo decorrente de fobias específicas;
5. alterações bruscas e/ou acentuadas de humor;
6. baixa autoestima e insegurança pessoal;
7. problemas com o corpo ou com os estilos de alimentação;
8. incapacidade de controlar certos comportamentos (compra excessiva, por exemplo);
9. problemas constantes de relacionamento interpessoal (afetivo, familiar ou de trabalho);
10. experiências dolorosas atuais ou passadas; e,
11. traumas de infância.

COMO SABER SE A TERAPIA ESTÁ FUNCIONANDO?

Algumas dúvidas sobre a terapia devem ser tratadas de forma clara e objetiva com o profissional da saúde. Não tenha vergonha ou constrangimento a respeito de suas inquietudes. Quando começar sua terapia, estabeleça metas claras com seu psicólogo. Sabe-se que as psicoterapias sem objetivos claros (independentemente da linha adotada) não se mostram efetivas, apontam várias pesquisas científicas.

Muitas vezes, as pessoas sentem uma grande variedade de emoções durante a terapia. Um bom sinal, que serve como um parâmetro para avaliar se a terapia está ajudando, inclui sensações de alívio acompanhadas, geralmente, por sentimentos renovados de esperança.

Um aspecto importantíssimo é a confiança. Se houver alguma dificuldade, discuta de maneira aberta suas preocupações com o profissional da saúde, essa é uma das principais variáveis do processo de mudança pessoal.

COMO A PSICOTERAPIA AFETA O CÉREBRO?

Padrões de ativação cerebral são observados em indivíduos que passam por sessões de terapia cognitiva, por exemplo, uma das mais eficazes modalidades terapêuticas existentes. Dessa forma, ao se modificarem os estilos de pensamento e de comportamento de um paciente, exames de tomografia computadorizada por emissão de pósitrons (PET-SCAN) indicaram que tais mudanças levaram a alterações metabólicas significativas no cérebro dos pacientes. Desse modo, falar de si e de seus problemas promove alterações cerebrais importantes.

Portanto, alterar os pensamentos por meio de terapia produz mudanças inevitáveis no cérebro.

Além disso, estudos têm mostrado que essa forma específica de terapia (a cognitiva) é, pelo menos, tão eficaz quanto o medicamento para muitos tipos de transtornos de ansiedade e do humor (depressão).

CONCLUSÃO

A maioria dos transtornos mentais tem tratamento, embora muitas pessoas não saibam que essa pode ser a causa principal de seu sofrimento e, por isso, não busquem ajuda.

A cada dia novas técnicas são testadas e, assim, a psicoterapia científica é atualmente considerada uma das principais ferramentas para alívio do sofrimento e para a construção do bem-estar individual.

Por essa razão, a psicoterapia é chamada também de *fala curativa*, pois, ao narrar aflições, ampliamos nossa visão de mundo e nos modificamos (seja do ponto de vista psicológico ou bioquímico).

Assim, eis minha dica: busque ajuda, não espere.

Uma pessoa que busca ajuda psicoterapêutica não é fraca, incompetente ou louca, conforme erroneamente se pensa. Muitos problemas de saúde mental, ao contrário do que se imagina, não melhoram com o passar do tempo, portanto, não prolongue desnecessariamente sua angústia e sua aflição.

A esse respeito, certa vez, Abraham Maslow afirmou: "O que é necessário para mudar uma pessoa é mudar sua consciência de si mesma".

Cuide-se!

92

A MENTIRA

Embora não achemos muito aceitável, a mentira está entre nós desde que somos muito pequenos. Nossos pais, por exemplo, amenizaram nossa infância com histórias nem sempre muito verdadeiras sobre como fomos concebidos; sobre as pessoas não terem morrido, mas viajado para as estrelas; e por aí vai.

Pensamos, entretanto, que esse hábito ficaria restrito ao período mais primitivo de nossa existência e, à medida que crescemos, fosse naturalmente deixado para trás. Não é à toa que nosso imaginário seja então frequentemente preenchido por histórias improváveis e duvidosas, ou seja, de inverdades presentes em todos os níveis.

Não sei se é de seu conhecimento, mas uma pesquisa recente procurou averiguar o quanto essa tendência se faz presente e descobriu o seguinte: as pessoas na vida adulta mentem em uma a cada cinco interações diárias.

Pamela Meyer, autora de um *best-seller* intitulado *Liespotting*, aferiu que mentimos tanto em nosso cotidiano que seus registros chegaram a 200 mentiras em um único dia.

Assim, a *mentirinha* se tornou tão comum (e aceitável socialmente) que não ficou restrita aos nossos primeiros anos, mas é usada (amplamente, diga-se de passagem) como método para evitar pequenas decepções em nosso círculo social na maturidade.

Ao contar alguma coisa a alguém, é comum que as pessoas acabem relatando apenas alguns *aspectos da verdade*. Assim, sem que se perceba, reconta-se de forma tendenciosa partes de acontecimentos vividos, os quais instintivamente vão ao encontro daquilo que as pessoas, de fato, desejam ouvir.

Veja que a realidade nua e crua – aquela discutida pelos filósofos durante séculos – dificilmente é repassada adiante em sua forma *bruta*, mas é reconstruída, particularmente para que esteja em sintonia com os propósitos individuais de uma interação.

Dessa maneira, as histórias retalhadas dão um contorno mais grandioso à nossa pessoa, fazendo-nos sentir mais aceitáveis aos olhos dos demais. Isso funciona como uma verdadeira cola social e assegura mais chances de aceitação.

Então, mentimos o tempo todo?

Ao que tudo indica nas pesquisas, sim. Embora não seja totalmente intencional, esse hábito atua como método altamente adaptativo.

Portanto, não seria de todo incorreto dizer que falamos muito pouco a respeito do que verdadeiramente se passou conosco quando usamos distintos níveis de mentira (ou de verdade, se você preferir).

Essas graduações podem partir do que é conhecido popularmente como *mentira branca* (sem maiores consequências) e podem chegar aos níveis que constituem os quadros de mentira patológica, isto é, quando se mente de forma contínua e compulsiva, sem controle.

As mentiras leves podem incluir: o atraso a um compromisso importante porque "pegamos muito trânsito" (quando, na verdade, não saímos no horário correto), o "esquecimento" de uma tarefa de trabalho (quando, na verdade, não sabíamos fazê-la), o "esquecimento" da data de aniversário de um amigo importante (quando, na verdade, estávamos sem vontade de cumprimentá-lo), etc. Dessa maneira, temos sempre prontas em nossa cabeça inverdades pouco comprometedoras, prontas para serem usadas. No outro extremo, entretanto, temos o quadro psicopatológico denominado *mitomania*.

QUANDO A MENTIRA SE TORNA DOENÇA

Nesses casos, vive-se em um círculo de fabulações, criando situações falsas e, o pior, fazendo de tudo para que acreditem nelas. Assim, na mitomania, a pessoa se sente confortável com invencionices, preenchendo com mais e mais detalhes o enredo da fábula recém-criada. Algumas vezes, podem ser mentiras pequenas. Contudo, outras vezes, há histórias mais elaboradas, mais detalhadas e sofisticadas. Dessa forma, na mitomania, o paciente usa da invenção deliberada para enganar pessoas e tirar vantagens e nunca as admite, muito embora tenha plena consciência de que são fictícias, bem como não se constrange quando é colocado à prova e, eventualmente, descoberto.

Vale lembrar que os casos de mentira desonesta e criminosa, em geral usadas por psicopatas ou estelionatários, não se aplicariam aqui, já que são considerados como desvios de caráter.

Vamos fazer um experimento?

CINCO MANEIRAS DE DETECTAR UM MENTIROSO

Comece fazendo perguntas neutras

Comece observando como uma pessoa responde a questões neutras. Pergunte, por exemplo, a respeito do tempo, dos planos para o fim de semana ou qualquer coisa que possa provocar uma resposta normal e confortável. Quando a pessoa responder, observe sua linguagem corporal e o movimento dos seus olhos – assim se estabelece um padrão de como a pessoa age ao falar a verdade. Certifique-se de fazer perguntas suficientes para detectar esse padrão.

Passe a pesquisar um tema mais delicado

Uma vez que saímos de um território mais neutro em direção à *zona de mentira*, fique atento às mudanças observadas na linguagem corporal, nas expressões faciais, no movimento dos olhos ou, ainda, na estrutura das frases. É inevitável que padrões distintos apareçam quando se conta uma situação que, na verdade, não ocorreu. Por isso, é importante observar uma linha de base de comportamento normal antes de entrar nessa fase.

A MENTIRA

Fique ligado na linguagem corporal

O comportamento mentiroso, muitas vezes, pode ser detectado por sinais, como olhares rápidos de um lado a outro enquanto se explica alguma coisa; toques rápidos no nariz com a ponta dos dedos; mordiscar os lábios; dificuldade de se olhar diretamente para a outra pessoa no ato da explanação; ou piscar excessivamente enquanto se descreve a situação (veja que todos são sinais típicos de desvio de direção ou de "efeito fumaça").

Preste atenção ao tom, à cadência e à estrutura das sentenças

Muitas vezes, quando uma pessoa está mentindo, ela irá mudar um pouco o tom e a cadência de sua voz. O ponto central é ficar atento à velocidade. Sentenças mais elaboradas ou estruturadas frequentemente são um sinal de que a pessoa está tentando blindar a história mentirosa, por isso, sem que perceba, ela acaba se alongando nas justificativas e explicações.

Preste atenção quando a pessoa muda repentinamente o rumo da prosa

Como a mentira causa desconforto interno, *trocar* de foco no meio da conversa (mudar de um assunto para outro) pode ser uma pista importante.

É evidente que é preciso treino para aferir esses sinais, mas vale a nota para ilustrar o quanto podemos, efetivamente, detectar tais comportamentos.

Passemos, então, ao mais importante.

AUTOENGANO

Até aqui falamos das mentiras corriqueiras que têm como objetivo enganar os outros para cumprir papéis sociais que, na maioria das vezes, assumem funções inócuas e inexpressivas. Entretanto, existem outras mentiras, mais importantes, que têm como objetivo nos autoenganar.

Eu explico.

As *mentirinhas* têm como objetivo manipular o exterior, mas o autoengano visa a aquietar nosso interior.

Creio, definitivamente, que as mentiras do último tipo podem ser as mais desastrosas, pois nos afastam da realidade interna e, de maneira efetiva, também daquilo que verdadeiramente precisaríamos ser. Assim, encontramos pessoas que se dizem satisfeitas com seus empregos, felizes com seus relacionamentos ou, ainda, realizadas com suas vidas – o que, nem de longe, muitas e muitas vezes, é verídico. Essas mentiras têm a função de não nos colocar no foco. Desse modo, ainda que insatisfeitos com nossas vidas, permanecemos fora da zona de desafio, uma vez que o desconhecido pode nos tirar da condição de controle e conhecimento das coisas. Portanto, muitas pessoas passam uma vida inteira infelizes, pelo simples receio de seguir em frente e enfrentar aquilo que ainda é inexplorado.

Sério isso, não acha? Saiba, então, que a maioria dos meus pacientes que buscam terapia o faz exatamente por conta das mentiras internas que precisam ser desconstruídas.

Pense nisso.

CONCLUSÃO

A primeira e mais óbvia dedução que podemos extrair deste texto é de que tudo o que foi anteriormente descrito pode também ser uma grande invencionice minha. Quem sabe?

A segunda, e claramente mais sensata, é de que somos exímios criadores de realidades. Quase sempre estamos tentando dar sentido às coisas e, assim, manipulando a existência a favor de nossa sobrevivência.

Portanto, seja com uma pequena ou uma grande mentira (ou verdade, pois acho que, a rigor, tanto faz), apenas estamos procurando dar algum contorno àquilo que, efetivamente, nos sirva a algum propósito e consiga dar algum sentido à vida.

Talvez usemos desse recurso para sobreviver. Entretanto, é uma pena que muitos descubram isso apenas no fim da vida e então possam, finalmente, aceitar-se.

"E se me achar esquisita, respeite também... até eu fui obrigada a me respeitar" – Clarice Lispector.

93
O LADO POSITIVO DOS PESADELOS

O QUE SÃO PESADELOS?

Os pesadelos são experiências mentais vividas de maneira realista que são experimentadas durante o sono profundo. Muitas vezes, eles nos fazem acordar com o coração batendo mais rápido, a respiração alterada e transpirando. Tendem a ocorrer durante a fase REM (do inglês, *rapid eye movement*, ou seja, quando ocorrem movimentos oculares rápidos) do sono e se atinge um relaxamento muscular absoluto.

Como os períodos de sono REM são mais frequentes à medida que a noite avança, temos a impressão de que os pesadelos ocorrem mais comumente nas primeiras horas da manhã.

Algumas das funções atribuídas ao sono REM incluem a manutenção do equilíbrio geral do organismo, a liberação de substâncias que regulam o ciclo vigília-sono e a temperatura corporal e, finalmente, a consolidação da memória.

Embora seja verdade que pesadelos são mais comuns entre crianças, sabe-se que um em cada dois adultos tem pesadelos de vez em quando (enquanto entre 2 e 8% da população adulta é atormentada por pesadelos mais frequentes).

Evidentemente, ninguém gosta de ter sonhos violentos ou assustadores. Entretanto, tais acontecimentos podem ter um propósito importante para a sua saúde mental.

QUAL É SUA FUNÇÃO?

Embora sua função ainda não seja totalmente compreendida, uma nova teoria procura desmistificar esses acontecimentos.

Veja só que interessante. Como somos visitados por uma quantidade imensa de emoções no cotidiano, muitas vezes ficamos confusos e não sabemos lidar com os vários aspectos de determinada situação. Em função de vivermos essas aflições enquanto estamos acordados, tais preocupações são, naturalmente, levadas para a cama na hora de dormir. Assim, segundo pesquisadores, os sonhos ruins ocorreriam exatamente nesse momento, funcionando como um tipo de processador emocional.

Eu explico. Como o cérebro precisa manejar medos vagos e imprecisos que sentimos no dia a dia, ao organizá-los em forma de histórias fantasiosas um pouco mais elaboradas, nossa mente consegue gerar um melhor contorno de interpretação. Assim, as inquietudes incompreensíveis, ao se tornarem componentes de uma experiência sonhada, ainda que fictícia, tornam-se mais facilmente superáveis por nossa mente consciente.

Então, as emoções difusas se tornam mais inteligíveis, ou seja, nossos pesadelos podem ser compreendidos como "laboratórios" ou "fábricas de sentido". Ao fazer isso, ajudam a mente a ter uma ideia mais clara sobre o que nos aflige. Assim, muitas vezes são bizarros ou inimagináveis, pois aparentemente unem coisas que não podem logicamente ser unidas. Ao que tudo indica, uma das funções do sonho atribulado seria transformar nossos temores mais vagos em memórias.

Além disso, como o pesadelo é vivido como um fato que já aconteceu (ou seja, ficou no passado), as aflições são naturalmente trasladadas para a memória, removendo os medos dos horizontes presente e futuro.

Dessa maneira, os pesadelos nos ajudam a nos distanciarmos de nossos temores.

O LADO POSITIVO DOS PESADELOS

Portanto, se você é uma das pessoas que, às vezes, são importunadas por essas vivências, não se aborreça tanto.

CONCLUSÃO

Ao sonhar coisas ruins, você está apenas tomando consciência do mecanismo emocional que não seria facilmente executável se estivesse acordado. Precisamos dos sonhos ruins para processar as coisas negativas que ocorrem conosco, o que nos deixa mais fortes.

É nosso cérebro, mais uma vez, dando *uma mãozinha* ao criar um lado positivo para as coisas.

94

VOCÊ ESTÁ NO CONTROLE DO SEU DESTINO?

Uma das coisas mais importantes na vida pessoal diz respeito às tentativas contínuas de manter estável o equilíbrio emocional. Eventos cotidianos que, diga-se de passagem, são sempre muito dinâmicos oferecem um grande desafio.

Por vezes, lidamos com situações adversas originárias das relações conflituosas tão frequentes em nosso entorno atualmente. Em outras, há aquele trabalho que exige excessivamente de nós e não nos dá mais qualquer satisfação.

Na outra ponta, temos questões internas, como alterações de humor, angústias pessoais que atormentam e exigem esforço constante de controle. Assim, se quisermos viver bem, teremos de manejar nossas marolas emocionais de maneira satisfatória.

Portanto, sempre estamos sob influência de forças externas e internas que colocam em risco essa delicada estabilidade emocional. Como se já não bastasse ter de lidar com as pressões do ambiente, ainda temos a árdua missão do autocontrole. Tarefa nada fácil, não acha?

Perceba, então, que, nesse cenário, não seria muito atípico ficarmos desorientados. Muitas coisas ocorrem simultaneamente e as eventuais falhas nessa gerência pessoal podem nos cobrar um pedágio bastante alto. Nesse momento, ou assumimos nossas deficiências pessoais e tentamos fazer algo a respeito ou atribuímos a culpa por nossos fracassos a alguém (ou algo) do mundo externo.

A propósito, como você se posiciona diante dos acontecimentos de sua vida? Vítima ou responsável?

Parte das dificuldades que as pessoas encontram nesse manejo do cotidiano diz respeito a algo muito simples: a velocidade dos acontecimentos. Eu explico. Certas pessoas, pelas mais variadas razões, são mais lentas para *perceber* as necessidades de transformação exigidas e, como o entorno muda mais rápido que sua capacidade de compreensão, ficam atrasadas em suas interpretações. Assim, utilizam sempre as mesmas justificativas para seu insucesso, como falta de sorte, serem injustiçadas pela vida ou não terem controle sobre as coisas. Procure se recordar, por exemplo, daqueles que vivem em situações de risco, como os moradores das encostas dos morros. Sempre que questionados, afirmam sofrer com *fatalidades* da vida, pois, por *vontade* ou desígnio de Deus, assim estão em sua vida. Outras pessoas, entretanto, já são mais ágeis e, percebendo as oscilações, rapidamente se adaptam a elas, modificando-se.

Aqui, portanto, se encontra um dos maiores paradoxos da vida: muitos indivíduos desejam ativamente mudar as situações de sua vida, mas dificilmente querem se automodificar.

Repare que você pode escolher qualquer um desses caminhos – enxergar os eventos como alheios a você ou como resultado de seu próprio controle. Não sei se já pensou nisso, mas cada posição pode determinar seu sucesso ou fracasso em longo prazo.

Eu vou esclarecer.

LÓCUS DE CONTROLE

O lócus de controle indica o modo como cada indivíduo percebe sua situação pessoal, econômica ou profissional – ante seus comportamentos ou as forças que o circundam. A percepção disso produz um movimento contínuo de questionamento a respeito de si próprio e do mundo externo, fazendo a vida tomar determinado rumo. Assim, a forma como se escolhe enfrentar (leia-se: compreender) os desafios de vida é chamada *orientação do lócus de controle*.

Esse termo – lócus de controle – foi cunhado por volta de 1960, por Julian Rother, pesquisador do comportamento humano que tentava entender como as atitudes das pessoas ante seu ambiente poderiam, em última instância, influenciar sua vida.

E ele achou o seguinte: pessoas que desenvolviam um lócus de controle interno se percebiam mais responsáveis por seu próprio sucesso. No caminho inverso, aquelas que acreditavam que o ambiente tinha maior influência (lócus de controle externo) sempre sentiam o que acontecia a elas como o resultando de forças ambientais atuando sobre sua vida e, portanto, que pouco poderia ser feito.

Para essas pessoas, as próprias habilidades pessoais e ações não exerciam muita influência nas respostas positivas que recebiam da vida. Afinal, estavam convencidas de sua falta de poder em relação às forças ambientais e, assim, acabavam não se esforçando muito para tentar mudar ou melhorar suas habilidades de enfrentamento.

De maneira inversa, pessoas que percebiam a existência a partir do lócus de controle interno eram mais automotivadas e determinadas, pois acreditavam ser as únicas responsáveis pelo caminho tomado por suas vidas.

CONSEQUÊNCIAS

Os dados finais foram ainda mais impressionantes. A pesquisa de Rotter, por exemplo, demonstrou que pessoas com lócus de controle interno tendiam a ser física e mentalmente mais saudáveis que as demais. Em geral, apresentavam pressão sanguínea mais baixa, menores índices de infarto, ansiedade e depressão, além de ter sido mais hábeis ao lidar com situações de estresse. Tinham, portanto, maior resiliência pessoal. O lócus de controle interno foi também associado a melhores notas na escola e a um sentimento maior de liberdade de escolha, além de maiores índices de sociabilidade e autoestima.

E o inverso? Você imagina como se saíram as pessoas com lócus de controle externo? Em relação a elas, foram percebidas mudanças mais frequentes de ambiente físico (como mudar mais de casa, cidade ou país), menores níveis de satisfação profissional (ficavam pulando de emprego em emprego), descontentamento constante com suas experiências afetivas (relatavam não ter encontrado o amor de suas vidas) e, finalmente, manifestavam hábitos pessoais mais extremados, como se matricular em programas de emagrecimento ou fortalecimento radicais, pois, como o lócus era externo, a busca visava a uma *transformação externa*.

Voltando ao presente, você já deve ter percebido como algumas pessoas estão sempre engajadas em uma busca incessante por melhores condições de vida. Assim, por exemplo, vivem em uma preocupação desmedida com a beleza, em um interminável esforço para adquirir roupas da moda, trocando coisas constantemente, etc. Ou seja, para esse grupo, melhorar o *status* é o grande sentido de vida.

Veja que nem de longe estou dizendo que não devemos tentar melhorar nossas condições econômicas ou culturais, mas apenas mostrando que esse *norte magnético*, na verdade, tem o poder de desequilibrar, pois se trata de uma busca externa erroneamente associada à conquista da felicidade.

E você? Consegue dizer qual é seu lócus de controle? Seria bom pensar no assunto.

Creio que o ponto central de uma vida satisfatória e equilibrada está em chamar para si mesmo a responsabilidade sobre os acontecimentos e, diante de situações nas quais não se tem, efetivamente, controle, empenhar-se na construção de uma postura mais proativa. Ao fazer isso, recuperamos o controle de nosso destino.

Um velho provérbio chinês diz: "Liberdade é quando não mais nos sentimos vítimas do meio ambiente".

Portanto, se deseja que sua vida melhore efetivamente, comece percebendo que você é, em última instância, o grande responsável por sua existência e pelo tipo de vida de que desfruta.